权威·前沿·原创

皮书系列为
"十二五""十三五"国家重点图书出版规划项目

江苏法治蓝皮书
BLUE BOOK OF
RULE OF LAW IN JIANGSU

江苏法治发展报告 No.6
（2017）

ANNUAL REPORT ON THE RULE OF LAW IN JIANGSU No.6
(2017)

南京师范大学法学院
南京师范大学江苏法治发展研究院
主　编／蔡道通　龚廷泰
执行主编／倪　斐　侯菁如

社会科学文献出版社
SOCIAL SCIENCES ACADEMIC PRESS (CHINA)

图书在版编目(CIP)数据

江苏法治发展报告. No. 6, 2017 / 蔡道通,龚廷泰主编. -- 北京:社会科学文献出版社,2018.9(2019.10重印)
(江苏法治蓝皮书)
ISBN 978 - 7 - 5201 - 3424 - 8

Ⅰ.①江… Ⅱ.①蔡… ②龚… Ⅲ.①社会主义法制-建设-研究报告-江苏-2017 Ⅳ.①D927.53

中国版本图书馆CIP数据核字(2018)第209893号

江苏法治蓝皮书
江苏法治发展报告No. 6(2017)

主　　编 / 蔡道通　龚廷泰
执行主编 / 倪　斐　侯菁如

出 版 人 / 谢寿光
项目统筹 / 刘骁军
责任编辑 / 关晶焱　郭锡超

出　　版 / 社会科学文献出版社 (010)59367161
　　　　　地址:北京市北三环中路甲29号院华龙大厦　邮编:100029
　　　　　网址:www.ssap.com.cn

发　　行 / 市场营销中心 (010)59367081　59367083
印　　装 / 三河市龙林印务有限公司

规　　格 / 开　本:787mm×1092mm　1/16
　　　　　印　张:18.75　字　数:281千字
版　　次 / 2018年9月第1版　2019年10月第2次印刷
书　　号 / ISBN 978 - 7 - 5201 - 3424 - 8
定　　价 / 128.00元

皮书序列号 / PSN B - 2012 - 290 - 1/1

本书如有印装质量问题,请与读者服务中心(010-59367028)联系

▲ 版权所有 翻印必究

本报告获得了"江苏省法学优势学科建设项目"的资助！

主　　　编　　蔡道通　龚廷泰

执 行 主 编　　倪　斐　侯菁如

编委会成员　（按照姓名汉语拼音排列）
　　　　　　　　程德文　季金华　李　力　刘　远　庞　正
　　　　　　　　秦　策　眭鸿明

学 术 编 辑　（按照姓名汉语拼音排列）
　　　　　　　　侯菁如　倪　斐

撰稿人名单　（按照姓名汉语拼音排列）
　　　　　　　　卞志华　曹也汝　陈飞翔　陈银娇　戴梅芬
　　　　　　　　丁晓楚　方　乐　高　佳　华　纯　焦　克
　　　　　　　　刘禹甸　卢　静　马　倩　闵湘龙　芮锦绣
　　　　　　　　宋宇文　孙朝阳　汤　帅　屠振宇　王德阳
　　　　　　　　吴　欢　吴锦珂　吴正英　杨　亮　于海霞
　　　　　　　　张曼娜　朱英达　左　霞

主要编撰者简介

主　编：

蔡道通　男，1965年生，现任南京师范大学法学院院长，教授，博士研究生导师。兼任江苏省刑法学研究会副会长，南京市哲学社会科学界联合会常务理事，受聘担任江苏省人民检察院、江苏省监狱管理局、南京市人民检察院等单位专家咨询委员。曾被评为江苏省"青蓝工程"高等学校优秀青年骨干教师，江苏省"333"工程第三层次培养人选，江苏省"五个一批"人才培养人选，江苏省"333高层次人才培养工程"中青年科技带头人。研究领域为：中国刑法学、刑事政策学。

龚廷泰　男，1948年生，江苏南京人，中共党员，南京师范大学法学院教授，博士研究生导师。现任江苏省人民政府参事、南京师范大学江苏法治发展研究院院长；兼教育部高等学校法学学科教学指导委员会委员、中国法学教育研究会常务理事、中国法理学研究会常务理事、江苏省高等学校法学学科教学指导委员会副主任等职。主持国家社科基金项目2项，其中重点项目1项。承担并完成了全国教育科学"八五"规划项目、国家教育部教改项目、江苏省社科规划项目多项。先后获得江苏省普通高校优秀"园丁奖"银奖（1999年）、江苏省普通高校优秀教学成果奖二等奖（2001年）、江苏省普通高等学校优秀教学成果一等奖（2004年）、国家级教学成果奖二等奖（2009年）各一次。其个人专著《列宁法律思想研究》于2001年获江苏省政府哲学社会科学优秀成果一等奖。2002年获国务院政府特殊津贴，2004年被评为江苏省"全省优秀哲学社会科学工作者"。研究领域为：马克思主义法律思想史、法哲学。有《列宁法律思想研究》《法治文化建设与区域法治》《从马克思到德里达》《社会研究方法导论》等著作 20 余部（含合著），在《中国法学》《法学家》《法学评论》《法律科学》《政治与法律》《江海学刊》《江苏社会科学》等学术刊物上发表学术论文 90 余篇。

执行主编：

倪　斐　男，1982 年生，南京师范大学江苏法治发展研究院研究人员，南京师范大学法学院教授，研究领域为：法理学、经济法学。

侯菁如　女，1978 年生，南京师范大学法学院副教授，研究领域为：宪法学、行政法学。

摘　要

《江苏法治发展报告（2017）》集中介绍和评析了2016年江苏在民主科学立法、法治政府建设、公正廉洁司法、基层治理等法治领域的进展情况。本年度报告共分为总报告、分报告、专题报告、法治调查报告、基层法治报告和附录六个部分。

总报告以近年来典型案例为样本，回顾了江苏法治政府建设的重要经验和成果，主要从推进路径、法政方位、实践内涵、地方特色四个方面进行了总结和分析。分报告关注了2016年江苏省人大、政府、法院的工作进展。专题报告侧重反映法治江苏建设在一些重要领域的进展情况和创新实践，内容涉及江苏法院首批员额法官遴选、非公经济领域法治保障和科技创新法治保障的地方实践。法治调查报告包括江苏省司法公正满意度调查报告、司法所长生存状态实证研究、破产管理人制度的现代化程度调查以及农地股份专业合作社调查报告。基层法治报告通过个案和典型创新实例关注了江苏乡村振兴和治理中司法服务与新乡贤的重要作用和角色，以及基层社区治理模式创新实践。最后，附录部分概览式地列举了2016年江苏省法规、规章及规范性文件的出台与实施，公安侦查、司法审判和检查工作，荣誉表彰、消费者维权、律师工作、安全生产，社会综治、法律援助、普法宣传、人民调解，重要会议、干部任免、反腐倡廉、调研检查等领域的重要事件。

Abstract

Annual Report on the Rule of Law in Jiangsu (2017) focuses on and analyzes the progress of rule of law in Jiangsu, including democratic and scientific legislation, law-based government construction, impartial and honest administration of justice, and grassroots governance, etc. in 2016. This annual report is divided into six parts: general report, topical report, special report, investigation report on rule of law, grassroots report on the rule of law and appendix.

The general report takes a typical case in recent years as a sample, and reviews the important experiences and achievements of the construction of the law-based government in Jiangsu. This report mainly summarizes and analyzes four aspects of the promotion path, the legal orientation, the practical connotation and the local characteristics. The topical report focuses on the progress of the work of the Jiangsu Province People's Congress, the governments, and the courts of Jiangsu Province in 2016. The special report lays particular emphasis on the progress and innovative practices of the rule of law in Jiangsu in some important areas. It covers the first batch of judges who are selected in post of Jiangsu courts, the guarantee of rule of law in the non-public economy and the rule of law in science and technology innovation. The investigation report on rule of law includes the Jiangsu Provincial Justice Impartial Satisfaction Survey Report, the Judicial Director's Living State Empirical Study, the Bankruptcy Administrator System's Modernization Survey and Joint Stock Professional Cooperatives of Agricultural Land. The grassroots report on rule of law pays attention to the vital function and roles in judicial services and the policy of talents back to rural revitalizations, which are in the governance of Jiangsu Province through cases and typical innovation examples, as well as the innovation practice of grassroots community governance models. In the final part, the appendix provides an overview of the introduction and implementation of the regulations, regulations and normative documents of Jiangsu Province in 2016. There are several important issues included in: public security investigation, judicial trial and inspection, honor recognition, consumer rights protection, lawyer work, safe production, social comprehensive management, legal aid, popularization of law, people's mediation, important meetings, appointment and removal of cadres, anti-corruption, investigation and inspection and so on.

目 录

Ⅰ 总报告

B.1 法治政府建设的江苏探索
　　　——基于近年典型案例的评析 ………………… 吴　欢 / 001

Ⅱ 分报告

B.2 2016年江苏人大工作的进展 …………… 左　霞　屠振宇 / 018
B.3 2016年江苏法治政府建设的进展 ………… 宋宇文　华　纯 / 032
B.4 2016年江苏法院工作的进展 ……………… 陈飞翔　方　乐 / 053
B.5 2016年江苏行政复议状况 ………………………… 闵湘龙 / 063

Ⅲ 专题报告

B.6 江苏法院首批员额法官遴选工作情况报告 …… 曹也汝　马　倩 / 078
B.7 以案件数据为切口探析非公经济领域法治保障之要义
　　　………………………………………… 戴梅芬　高　佳 / 092
B.8 苏南国家自主创新示范区科技创新法治保障状况
　　　………………………………………… 焦　克　杨　亮 / 103

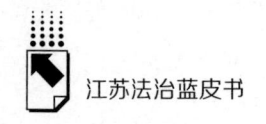

Ⅳ 法治调查报告

B.9 江苏省司法公正满意度法治调查报告
　　　　　　　　　　　　　　　　南京师范大学法学院课题组 / 115

B.10 司法所长生存状态实证研究
　　　——以江苏省Z市31名乡镇司法所长为分析样本
　　　　　　　　　　　　　　　　　　　　　　　汤　帅 / 152

B.11 破产管理人制度的现代化程度调查
　　　——以扬州地区运行情况为样本
　　　　　　　　　　　　　　扬州市中级人民法院课题组 / 179

B.12 昆山市张浦镇赵陵村农地股份专业合作社调查报告
　　　　　　　　　　　　　　　　　　朱英达　刘禹甸 / 198

Ⅴ 基层法治报告

B.13 司法服务乡村振兴与乡村治理探析
　　　——以泰兴市人民法院办案实际为视角　　　丁晓楚 / 216

B.14 江苏省社区治理模式创新实例解析
　　　　　王德阳　袁龙旭　孟　静　于海霞　王　军　于振勇 / 227

B.15 江苏省新乡贤发展的个案解析
　　　　　　　　张曼娜　卢　静　吴锦珂　陈银娇　吴正英 / 243

Ⅵ 附录

B.16 2016年江苏法治事件概览　…………　卞志华　芮锦绣 整理 / 257

CONTENTS

Ⅰ General Report

B.1 Exploration of the Law-based Government Construction in Jiangsu
Province:Based on the Analysis of Typical Cases in
Recent Years　　　　　　　　　　　　　　　　　*Wu Huan* / 001

Ⅱ Sub-report

B.2 Progress of Jiangsu Province People's Congress of 2016
　　　　　　　　　　　　　　　　Zuo Xia,Tu Zhenyu / 018
B.3 Progress of the Law-based Government Construction in Jiangsu
Province of 2016　　　　　　　　*Song Yuwen,Hua Chun* / 032
B.4 Progress of Jiangsu Province Court Work of 2016
　　　　　　　　　　　　　　　Chen Feixiang,Fang Le / 053
B.5 Jiangsu Province Administrative Reconsideration of 2016
　　　　　　　　　　　　　　　　　　Min Xianglong / 063

Ⅲ Special Reports

B.6 Report on the Selection of the First Batch of Judges in Jiangsu Courts
　　　　　　　　　　　　　　　　　Cao Yeru,Ma Qian / 078

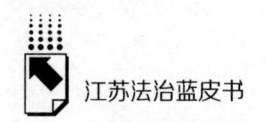

B.7   Analysis on the Essence of the Rule of Law in the Non-public Economy
      Based on Data of the Cases   *Dai Meifen, Gao Jia* / 092
B.8   The Status of Scientific and Technological Innovation of Rule of Law
      in the Demonstration Area of Independent Innovation in Southern
      Jiangsu Province   *Jiao Ke, Yang Liang* / 103

Ⅳ Rule of Law Investigation Reports

B.9   Investigation Report On Jiangsu Province Judicial Justice Satisfaction
      Rule of Law   *Nanjing Normal University Law School Research Group* / 115
B.10 Empirical Study on the Survival Status of Judicial Directors: A Case
      Study of 31 Township Judicial Directors in Z City,
      Jiangsu Province   *Tang Shuai* / 152
B.11 Survey of the Modernization Level of the Bankruptcy Administrator
      System: Taking the Operation of the Yangzhou Area as A Sample
      Yangzhou Intermediate People's Court Research Group / 179
B.12 Investigation Report on Joint Stock Professional Cooperatives of
      Agricultural Land in Zhaoling Village, Zhangpu Town, Kunshan City
      Zhu Yingda, Liu Yudian / 198

Ⅴ Rule of Law Grassroot Reports

B.13 Analysis of Judicial Service Rural Revitalization and Rural
      Governance: From the Perspective of the Case of Taixing
      Municipal People's Court   *Ding Xiaochu* / 216
B.14 Analysis of Innovation Cases of Community Governance Models in
      Jiangsu Province
      Wang Deyang, Yuan Longxu, Meng Jing, Yu Haixia, Wang Jun and Yu Zhenyong / 227

CONTENTS

B.15　Cases Analysis of the 'Xin Xiang Xian' Development of in Jiangsu
　　　　Province　　*Zhang Manna, Lu Jing, Wu Jinke, Chen Yinjiao and Wu Zhengying* / 243

Ⅵ　Appendix

B.16　Overview of the Rule of Law in Jiangsu of 2016
　　　　　　　　　　　　　　　　　　　　　Bian Zhihua, Rui Jinxiu / 257

总报告

General Report

B.1 法治政府建设的江苏探索

——基于近年典型案例的评析

吴 欢*

摘 要： 在法治政府建设的世界潮流中，当代中国的法治政府建设在推进路径上呈现出明显的中央顶层设计与地方先行先试协同并进的"双线"特征，蕴含着深刻的实践逻辑和运行机制。在全面依法治国、建设法治中国和全面推进依法行政、加快建设法治政府的背景下，江苏法治政府建设在此"双线"推进格局中稳步前行，取得了很大成效。其中，《江苏省行政程序规定》和《江苏省贯彻落实〈法治政府建设实施纲要（2015—2020年）〉实施方案》的相继出台，"不见面审批"改革的有力推进和南京江北新区法治政府建设的创新探索等，

---

* 吴欢，南京师范大学法学院博士后研究人员，中国法治现代化研究院研究员。

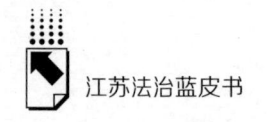

皆是法治政府建设江苏探索的典型案例。以这些典型案例为标志，法治政府建设的江苏探索凝练了江苏经验，蕴含了江苏智慧，凸显了江苏贡献，在法治江苏建设、区域法治发展和法治中国建设等层面具有重要的现实与理论意义。

关键词： 法治政府建设　江苏探索　行政程序　行政审批　南京江北新区

一　法治政府的双线推进

"法治政府建设"作为一个中国法政话语，虽然难以找到准确传神的外文对译词，但这并不妨碍"建设法治政府"成为人类法治文明发展的共同选择。同样，尽管"法治政府建设"的理念和实践主要起源于近代西方，但这并不妨碍"建设法治政府"成为当代文明各国及其人民共同投身参与的世界潮流。[①]

法治政府的理念源于对"非法治政府"的反思，虽然法治政府的实践始于近代资产阶级革命的展开，但法治政府的理论探索与实践运行并非一蹴而就。一方面，随着资本主义发展到垄断阶段，西方法治理论与实践的某些深层次张力得以显现，法律实证主义大行其道，自然法思想黯淡无光。特别是在德国纳粹主义和日本军国主义统治之下，所谓"法治国"，只不过是用"恶法"替代了"暴君"。另一方面，早期法治政府建设秉持"政府是必要之恶"的预设，信奉"管的最少的政府才是好政府"理念，对经济社会生活的干预和介入严守"依法律行政"的界限，却又为行政权留下了自由裁量的广阔空间。如此导致传统行政权的合法性与合理性均严重缺失，无法有效应对工业化大生产时代日益紧迫的规制需求。幸而随着二战以后资本主义

[①] 参见杨登峰主编《当代中国的法治政府建设》第六章，法律出版社，2017。

的自我调适，以及自然法思想的回归，"新公共管理"或曰"新公共行政"浪潮的日益兴起，"治理"理论的广泛应用，法治政府也经历了"管制—放松管制—再管制"的交替循环，以实现权利与权力之动态平衡。时至今日，"法治政府"已经成为从《联合国宪章》到《世界人权宣言》，再到世界贸易组织协定等一系列国际法文件所广泛倡导和坚持的基本原则。如世界贸易组织基本原则中的透明度原则、市场准入原则、公平竞争原则和非歧视性原则等，都贯彻着法治政府的精神理念，都将法治政府建设从国内拓展至国际。尽管近年来世界局势出现了"逆全球化"和"反自由贸易"的征兆，但全球化的总体时代趋势并未发生根本性转变，法治政府建设的全球拓展也并未受到根本性阻碍。更加值得注意的是，随着互联网时代的到来，大数据、云计算、物联网和人工智能日益快速发展，这必将深刻影响和重构人类法治政府建设的图景与样态。这一切都说明，法治政府建设成为世界文明各国共同面对的时代命题。

我国的法治政府建设在顺应世界潮流的同时具有鲜明的中国特色。党的十九大报告强调指出："中国特色社会主义进入新时代，我们党一定要有新气象新作为。打铁必须自身硬。党要团结带领人民进行伟大斗争、推进伟大事业、实现伟大梦想，必须毫不动摇坚持和完善党的领导，毫不动摇把党建设得更加坚强有力。"事实上，党的领导是我国《宪法》序言中反复提及的宪制原则，《宪法》、《国务院组织法》和《地方各级人民代表大会和地方各级人民政府组织法》的相关条文，则进一步设定了国务院和地方各级政府在法治政府建设领域的职权与责任。由此，中国共产党是全面依法治国事业的领导核心，各级党和政府则肩负着加快推进法治政府建设的时代重任。进而，包括法治政府建设在内的当代中国的法治建设和法治现代化进程，在动力机制上呈现出明显的"党政主导"特征，在运动方向上具有浓厚的"自上而下"色彩。[①] 由于建设法治政府的实质是用法治为政府行为划定边

[①] 参见公丕祥《中国特色社会主义法治道路的运动机理》，南京师范大学法学院《金陵法律评论》编辑部编《金陵法律评论》2015年春季卷，法律出版社，2015。

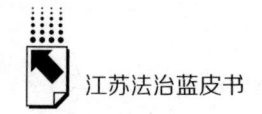

界，将行政权关进"制度的笼子"，是一场十分艰难但万分必要的政府"自我革命"，所以尤其需要党政系统的自觉行动和自我加压，并且形成上下传导的良性运动态势。① 在这个意义上，法治政府建设中的党的领导与政府主导（合称"党政主导"），是中国特色社会主义法治道路的应有之义，是当代中国法政秩序中不容忽视的客观存在，具有不言而喻的根本性意义。②

如此表述并不意味着我们无视当代中国法治政府建设的"人民主体"地位和"自下而上"驱动。事实上，由于我国在政制结构设计上历来注重发挥"两个积极性"，③ 尊重人民首创精神和地方先行先试，并且各地方政府在治理实践中有着近似"锦标赛"的竞争机制，④ 因此地方政府在法治建设领域，尤其是在法治政府建设领域也具有相当程度的"自我革命"积极性而不必事事等待中央决策部署。学者提出并分析的"地方先行法治化"⑤、"地方法治竞争"⑥ 和"区域法治发展"⑦ 等理论或实践命题，皆着眼于此。正是由于中央统一领导与地方先行先试、自上而下推动与自下而上助推、党政主导与人民首创之间存在辩证统一的实践逻辑和运行机制，我国法治建设才能在改革开放以来，尤其是中共十八大以来取得巨大成就，积累宝贵经验。也正是在此意义上，我国的法治政府建设才能稳步扎实向前推进，并呈现出中央顶层设计和地方先行先试"双线"并进的态势。

在这场法治政府建设"双线"推进的时代运动中，江苏省的实践探索别具特色。在本文中，我们拟在锚定法治政府建设江苏探索的法政方位的基

---

① 参见杨绍华、易赛键《行政审批制度改革：政府的一场"自我革命"——访国务院审改办主任、监察部副部长李玉赋》，《求是》2007年第16期。
② 参见陈端洪《论宪法作为国家的根本法与高级法》，《中外法学》2008年第4期。
③ 参见苏力《当代中国的中央与地方分权——重读毛泽东〈论十大关系〉第五节》，《中国社会科学》2004年第2期。
④ 参见周黎安《中国地方官员的晋升锦标赛模式研究》，《经济研究》2007年第7期。
⑤ 参见倪斐《地方先行法治化的基本路径及其法理限度》，《法学研究》2013年第5期。
⑥ 参见李晟《"地方法治竞争"的可能性——关于晋升锦标赛理论的经验反思与法理学分析》，《中外法学》2014年第5期。
⑦ 参见公丕祥《法治中国进程中的区域法治发展》，《法学》2015年第1期。

础上,通过评析近年来江苏省法治政府建设实践探索的典型案例,进一步论证前述"双线"推进的实践逻辑和运行机制,并着重指出法治政府建设江苏探索在法治江苏建设、区域法治发展和法治中国建设等层面具有的重要现实与理论意义。

二 江苏探索的法政方位

正如国际政治学者所指出的,在当代中国共产党与西方政党的重大差别之一在于:中国共产党着眼于过去、现在和未来,进行的是继往开来的"接力赛";而西方政党则聚焦于三到五年的选举周期,进行的是你来我往的"拳击赛"。无论在经济建设领域还是在法治建设领域,中国共产党和政府谋划的都是动辄三五十年的长远发展和对此长远目标进行分解后的近期安排。这一特征,保证了中国各项建设事业的平稳有序进行,也成为观察中国法治政府建设的一个重要切入点。在此基础上,我们才能充分理解近年来法治政府建设江苏探索的法政方位及其意义。

在法治政府建设问题上,法治政府建设的中国探索历程,可以大致划分为从中华人民共和国成立初期到"文革"结束的曲折前进阶段,从改革开放初期到1997年中共十五大的战略奠基阶段,从中共十五大到2004年的"全面推进依法行政"阶段,从2004年到2012年中共十八大召开前的深化拓展阶段,以及中共十八大以来的"加快建设法治政府"阶段。[①] 在每一个发展阶段,党和国家对法治政府建设的认识与重视都显著提升,法治政府建设的经验与成就也在深化拓展。时至今日,在当代中国"四个全面"战略布局和国家治理体系与治理能力现代化改革进程中,法治政府建设日益占据突出地位,日益处于关键环节,也日益需要加快推进。与此同时,法治政府建设的中国探索历程,也是我国法治政府建设体系逐步完善、举措逐步清

---

① 不同学者或许有不同的划分,但没有根本差别,只是角度和详略有所不同,都是在试图刻画当代中国法治政府建设的宝贵探索历程。

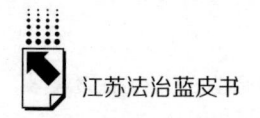

晰、步伐逐步加快和领域逐步全面的过程,① 具体如下。

在中央层面,从"依法治国,建设社会主义法治国家"1997年由中共十五大报告提出并于次年载入宪法开始,党中央和国务院先后发布一系列"纲要"、"决定"或"意见",为法治政府建设的深入开展奠定了重要基础。从中共十八大到十九大,经过党的历次重要会议的接力擘画,当代中国法治政府建设的重要性和紧迫性被提升到前所未有的高度。2012年中共十八大确立了"科学立法、严格执法、公正司法、全民守法"的社会主义法治建设"新十六字方针",并提出了"全面推进依法治国,加快建设社会主义法治国家"的法治建设总目标。"全面"和"加快"的新表述无疑对法治政府建设提出了更高要求,即到2020年实现全面建成小康社会宏伟目标时"法治政府基本建成"。② 2013年中共十八届三中全会提出了"法治中国"建设的新目标,并确立了"坚持依法治国、依法执政、依法行政共同推进,坚持法治国家、法治政府、法治社会一体建设"的新路径。③ 2014年中共十八届四中全会史无前例地以"依法治国"作为会议主题,并将"深入推进依法行政,加快建设法治政府"作为全面推进依法治国的重点任务。以中共十八大以来的历次中央全会决定和习近平总书记系列重要讲话为标志,"四个全面"战略布局逐步形成并深入展开,法治政府建设也在这一伟大战略布局中形成了新的战略方案与战术纲要,驶入了全面深化推进和贯彻实施的快车道。

在此基础上,2015年12月,中共中央、国务院以前所未有的高规格联合发布《法治政府建设实施纲要(2015—2020年)》(以下简称中央《纲要》),充分肯定了当代中国法治政府建设伟大成就,充分总结了当代中国法治政府建设宝贵经验,充分评估了当代中国法治政府建设推进重点,充分回

---

① 参见吴欢《十八大以来法治政府建设的理论与实践论纲》(未刊稿)。
② 参见胡建淼《基本建成法治政府是全面依法治国的关键目标》,《法治现代化研究》2017年第2期。
③ 参见张文显《全面推进法制改革,加快法治中国建设——十八届三中全会精神的法学解读》,《法制与社会发展》2014年第1期。

应了当代中国法治政府建设工作难点，恰逢其时且当仁不让地构成了当代中国法治政府建设伟大实践的科学指南和生动蓝图。中央《纲要》内涵丰富、体系科学、措施得力。从文本内容看，中央《纲要》全文分为三大部分，依次是"总体要求"、"主要任务和具体措施"以及"组织保障和落实机制"。第一部分是"总体要求"，依次明确了法治政府建设的指导思想、总体目标、基本原则和衡量标准。第二部分"主要任务和具体措施"围绕着前述"总体要求"，规定了"依法全面履行政府职能""完善依法行政制度体系""推进行政决策科学化、民主化、法治化""坚持严格规范公正文明执法""强化对行政权力的制约和监督""依法有效化解社会矛盾纠纷""全面提高政府工作人员法治思维和依法行政能力"等七个方面的主要任务，并有针对性地提出了40条具体推进措施。第三部分则设置了"加强党对法治政府建设的领导""落实第一责任人责任""强化考核评价和督促检查""加强理论研究、典型示范和宣传引导"等四个方面的"组织保障和落实机制"。

在地方层面，遵循前述"党政主导"的动力机制和"自上而下"的运动方向，在中央统一部署的基础上，各级各地方长期以来通过贯彻落实中央有关决策，已经在法治政府建设领域取得了重大的成就，并积累了丰富的经验。不仅如此，各级各地方还不同程度地选择进一步自我加压、自我革命和自选动作，在行政审批制度改革（如浙江）、行政程序法治（如湖南）、权力清单制度（如河北）等方面进行了创造性的发挥，并且逐步获得中央认可并在全国推广。[①] 在这一"区域法治先行先试锦标赛"中，作为东部沿海发达省份、被中央寄予"两个率先实现"厚望并赋予"先行先试改革"重任的江苏省，走在全国前列。从在全国较早提出"法治江苏"建设愿景，到创造"不抵触、有特色、可操作"地方立法经验，再到旗帜鲜明地提出"让法治成为江苏发展核心竞争力的重要标志"，包括法治政府建设在内的江苏法治建设，生动诠释了当代中国法治建设的实践逻辑和运行机制，也为法治建设中国方案的生成贡献了江苏经验。

---

① 参见杨登峰主编《当代中国的法治政府建设》，法律出版社，2017。

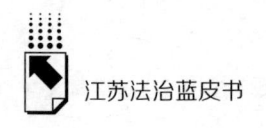

三 江苏探索的实践内涵

近年来，主要是指2015年中央《纲要》印发以来，江苏省在法治政府建设领域进行了一系列先行先试的实践探索，若干典型案例如下。

（一）《江苏省行政程序规定》制定出台

制定统一的行政程序规定，是贯彻落实党中央关于全面推进依法治国、全面建设法治中国新要求的需要，是全面推进依法行政、全面建设法治政府的需要，更是维护人民群众合法权益的需要。截至2014年，我国部分省市已经制定了效力层级、内容形式不一的"行政程序"，如《湖南省行政程序规定》《汕头市行政程序规定》《山东省行政程序规定》《西安市行政程序规定》等。此外，国务院各行政主管部门和各级地方政府工作部门还制定了大量行政执法程序规定、重大决策程序规定。我国行政法学界还对行政程序立法进行了大量的研究，并发布了数个版本的"行政程序法"专家建议稿。[①] 这些实践探索和研究建言，为江苏省的行政程序立法积累了宝贵经验，提供了重要的理论指导。

2014年初，江苏省人民政府将制定出台《江苏省行政程序规定》（以下简称《规定》）纳入《省政府2014年立法工作计划》，确定由省人民政府法制办公室负责起草。2014年5月9日至6月6日，起草小组将《规定（送审稿）》发送所有省级机关和市、县政府书面征求意见，并在江苏政府法制网站上向社会公开征求意见。此后，起草小组组织召开了一系列立法座谈会，并进行了一系列的调研活动，对《规定（送审稿）》进行完善。12月15日，省法制办向省政府报送《规定（草案）》，提请省政府常务会议审议。2015年1月4日，《规定》经省政府第49次常务会议讨论通过。2015

[①] 参见章剑生《从地方到中央：我国行政程序立法的现实与未来》，《行政法学研究》2017年第2期；张维《学界建议尽快出台统一行政程序法》，《法制日报》2016年11月19日。

年1月6日，时任江苏省省长李学勇签发江苏省人民政府令第100号，《规定》正式颁布。2015年1月，省法制办将《规定》向国务院法制办备案。《规定》自2015年3月1日起施行至今。

《规定》共10章106条，围绕建设法治政府的目标，按照总则—程序主体—执法程序—柔性执法—公众建议—行政监督的结构体例，确立了合法原则、公开原则、公正原则、平等原则、比例原则、参与原则、信赖保护原则、效率原则等基本原则，规范了行政程序主体、重大行政决策程序、行政执法程序、行政合同、行政指导、行政调解、公众建议、行政监督等内容。具体而言：第一章是关于行政程序的原则性规定，第二章是关于行政程序主体的规定，第三章是关于重大决策程序的规定，第四章是关于行政执法程序的规定，第五章是关于行政合同的规定，第六章是关于行政指导的规定，第七章是关于行政调解的规定，第八章是关于公众建议的规定，第九章是关于行政监督的规定，第十章是附则，明确了《规定》的实施时间。总体而言，《规定》内容丰富、结构完整、体系合理，是一部规范和保障行政行为、推进依法行政、建设法治政府的重要省级政府规章。

（二）《法治政府建设实施方案》制定出台

2015年底印发的中央《纲要》是当代中国法治政府建设的行动指南。中央《纲要》要求"各地区各部门要结合实际制定实施方案，明确提出时间进度安排和可检验的成果形式"，这就为各地区各部门结合实际出台实施方案提供了直接的"上位法"依据，也提出了明确的"立法"要求。[①] 2016年7月8日，中共江苏省委和江苏省人民政府联合印发《江苏省贯彻落实〈法治政府建设实施纲要（2015—2020年）〉实施方案》[②]（以下简称《实施方案》）。

[①] 学界一般认为，"国办发"文件具有"准行政法规"的法律地位，"中共中央、国务院"联合印发的《纲要》无疑具有更高的法律地位和效力层级。为避免误解，这里的"上位法"和"立法"加引号。

[②] 参见中共江苏省委、江苏省人民政府关于印发《江苏省贯彻落实〈法治政府建设实施纲要（2015—2020年）〉实施方案》的通知（苏发〔2016〕30号）。

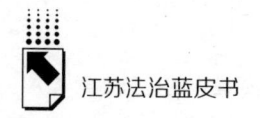

《实施方案》的制定综合考虑了各方面因素。一是全面贯彻中央精神。《实施方案》认真贯彻党中央精神，把习近平总书记关于法治建设的系列讲话精神贯穿始终，把依法行政、建设法治政府作为全面推进依法治国的重大任务，把法治政府建设与创新政府、廉洁政府、服务型政府建设相结合，全面推进政府工作规范化、程序化、法治化，为建设"强富美高"新江苏提供法治保障。二是以江苏工作实际为出发点，对多年来江苏省形成的比较成熟的做法进行归纳和提炼，对地方和部门先行先试的创新经验进行规范和深化。三是突出问题导向。尽管江苏省法治政府建设成效显著，但与中央要求和群众期待还存在差距，与全面深化改革、经济发展新常态还不适应，有些矛盾和问题还比较突出。对此，《实施方案》有针对性地提出了解决的思路和办法。四是注重与相关文件相衔接。《实施方案》注重与中央和省既有的法治政府建设文件精神相衔接，保持依法行政工作的连续性，深化工作内容，持续全面深入推进依法行政、加快建设法治政府。

《实施方案》共8章41条，从"法治政府建设总体要求"等八个方面展开，全面总结了江苏省法治政府建设的基本成就，并为之科学规划了发展方向，是当前和今后一段时期江苏省全面推进依法行政、加快建设法治政府的纲领文件和行动指南，具有重要而深远的现实指导意义。具体而言：第一章"法治政府建设总体要求"明确了法治政府建设的指导思想、总体目标、评价标准等问题；第二章"依法全面履行政府职能"重点关注行政审批事项清理等方面的问题；第三章"完善依法行政制度体系"重点关注健全政府立法体制机制等方面的问题；第四章"推进行政决策科学化、民主化、法治化"重点关注公众参与重大行政决策程序操作规则的制定实施状况等方面的问题；第五章"坚持严格规范公正文明执法"重点关注整合政府部门内部和部门间相同相近的执法职能和资源等方面的问题；第六章"强化行政权力制约监督"重点关注政府守信践诺机制建设状况等方面的问题；第七章"依法有效化解社会矛盾纠纷"重点关注健全依法化解纠纷机制等方面的问题；第八章"落实法治政府建设保障措施"重点关注加强组织领导等方面的问题。

(三)"不见面审批"改革创新有力推进

行政审批是现代国家管理社会政治、经济、文化等方面事务的重要事前控制手段。随着法治政府建设的深入推进,随着服务型政府理念的深入人心,我国的行政审批制度改革势在必行,并且已经在中央和地方层面持续推进多年。① 2016 年 3 月,李克强总理在《政府工作报告》中提出,持续推进简政放权、放管结合、优化服务,不断提高政府效能。2016 年 5 月 9 日,国务院召开全国推进放管服改革电视电话会议,李克强发表重要讲话指出:"'放管服'改革实质是政府自我革命,要削手中的权、去部门的利、割自己的肉。计利当计天下利,要相忍为国、让利于民,用政府减权限权和监管改革,换来市场活力和社会创造力释放。以舍小利成大义,以牺牲'小我'成就'大我'。"② 正是在行政审批制度改革长期推进和"放管服"改革深入展开的背景下,江苏省"不见面审批"改革试点有力推进,凝练了行政审批制度改革的江苏经验,不仅被前述江苏省《法治政府建设实施方案》及时吸收和确认,还获得了中央政府的高度肯定和推广。

"不见面审批"是江苏省根据《中共江苏省委江苏省人民政府关于深化行政审批制度改革加快简政放权激发市场活力的意见》(苏发〔2016〕42号)制定的一项行政审批改革方案,主要是依托政务服务"一张网",加快推进"网上办、集中批、联合审、区域评、代办制、不见面",做到"不见面审批"是原则,见面审批是例外,使企业和群众的获得感进一步增强,政府办事效率进一步提升,发展环境进一步改善。实施"不见面审批(服务)",需要做好推进网上全程办理,开展集中高效审批,推行企业投资项目"预审代办制",大力实施联合评审,探索试点区域评估和结果"不见面"送达等六项重点工作。在改革试点基础上,江苏省按照"谁审批、谁

---

① 参见王克稳《我国行政审批制度的改革及其法律规制》,《法学研究》2014 年第 2 期。
② 参见《李克强:"放管服"改革要相忍为国、让利于民》,新浪网,http://finance.sina.com.cn/roll/2016-05-10/doc-ifxryahs0607748.shtml#,最后访问日期:2017 年 3 月 11 日。

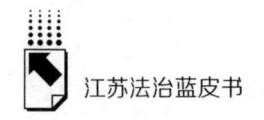

负责，谁主管、谁监管，谁行权、谁担责"原则，着力完善以权责清单为边界、以"双随机一公开"为抓手、以信用监管为核心、以网格化管理为基础、以大数据为支撑、以综合执法为手段、以线上线下相结合的制度链为保障的严格有效的监管体系。

（四）南京江北新区法治政府建设起步

2015年6月27日，国务院印发《关于同意设立南京江北新区的批复》，南京江北新区成为全国第十三个、江苏省唯一的国家级新区。国务院的批复要求把南京江北新区"逐步建设成为自主创新先导区、新型城镇化示范区、长三角地区现代产业集聚区、长江经济带对外开放合作重要平台，努力走出一条创新驱动、开放合作、绿色发展的现代化建设道路"，并强调"设立并建设好南京江北新区，对于推进长江经济带建设、培育东部沿海地区率先转型发展的新增长极具有重要意义"。南京江北新区不是普通市辖区、开发区或产业园区，而是承载"三区一平台"建设任务、对接"长江经济带建设"等区域发展战略的国家级综合改革创新试验区。南京江北新区法治政府建设不是市辖区的法治政府建设，也不仅仅是地方层面的法治政府建设，而应当全面贯彻中共十九大最新精神，自觉落实中央先行先试要求，努力探索出一套有特色、可操作、能复制的国家级新区法治政府建设行动方案，从而在新区法治建设、区域法治发展和中国法治道路等方面作出立足江北、融入江苏、放眼全国和引领未来的贡献。

自2016年正式成立运转以来，江苏省、南京市和南京江北新区已经着手开展国家级新区法治政府建设的相关探索。南京市人大常委会对南京江北新区的授权决定包括新区管委会的机构定性和主要职责、精简高效的机构设置原则和集中行使、受托行使与委托行使行政管理权、权责清单与行政权力公开透明运行、新区与相关市辖区的权责分工、新区与市级部门的权力分工、新区行政管理体制机制改革先行先试权、规范性文件制定和上位法调整适用、新区的复合性构成等，是南京江北新区法治政府建设的基本依据。南京江北新区已经在机构设置、职能转变、权力清单建设、相对集中行使行政权和行政审批制度改革等方面多有创新和实践。中共十九大胜利召开之后，南京江北新区正在组织编制法治政府建设实施规划，旨在从指导思想、主要目标、基本原则、衡量标准、落实授权、政府职能、制度体系、行政决策、行政执法、制约监督、纠纷化解、能力提升、组织领导等方面全面贯彻落实十九大最新精神，加快推进新区法治政府建设。[①]

事实上，近年来江苏省在行政体制改革、重大行政决策、严格规范公正文明执法、依法化解矛盾纠纷、行政权监督制约和法治政府建设第三方评估等方面的创新探索还有很多，它们都丰富和发展了法治政府建设的江苏方案。

四　江苏探索的特征与意义

在中央顶层设计和地方先行先试的"双线"推进下，近年来江苏省在法治政府建设领域进行了诸多有益探索，积累了丰富的实践经验，呈现出显著的江苏特色，也蕴含着重大的法治意义。在此有必要对后两者进行深度评析。

（一）江苏探索的实践特征

第一，充分的合法性。江苏省近年来在法治政府建设领域的系列实践探索，都具有充分的合法性。如《江苏省行政程序规定》是江苏省政府在职责权限范围内制定出台的省级政府规章，其制定出台过程严格符合《规章制定程序条例》的要求，相关内容也不存在与上位法相抵触的情形。江苏省《法治政府建设实施方案》中的制定直接来自中央《纲要》的要求，出台程序也符合《江苏省规范性文件制定和备案规定》的要求。"不见面审批"改革创新是积极落实国务院"放管服"改革精神的举措，江苏省有关部门也出台了一系列配套措施。南京江北新区法治政府建设探索更获得了南京市人大常委会的专项授权，并且严格按照"规划先行、改革先行、法治

[①] 参见吴欢《以十九大精神引领南京江北新区法治政府建设顶层设计》，南京师范大学中国法治现代化研究院《智库咨询报告·特辑》2017年第3期。

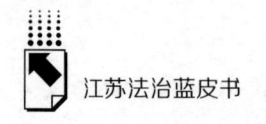

先行和生态先行"的要求积极推进。在先行先试之际坚持合法性原则，是法治政府建设江苏探索的首要特征。

第二，相当的合理性。这种合理性可以从三个方面考察。一是相关实践探索制定出台程序的合理性。在《江苏省行政程序规定》和江苏省《法治政府建设实施方案》中，有关起草单位都遵循重大行政决策程序的要求，开展多种形式的论证活动，广泛吸收公众意见。二是相关规范文本内容的合理性。江苏省《法治政府建设实施方案》在任务设置上，充分考虑了江苏省的实际情况，提出了合理化的目标任务。如在"完善规章制定程序，健全立项、起草、论证、协调、审议机制，推进政府立法精细化"子项下要求"定期开展规章立法后评估，提高政府立法科学性"。引入第三方评估机制能够有效增强政府立法的合理性，设置此项任务体现了对行政合理性的追求。三是符合改革方向的实质合理性。某些特定实践虽然暂时缺乏明确的上位法依据，却符合改革的实质合理性要求。

第三，突出的创新性。创新性是江苏多年来探索形成的"不抵触、有特色、可操作"地方立法经验的新要求。在近年来的法治政府建设实践探索中，江苏省相关举措具有突出的创新性。以江苏省《法治政府建设实施方案》为例，该文件在"指导思想"中提出"使法治成为江苏核心竞争力的重要标志，为建设经济强、百姓富、环境美、社会文明程度高的新江苏提供有力法治保障"，这无疑具有鲜明的江苏特色。"让法治成为核心竞争力的重要标志"的论断更是江苏省率先提出的法治政府建设创新性指导思想。该文件还在"总体目标"中加入了"依法行政和法治政府建设水平处于全国前列"，这是基于中央对江苏工作的殷切期许和江苏法治政府建设实际的自我加压与自信承诺。至于"不见面审批"改革和南京江北新区法治政府建设探索，更是走在全国前列的创新实践。

第四，较强的可操作性。可操作性强是地方立法质量优良的重要标志。近年来的法治政府建设江苏探索都具有较强的可操作性。仍以江苏省《法治政府建设实施方案》为例。在总体目标上，该文件除了在中央《纲要》宏观表述的基础上增加"依法行政和法治政府建设水平处于全国前列"的自我承诺，还将这一自我承诺具体化为"人民群众对法治政府建设的满意度达90%以上"这一可度量、可考核、可检验的客观性高标准、严要求。该文件在正文之外，还以附件形式对各项举措进行了任务分解、时间进度和成果形式安排，确定了100余项重点工作，明确了各项重点工作的牵头部门、责任部门、完成时限和主要成果形式。此外，江苏省在实践中还建立了"法治政府建设重点工作"年度考评机制、第三方评估机制等。这些都有助于提升法治政府建设的可操作性。

第五，坚持党政主导。江苏近年来在法治政府建设领域的实践探索，都充分坚决全面坚持了"党政主导"原则。一方面，党政主导体现在对中央大政方针和改革部署的坚决贯彻执行上面。如江苏省《法治政府建设实施方案》就是贯彻落实中央《纲要》的生动体现。"不见面审批"改革创新也是贯彻落实国务院"放管服"改革精神的举措。江北新区法治政府建设探索也始终遵循中央要求和十九大精神。另一方面，党政主导体现在江苏省委、省政府对相关实践探索的坚强领导。江苏省《法治政府建设实施方案》由中共江苏省委、江苏省人民政府联合下文印发；在文件中充分强调了党的领导和组织保障。此外，在这些规范文件的贯彻落实和改革举措的实际运行过程中，江苏省依法治省领导小组办公室（设在江苏省委政法委）也充分发挥了组织、协调、督导和推进的突出作用。

（二）江苏探索的法治意义

首先，近年探索为当前和今后一段时期江苏省法治政府建设提供了行动指南和操作方案。《江苏省行政程序规定》作为一部省级政府规章，全面规范了行政程序的各项环节，对行政权的严格、规范、公正、文明行使提出了新的要求。江苏省《法治政府建设实施方案》是一部全面深入擘画法治政府建设的规范性文件，涵盖了"法治政府建设总体要求""依法全面履行政府职能""完善依法行政制度体系""推进行政决策科学民主化法治化""坚持严格规范公正文明执法""强化行政权力制约监督""依法有效化解社会矛盾纠纷""落实法治政府建设保障措施"等法治政府建设的主要内容，

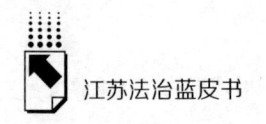

对于规范行政主体行为，保障相对人合法权益具有重要意义，为江苏省依法行政事业提供了坚实的制度支撑。南京江北新区法治政府建设探索和"不见面审批"改革创新也都在具体层面指引了未来发展。

其次，近年探索凝练了长期以来法治政府建设的江苏经验和江苏智慧，形成了江苏方案。《江苏省行政程序规定》和江苏省《法治政府建设实施方案》以江苏法治政府建设实际情况为出发点，对多年来江苏省形成的比较成熟的做法做了归纳和提炼，对地方和部门先行先试的创新经验进行了规范和深化，从而凝练了法治政府建设的江苏经验，蕴含了法治政府建设的江苏智慧，对于法治江苏建设具有重要推动意义。南京江北新区法治政府建设探索和"不见面审批"改革创新更是确确实实扎根于江苏实践的产物。近年来的一系列探索，直面江苏省法治政府建设新情况、新问题、新挑战，以加快推进法治政府建设，弘扬社会主义法治精神为目标，努力使法治成为江苏核心竞争力的重要标志，为建设经济强、百姓富、环境美、社会文明程度高的新江苏提供了有力法治保障。

再次，近年探索是区域法治发展的重大成果，体现了江苏省法治建设水平的重大提升。江苏省承担着法治先行先试的重大任务，也是当代中国区域法治发展的生动场域。《江苏省行政程序规定》是近年来地方行政程序法治建设的集大成者。江苏省《法治政府建设实施方案》是在江苏省法治政府建设现状的基础上，贯彻落实中央《纲要》的精神，努力建设职能科学、权责法定、执法严明、公开公正、廉洁高效、守法诚信的法治政府的具体体现。至于南京江北新区法治政府建设探索和"不见面审批"改革创新，则更具有突出的区域法治特色。这一系列探索都从江苏实际出发，坚持依法行政、简政放权，把政府工作全面纳入法治轨道，实行法治政府建设与创新政府、廉洁政府、服务型政府建设相结合，并将这些观念落实到具体制度设计之中，为区域法治发展作出了重大贡献。

最后，近年探索形成的规范文件和实践成果是法治中国建设和法治政府建设的生动实践。包括法治政府建设在内的江苏省法治建设一直走在全国前列，对其他地区具有重要引领带动作用。江苏省的法治政府建设实践探索不仅具有区域意义，还具有全国影响。《江苏省行政程序规定》的制定出台进一步加速了我国中央层面行政程序立法的步伐。江苏省《法治政府建设实施方案》一方面具有权威性和统领性，是法治中国建设和法治政府建设在江苏的生动实践，另一方面具有创新性和可操作性，充分总结和凝练了江苏省法治政府建设的成就经验和智慧。江苏省探索实施的"不见面审批"改革创新生动践行了中央"放管服"改革精神，并得到充分的肯定和推广。南京江北新区正在探索的国家级新区法治政府建设，必将进一步拓展法治中国建设和法治政府建设的深度广度。

总之，在全面依法治国、建设法治中国和全面推进依法行政、加快建设法治政府的背景下，在中央顶层设计和地方先行先试的"双线"推进格局中，近年来江苏省的法治政府建设稳步前行，取得了很大的成效，也涌现出一系列典型案例。近年来法治政府建设的江苏探索具有充分的合法性、突出的创新性和较强的合理性，相关成果凝练了江苏经验，蕴含了江苏智慧，凸显了江苏贡献，是当代中国法治政府建设的江苏方案，在法治江苏建设、区域法治发展和法治中国建设等层面具有重要的现实与理论意义。

分报告
Sub-report

B.2
2016年江苏人大工作的进展

左霞 屠振宇*

摘　要： 2016年，是"十三五"开局之年，也是全面建成小康社会决胜阶段的关键之年。一年来，在中共江苏省委的正确领导下，江苏人大坚持党的领导、人民当家作主、依法治国有机统一，认真履行宪法法律赋予的各项职权，在立法工作上突出地方特色，在监督工作上紧紧围绕全省工作大局和民众关心的热点问题，在代表工作和自身建设上支持和保障代表依法履职，不断完善履职机制，顺利完成市县乡三级人大换届选举工作，圆满地向全省人民提交了一份满意的答卷。

关键词： 地方立法　人大监督　代表工作　自身建设　换届选举

---

* 左霞，南京师范大学法学院宪法与行政法学专业硕士研究生；屠振宇，南京师范大学法学院教授。

2016年，在党的十八届五中全会和省委十二届十一次全会勾画的未来五年的宏伟发展蓝图下，江苏省人大团结和动员全省人民开拓进取、扎实工作，带领全省人民昂首阔步地踏上"十三五"发展的新征程。在过去的一年中，江苏省各地人大全面贯彻党的十八大和十八届三中、四中、五中全会精神，以邓小平理论、"三个代表"重要思想、科学发展观为指导，深入贯彻习近平总书记系列重要讲话特别是视察江苏重要讲话精神，在省委领导下，坚持党的领导、人民当家作主、依法治国有机统一，紧紧围绕协调推进"四个全面"战略布局和"迈上新台阶、建设新江苏"的目标任务，牢固树立并自觉践行创新、协调、绿色、开放、共享的发展理念，认真履行宪法法律赋予的各项职权，密切同人大代表和人民群众的联系，更好地发挥地方国家权力机关的作用，为实现"十三五"经济社会发展的良好开局、建设"强富美高"新江苏作出新贡献。回望2016年，江苏省人大在日新月异的社会发展中不仅紧跟时代步伐，而且坚守本职、不忘初心，在江苏民主法治建设史上留下了浓墨重彩的一页。

一 重点领域立法硕果累累

党的十八届四中全会作出了全面推进依法治国、加快建设社会主义法治国家的重大战略部署。在推进全面依法治国这一系统工程中，立法是基础和前提。地方立法是中国特色社会主义法律体系的重要组成部分，突出地方特色是地方立法长期以来不断探索实践的重要问题。在中国特色社会主义法律体系形成和全面推进依法治国的大背景下，随着对立法质量要求的提升，地方特色已成为衡量地方立法质量的一个重要标准，更是地方立法需要不断深入研究的重点课题。无论是协调推进"四个全面"战略布局的新形势，建设中国特色社会主义法治体系的新任务，还是人民群众对良法善治的新期待，都对地方立法工作提出了新的更高要求。江苏省人大在过去的一年中从本地实际和发展阶段出发，深刻把握经济社会发展规律，切实增强地方立法的可执行性和可操作性，使制定的法规更加切合省情实际、适应经济社会发

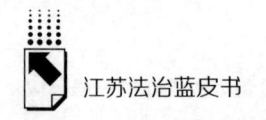

展需要、经得起实践检验。全年共制定和修改地方性法规15件，批准设区的市报审法规35件，进行立法调研18件，尤其在以下重点领域突出了地方特色。

一是健全经济领域立法。价格机制是市场机制的核心，着眼于充分发挥市场配置资源的决定性作用和政府作用，更好地维护市场价格秩序，江苏省人大常委会制定价格条例，对经营者价格行为和政府定价程序进行了全面规范。自2014年3月15日我国新消费者权益保护法颁布之后，已经过去了两年多的时间，同时随着网购等新兴消费形式兴起，为进一步优化消费环境，江苏省人大常委会重新制定江苏消费者权益保护条例。农业技术推广是推进农业现代化的重要环节，省人大常委会对全省实施农业技术推广法办法进行修订，促进农业科研成果和实用技术尽快应用于农业生产，实行公益性和经营性分类管理，为深化基层农技推广体制改革提供了法律支持。江苏沿海地区是承接"一带一路"的重点区域，是江苏"十三五"时期发展的潜力所在、后劲所在，沿海开发事关江苏的长远发展。2016年上半年，省人大常委会贯彻省委关于沿海地区发展的决策部署，就江苏省沿海开发开放工作开展专题调研，并于7月底审议通过《关于在新的起点上推进我省沿海地区开发开放的决议》，动员全省人民积极投身新一轮沿海开发开放。民航事业的快速发展需要良好的法治环境，省人大常委会制定了我国首部规范和促进民用航空事业发展的地方性法规。生态环境保护立法始终是常委会的工作重点，继2015年出台大气污染防治条例、循环经济促进条例后，2016年又制定了湿地保护条例、修订了海洋环境保护条例，这两部法规，对加强生态环境保护、推动美丽江苏建设必将发挥重要作用。

省内各设区的市也积极开展立法工作并创新频频。南通市人大常委会决定设立"南通企业家日"，2016年4月27日，南通市十四届人大常委会第三十三次会议通过决议，规定将每年的5月23日设立为"南通企业家日"，以更好地激发企业家精神，凝聚重商、亲商、安商的社会共识，营造创业、创造、创新的发展氛围。全国关于海洋牧场管理的第一部地方性法规在连云港诞生，2016年12月2日，省十二届人大常委会第二十七次会议审查批准了《连云港市海洋牧场管理条例》，自2017年2月1日起施行，这将对海洋渔业发展和海洋生态环境保护起到积极的推动作用。

二是完善社会领域立法。维护社会和谐稳定，关键在依法治理。针对食品安全工作的薄弱环节，江苏省人大常委会专门就食品小作坊和食品摊贩管理进行立法，强化了对违法生产经营、监管失职渎职的责任追究，这部法规的出台，使小作坊和食品摊贩生产经营管理实现了有法可依，同时强化了安全生产监管工作、推动安全发展。根据全国人大常委会有关决定，及时修改了人口与计划生育条例，"全面两孩"政策在全省有序落地。针对医患纠纷这一社会热点问题，省人大常委会启动了医疗纠纷预防与处理条例的立法，为维护医患双方的合法权益提供法律支撑，更好地预防与规范处理医疗纠纷、减少医疗事故。司法鉴定与当事人权益息息相关，为保证司法鉴定的公平公正，制定了司法鉴定管理条例，规范司法鉴定活动。公共安全是人民安居乐业的保障，在安全生产条例、核事故预防和应急管理条例立法过程中，省人大常委会要求政府和有关方面认真落实主体责任，坚持预防在先、综合治理，严守人民群众生命财产安全的底线，加强核设施核事故应急管理工作。青少年健康成长关系未来，省人大常委会牵头开展预防未成年人犯罪条例起草工作，为未成年人身心健康发展构筑防护网。2016年8月25日，由江苏省人大内务司法委员会、共青团江苏省委共同主办的《江苏省预防未成年人犯罪条例》立法研讨会在南京召开。本次研讨会邀请了北京、上海、江苏、重庆等地高等院校的专家学者以及江苏省实务部门的负责同志，对预防未成年人犯罪立法领域的重点难点问题提出建设性意见，对《江苏省预防未成年人犯罪条例》的体例、结构、条文的可操作性提出了修改思路和建议。此外，还制定了社会科学普及促进条例，把社会主义核心价值观融入了法治建设，以提高公民科学和人文素质。

苏州市人大率先开启法治化保护古城新实践，2016年1月21日，苏州市十五届人大五次会议通过《关于加强苏州国家历史文化名城保护的决定》，根据该决定，将制定苏州国家历史文化名城保护条例。首部关于古淮河保护的地方性法规在淮安诞生，2016年12月2日，省十二届人大常委会

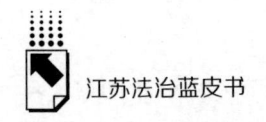

第二十七次会议审查批准了《淮安市古淮河保护条例》，自2017年3月1日起实施，这对加强古淮河保护、保障水资源水环境与经济社会协调发展具有重要意义。常州市人大常委会推动医联体建设显实效，2016年初，把代表提出关于"深入推进医疗联合体建设"的议案作为市人代会"一号议案"经市人大常委会会议审议并由市委、市人大主要领导领衔督办，推动全市医疗联合体建设取得明显进展，有效提升了基层医疗服务水平。

三是推进民主法治领域立法。制度化、规范化、程序化是社会主义民主政治的根本保障。根据修改后的地方组织法，江苏省人大常委会对乡镇人民代表大会工作条例进行了全面修订，进一步规范乡镇人大履职机制和工作程序，作出乡镇人代会"一年两会"制、乡镇人大主席团"季会制"等制度安排，提升乡镇人大工作规范化水平。为了保证人大代表民主选举和履职活动在法治轨道上规范有序进行，对全省各级人大选举实施细则和实施代表法办法进行了修改，进一步规范人大代表选举程序，加强对选举全过程的监督，同时完善了代表联系群众和履职监督管理的相关制度。在总结实践经验的基础上，根据形势的发展变化，省人大常委会重新制定了江苏省实施村民委员会组织法办法，依法推进农村基层自治组织的民主选举、民主决策、民主管理、民主监督，为2015年下半年开始的全省村委会换届选举提供了法律依据。

立法是全面推进依法治国、依法治省的基础和前提。可以看出，江苏省人大坚持良法是善治的前提，质量是立法的生命，始终在把握合法性、民主性和科学性的基础上，牢牢抓住地方立法主动性和主导权，在2016年从全省改革发展的实践需要出发，坚持立法决策与改革决策相结合，主动适应改革和经济社会发展需要，围绕深化经济体制改革、保障和改善民生、创新社会治理、促进资源可持续利用、加强民主政治建设等重点方面，加快重点领域立法，着力提高立法质量，为经济社会发展提供了有力的法制保障。

二 全方位监督实效突出

围绕中心、服务大局，加强监督、推动工作，是人大工作的重要职责。

一年来，江苏省人大紧紧围绕全省发展大局和人民群众普遍关注的热点问题，加强工作监督和法律监督，推动中央和省委重大决策部署的贯彻落实，促进依法行政和公正司法，维护人民的根本利益。全年听取和审议了计划、预算决算及审计工作报告和"一府两院"8个专项工作报告，组织2次专题询问，对法律法规实施情况开展了4次执法检查，对63件规范性文件进行了审查。

在促进经济平稳健康发展方面，江苏省人大以推动经济结构调整为重点，加强对全省经济平稳运行和转型升级工作的监督。密切关注全省经济运行情况，加强经济工作监督和预算决算审查，听取和审议关于2016年上半年国民经济和社会发展计划执行情况的报告，推动落实以去产能、去库存、去杠杆、降成本、补短板为重点的经济结构调整举措，实现国民经济更高质量、更有效率、更加公平、更可持续发展。听取和审议2015年省级财政决算草案和2016年上半年预算执行情况报告和审计报告以及审计查出问题整改情况的报告，审查和批准2015年省级财政决算，深化预决算全口径、全过程监督，加大对审计查出问题整改情况的跟踪监督力度，更好地发挥公共财政对经济社会发展的支撑保障作用。2016年9月24日，扬州市第七届人大常委会第二十九次会议审议并通过《关于加强审计工作监督的规定》，对预算执行审计、专项审计、绩效审计、审计整改、审计公开、责任追究等方面进行全面规范，推动了审计工作制度化、长效化，以维护预算的权威性和严肃性。苏州市人大常委会听取和审议了市政府关于市、区政府性债务限额管理、2015年度市本级财政决算（草案）、2015年度市本级预算执行及其他财政收支的审计工作、2016年上半年国民经济和社会发展计划执行情况、2016年1~6月本级财政预算执行情况、2015年度本级预算执行及其他财政收支审计发现问题整改情况等专项工作报告。根据省政府的建议，江苏省人大常委会及时调整省级预算，依法确定江苏省地方政府债务限额。省人大常委会针对江苏创新驱动战略实施中的制约因素，对科技成果转化法实施情况开展执法检查，推动有关方面深化科技体制改革，完善成果转化市场服务体系，进一步调动科研人员和企业家两个积极性，使科技成果更多更快地转化

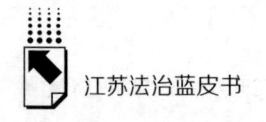

为现实生产力。发展旅游业是扩大内需、调整产业结构的重要抓手，省人大常委会对出入境旅游工作开展审议，推动有关方面完善旅游基础设施，加快旅游产品和业态创新，推动现代旅游产业发展，培育旅游经济增长点，努力建设旅游强省。苏州市人大常委会加强了对市十五届人大五次会议作出的《关于加强苏州国家历史文化名城保护的决定》贯彻落实情况的监督，依法行使职权，加强对相关法律法规、政策和规划实施、执行的监督，促进政府及其部门落实各项举措，推动对苏州国家历史文化名城的有效保护。

在聚焦民生保障与社会和谐方面，江苏省人大以社保基金监管、农产品质量安全和消费者权益保护为重点，加强对保障和改善民生工作的监督。社会保险基金是人民群众的"养命钱"，江苏省人大常委会听取和审议社会保险基金管理和监督情况报告，并开展专题询问，要求有关部门规范基金支出和投资运营，推动维护社会保险基金安全与稳健运行，不断提高保障水平，更好地惠及广大人民群众。围绕食品安全问题，省人大常委会组织力量对食品安全法实施情况进行检查，对农产品质量安全工作开展审议和专题询问，要求政府加强食品安全追溯体系建设，全过程、全方位保障食品从田头到餐桌的质量安全。为营造良好的消费环境，省人大常委会对消费者权益保护法和江苏省实施办法的落实情况进行检查，就加强和改进消费维权工作提出意见和建议，促进形成良好的消费市场秩序和环境，更好地保护消费者合法权益。物业管理关系千家万户，江苏省人大常委会联合市县人大，就物业管理条例实施情况开展检查，督促有关方面重视化解人民群众反映的有关安居乐业的问题，督促规范物业管理行为、提升物业服务水平，促进人居环境改善，推动和谐社区建设。在对全民健身工作的审议中，要求各级政府重视完善体育公共设施，不断满足城乡居民健身需求，增进群众健康福祉。

在着眼最严格的生态环境保护方面，江苏省人大以水资源保护和水污染防治为重点，加强对生态文明建设的监督。生态环境是江苏省高水平全面小康建设的短板。2016年7月，省十二届人大常委会第二十四次会议听取审议了省政府关于环境状况和环境保护目标完成情况的报告。这是省人大常委会贯彻新环境保护法要求，首次专题审议环境状况年度报告。省人大常委会积极回应人民群众关切,首次听取和审议全省环境状况和环境保护目标完成情况报告,并对环境保护法实施情况开展检查,要求政府强化生态环境保护责任,下最大决心、尽最大努力,加大对大气、水、土壤污染的治理力度,着力解决人民群众反映强烈的环境问题,实现水资源的可持续利用与人水和谐。在此基础上,省人大常委会会同市县人大,先后对水资源管理条例和太湖水污染防治条例实施情况进行检查,推动各地落实最严格的水资源管理制度,推动沿太湖地区加快发展方式转变,加强污染源治理和防控,促进太湖流域水质持续向好,督促各方面加强太湖水质保护和改善工作,促进经济社会与环境协调发展。

在推进法治江苏建设方面,江苏省人大以司法体制改革和规范化建设为重点,加强对公正司法的监督。2016年1月15日,省十二届人大常委会第二十次会议首次组织新任命的省检察院负责同志、省人大常委会有关工作机构负责同志进行宪法宣誓,这是根据全国人大常委会制定的宪法宣誓制度,省人大常委会被任命人员首次向宪法宣誓。2016年,江苏省人大常委会依法任免省级国家机关工作人员302人次(其中,省法院、省检察院255人次),依法组织11次宪法宣誓。司法是维护社会公平正义的最后防线。省人大常委会分别听取和审议省法院关于司法责任制改革工作情况的报告、省检察院关于刑罚执行监督工作情况的报告,支持各级法院进一步健全审判权力运行机制,强化审判监督管理,提升办案质量;支持各级检察机关全面加强刑罚执行监督规范化建设,提升监督实效,保证刑罚执行公正高效权威,坚决纠正刑罚执行中的突出问题,着力提升刑罚执行监督水平。全民普法是依法治国基础工程。省人大常委会听取和审议"六五"普法工作情况报告,并就"七五"普法工作专门作出决议,为改革发展稳定奠定法治基础。规范性文件备案审查是维护国家法制统一的重要制度安排,省人大常委会加强对规范性文件的主动审查,对发现的不当情形及时督促纠正,做到有件必备、有备必审、有错必纠,切实维护国家法制统一。作为全省规范性文件合法性审查试点单位,江苏省海洋与渔业局在对照国务院法制办、江苏省政府法制办有关规范性文件合法性审查相关要求的基础上,结合海洋与渔业工作

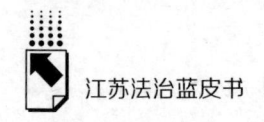

实际，借鉴政府法制部门规范性文件备案审查做法，制定了《关于完善规范性文件制定与管理工作的通知》和《海洋与渔业规范性文件制定与合法性审查规范》，重点对规范性文件合法性审查的范围、内容、主体、程序，以及起草部门、合法性审查部门、局长办公会审定、办公室公文审核之间的工作衔接作出了明确规定，对规范性文件制定中的结构设置、表述要求、用语规范等技术性要求和合法性审查6个方面的具体内容作出细致阐述，明晰海洋与渔业规范性文件的合法性要求。2016年，按照年度规范性文件制定计划和规范性文件合法性审查的要求，已完成对5份规范性文件的合法性审查。

三 代表工作成绩斐然

国家的一切权力属于人民，人大工作的根基在人民，发挥作用的力量在人民，依法履职的归属也在人民。一年来，江苏省人大坚持代表主体地位，不断加强和改进代表工作，支持和保障代表依法履行职责，更好地发挥各级人大代表在法治中国建设中的模范带头作用，为开创我国民主政治建设新局面作出更大贡献。

首先，扩大代表对人大常委会活动的参与。全年共邀请15位全国人大代表、96位省人大代表列席省人大常委会会议，301位省人大代表参加了省人大常委会开展的立法调研、执法检查、议案建议督办等活动；围绕省人大常委会重要议题，采取代表小组联组、上下联动等形式，组织代表开展视察和专题调研等闭会期间活动，使代表在参与中更多了解人大常委会工作，也使人大常委会工作建立在深入了解民情、充分反映民意、广泛集中民智的基础之上。

其次，密切人大常委会同代表、代表同人民群众的联系。认真落实江苏省人大常委会组成人员联系基层省人大代表制度，省人大常委会主任会议成员轮流下基层接待人大代表，面对面直接听取代表意见，全年接待代表123名，将代表提出的意见建议及时交相关部门研究处理。组织省人大代表参与市县人大开展的调研、视察和主题实践活动，通过"人大代表之家"、网络平台等渠道，密切联系人民群众，为老百姓办实事、做好事。

在人代会之前，组织各代表小组开展集中视察调研，为代表更好地审议各项报告、提出议案建议奠定基础。

南京市人大在其官方网站上开办的特色品牌栏目《金陵民声—热点网谈》受到全国人大肯定。网谈活动每月举办一期，每期有近2万名网友在线交流，参与问卷调查的近千余人，通过官方微博开设的相关话题转发人数近百万人。苏州市人大也不断加强人大新闻宣传工作，改进《苏州人大》办刊工作，与市各新闻媒体联合办好人大专版、专栏和专题节目，做好人大官方网站、微博、微信编辑发布工作，更好地宣传人大代表和人大工作，提高人大工作的透明度，让人民群众更好地了解、参与和监督人大的工作。邳州市"人大代表直通车"亮相央视。近年来，邳州市人大组织"人大代表直通车"定期进村入户，面对面为百姓办急事、解难事、做好事，实现了代表联系服务选民零距离，2016年3月2日中央电视台《新闻联播》节目报道了这一做法。

再次，认真办好代表议案建议。采取多种形式，积极协助人大代表提出高质量议案建议，加大代表建议重点督办力度，加强同承办单位协调，加强同人大代表沟通，规范建议答复要求。代表建议及办理结果逐步予以公开，接受社会监督。2016年，对大会主席团交付省人大常委会审议的11件代表议案和代表提出的612项建议，江苏省人大常委会主动加强与各承办单位联系，跟踪督促办理工作。选择食品安全、养老服务、支持实体经济发展等8个方面的18项建议，由主任会议成员牵头重点督办，加大协调力度，推动问题解决。"一府两院"把办理代表议案建议作为接受人民监督的重要渠道，主动听取代表意见，扎实做好办理工作。所有议案建议全部答复代表，并依法向社会公开，代表建议所提问题得到解决或者计划逐步解决的占建议总数的85.6%。

最后，强化代表履职服务保障和监督管理。做好代表培训工作，通过举办讲座、通报政情、开展交流，不断提高代表履职能力。有序推进省人大代表向原选举单位报告履职情况工作，全年有152位省人大代表、12个省直单位代表小组向原选举单位报告了履职情况，并接受评议，代表的责任意识进一步增强。不仅如此，江苏省人大坚持党管干部和人大依法任免干部有机统一，严格执行对拟任职人员任前法律考试、拟任职发言、颁发任命书、宪法宣誓等制度规定，不断增强被任命人员的法律意识、责任意识。苏州市人大坚持完善工作制度，建立市人大代表在线学习制度，制定出台《苏州市人大常委会立法专家顾问咨询费用支出办法》《苏州市人大常委会关于加强全口径预算决算审查监督工作的意见》，加强对人大工作新情况新问题的研究，及时制定新的制度和规则，不断推进人大工作更加高效规范。

四 自身建设再树榜样

新形势下人大工作保持良好精神状态十分重要，必须一手抓工作、一手带队伍。江苏省人大始终把加强自身建设摆在首位，努力打牢履职尽责根基。根据中央和省委统一部署，积极推进人大领域改革。2016年以来，中央和省委就坚持和完善人民代表大会制度作出了一系列新部署。省人大常委会结合江苏省实际，精心谋划、扎实组织实施人大领域改革。根据中央有关文件，协助省委起草相关实施意见，完善党委加强对地方立法工作的领导体制和机制。2016年1月，省十二届人大常委会第二十次会议审议通过《江苏省人民代表大会常务委员会关于确定连云港、淮安、宿迁市人民代表大会及其常务委员会开始制定地方性法规的时间的决定》。至此，全省13个地级市全部获得地方立法权。通过多种方式，加强对设区的市立法工作的指导服务，帮助其提高立法能力，新获得授权的9个设区的市2016年均制定了地方性法规。加强县乡人大工作和建设，是新形势下党中央加强人大制度建设的重要举措。2016年上半年，在省委的重视和支持下，省人大常委会主任会议成员分别带队赴全省各地，就中央和省委文件精神的贯彻情况进行督查，县乡人大在完善履职机制、班子主要负责人专职配备、加强工作机构建设等方面取得了实质性进展，全省县乡人大工作和建设上了一个新台阶。

在思想政治建设方面，始终把思想政治建设摆在首位，进一步加强理论学习，牢固树立政治意识、大局意识、责任意识和看齐意识，做到讲政治、顾大局、懂规矩、守纪律，在思想上、政治上、行动上与以习近平同志为核心的党中央保持高度一致。恪守宪法精神和社会主义法治理念，坚持依法履职、依法办事。认真学习习近平总书记系列重要讲话精神，坚持以科学理论武装头脑、指导实践、推动工作。中央和省委召开重要会议、出台重大决策部署，都及时通过人大常委会党组会议、主任会议、常委会会议传达学习，用中央和省委精神统一思想和行动。扎实开展"两学一做"学习教育，坚定理想信念，增强党性修养。配合省委巡视组对省人大机关开展巡视工作，落实全面从严治党主体责任，进一步加强机关党的建设。

在履职能力提升方面，加强与履职相关的学习培训，不断提升人大组成人员依法履职水平。加强人大干部的培养锻炼和交流使用，提高干部综合素质和履职能力。如2016年11月，省人大常委会组织六个调研组，赴全省各地就行政审批制度改革和优化发展环境问题开展调研督查，形成了专题调研报告，就进一步深化行政审批制度改革、优化江苏省发展环境提出建议，得到省委高度肯定。不仅如此，单月举办人大常委会专题讲座，双月举行形势报告会，邀请知名专家学者和党政领导围绕全省改革发展大局和人大常委会审议议题，举办讲座和报告会12场，帮助人大常委会组成人员和机关干部开阔眼界、了解全局、更新知识、提升履职水平。

2016年11月，全国人大常委会办公厅在南京召开部分省（区、市）人大信息化工作研讨会，推广了南京市人大的经验。镇江市人大常委会召开政情通报会引发积极的社会反响，2016年8月召开的政情通报会不仅向代表通报工作，而且由市长、副市长现场接受人大代表询问，现场互动热烈，并进行电视和网络直播，推动解决民生突出问题29项，赢得代表和群众的点赞。江苏省首家地方立法研究院在泰州挂牌，为了加强地方立法研究，提升地方立法质量和水平，泰州市人大与当地高校合作联合创办了地方立法研究机构——泰州市地方立法研究院，2016年4月21日，研究院正式揭牌，实现了人大开门立法与高校开门办学的结合。

在工作作风改进方面，巩固群众路线和"三严三实"专题教育成果，建立和完善长效机制，增强制度的执行力，推动作风建设形成新常态。深入基层、深入群众，广泛了解社情民意，使人大审议更能反映基层的实际情况，体现人民群众的意志。2016年，省人大常委会从省十二届人大四次会议期间代表提出的建议中选择事关改革发展大局和人民群众切身利益的8个方面18项建议，由省人大常委会领导牵头进行重点督办，加大协调力度，推动问题解决，受到代表和群众的好评。人大常委会主任会议成员带头深入基层开展专题调研，形成了一批针对性强、富有建设性的调研成果。继续改进会风，提高常委会审议质量，增强组成人员的履职责任感。认真处理群众来信来访，维护群众合法权益。严格落实中央八项规定和省委十项规定，持续推进党风廉政建设。常委会重视发挥专门委员会和工作机构的作用，各专门委员会和工作机构认真敬业、依法履职，为提高人大常委会整体工作质量作出了积极贡献。

在人大工作整体协调方面，江苏省人大坚持做好人大工作，推动人大事业与时俱进，需要全省各级人大的共同努力。注重对市县乡人大的联系指导，加强工作协调联动，努力形成人大工作的整体合力。2016年下半年，省人大常委会先后围绕《江苏省水资源管理条例》《江苏省太湖水污染防治条例》实施情况，采取省市县联动方式开展执法检查活动，促进了全省上下对水资源和水环境保护工作的重视，推动了相关法规的实施，取得了良好效果。每次省人大常委会会议坚持邀请设区的市人大负责同志和部分乡镇人大主席列席，认真听取他们的意见建议。省人大常委会组织执法检查等重大活动，尽可能与市县人大上下联动、同频共振。通过举办学习会、座谈会等形式，组织全省市县人大负责同志共同学习贯彻中央和省委决策部署，总结交流本届以来地方人大工作的做法和经验，推动地方人大工作承前启后、与时俱进。坚持基层人大工作联系点制度，及时总结推广典型经验，积极营造推进人大工作创新的浓厚氛围。

除此之外，一年来，江苏省人大还重视人大理论研究，围绕人大领域改革重点课题开展研究，积极探索加强和改进人大工作的新思路、新途径，为地方和基层人大工作创新发展提供理论支持；积极开展对外交流活动，按照国家基本外交方针和总体部署，把人大外事活动作为江苏省外事活动的重要组成部分，加强对外交往工作，进一步扩大与外国友好省州议会的交流与合作，密切与外国省州议会的友好交往，授予4位国际友好人士"江苏省荣誉公民"称号。这些进一步加强自身建设的举措，提高了江苏省人大依法履职的能力。

五 换届选举有条不紊

从2016年开始，全国新一轮县乡两级人大换届选举陆续展开，有9亿多位选民将参加选举，直接选举产生250多万名县乡两级人大代表。2016年下半年，根据省委统一部署和省人大常委会相关规定，江苏省人大加强工作联系指导，精心组织市县乡三级人大换届选举。目前，全省各地已依法完成新一届县乡人大代表选举工作，共选举产生27073名县级人大代表和64135名乡级人大代表。

2016年下半年开始的市县乡三级人大换届选举，直接关系6000多万位选民的民主权利。江苏省人大常委会坚持党对换届选举工作的领导，认真研究提出工作意见报请省委批转，及时作出有关决定，协助省委召开会议进行工作部署。成立市县乡人大换届选举工作办公室，周密制定计划，加强组织协调，分层次培训工作人员，指导各地认真开展选民登记、候选人与选民见面、投票选举、代表资格审查等各个环节的工作。常委会负责同志分赴全省各地，加强现场检查与指导。县乡人大及选举机构充分发扬民主，严格依法办事，保障代表和选民的民主权利，加强换届纪律教育和监督，保证选举风清气正，圆满完成了全省县乡人大换届选举任务。

这次江苏省市县乡三级人大换届选举工作充分体现了江苏省人大按照中央和省委的部署要求，扎实做好换届选举工作的能力，深入调查研究，周密制定方案，精心组织指导，严格选举纪律，确保换届选举工作顺利进行。通过换届选举，进一步优化人大代表结构、提升代表素质。

B.3
2016年江苏法治政府建设的进展

宋宇文 华 纯*

摘 要： 江苏省政府以贯彻中共中央、国务院《法治政府建设实施纲要（2015—2020年）》为主线，牢牢把握基本建成法治政府目标，2016年度切实加大依法行政推进力度。在深入推进政府职能转变方面，行政审批制度改革不断深化、权力清单标准化建设积极推进，法治市场建设力度持续加大，政务服务不断优化；在加强地方政府立法方面，突出行政立法工作重点，健全行政立法机制，进一步强化规范性文件监督管理；在推进行政程序法治化方面，重大行政决策程序不断完善，法律顾问制度普遍建立；在规范公正文明执法方面，加快推进行政执法体制改革，积极推动行政执法与刑事司法相衔接，规范行政执法行为；在强化行政监督方面，人大监督、政协监督、民主监督、司法监督、审计监督进一步加强、社会监督进一步完善；在防范化解社会矛盾方面，进一步提高行政复议办案质量，加强行政复议能力建设，深化行政机关与审判机关的良性互动。2016年江苏法治政府建设取得了阶段性成效，建设步伐不断加快。

关键词： 法治政府 立法工作 行政执法 行政程序 行政复议

---

* 宋宇文，江苏省交通运输厅政策法规处副处长，南京师范大学法学院宪法学与行政法学博士研究生；华纯，江苏省人民政府法制办公室法制协调处主任科员，东南大学法律硕士研究生。

2016年是江苏各级行政机关认真落实党的十八大和十八届三中、四中、五中全会精神,深入贯彻习近平总书记系列重要讲话精神,奋力推进法治政府建设并取得积极进展的一年。全省各级行政机关认真贯彻省委、省政府的决策部署,围绕到2020年基本建成法治政府目标,不断加大依法行政推进力度,在转变政府职能、加强政府立法、规范重大行政决策和行政执法行为、加强行政监督、防范和化解社会矛盾以及建立政府法律顾问制度等方面,积极探索、大胆实践,取得了积极进展和明显成效。

一 统筹谋划法治政府建设

(一)部署推动更加有力

2015年12月,中共中央、国务院印发了《法治政府建设实施纲要(2015—2020年)》(以下简称《纲要》),明确提出了到2020年基本建成法治政府的指导思想、总体目标、基本原则、衡量标准、主要任务、具体措施和保障落实机制,是我国在新的历史时期建设法治政府的总蓝图、路线图和时间表,是今后一个时期加快建设法治政府的奋斗宣言和行动纲领,在法治政府建设进程中具有里程碑意义。

《纲要》颁布实施后,江苏省委、省政府高度重视,全力抓好落实。2016年7月8日,江苏省委、省政府印发了《江苏省贯彻落实〈法治政府建设实施纲要(2015—2020年)〉实施方案》(以下简称《实施方案》),就"十三五"期间江苏省法治政府建设作出全面部署,对7个方面149项重点工作进行任务分解和责任分工,明确了牵头部门、完成时限和主要成果形式。2016年4月12日,省政府召开江苏省全面推进依法行政工作领导小组会议,对贯彻落实党中央、国务院《纲要》进行研究部署,推动落实法治政府建设重点任务。同时,江苏省全面推进依法行政工作领导小组印发了《2016年全省推进依法行政建设法治政府工作要点》,就贯彻党中央、国务院《纲要》提出推进行政管理体制改革、深化行政审批制度改革、全面推进政务公开、加强重点领域立法等30项年度重点工作任务。南京、苏州、无锡、常州、镇江、扬州、淮安、南通、宿迁、泰州等市围绕贯彻落实《纲要》《实施方案》，紧密结合各地法治政府建设实际，召开专门会议，制定实施意见，围绕未来5年法治政府建设重点工作细化指标、分解任务、完善措施、落实责任。省财政厅以法治财政标准化建设为主要抓手，创新实践六位一体标准化管理，为推进法治政府构建、完善现代财政制度奠定了扎实基础。省人力资源和社会保障厅、省水利厅、省环保厅等部门就年度依法行政工作进行责任分解，加大了法治政府建设推进力度。[1] 在国务院法制办组织的《纲要》贯彻情况督察中，江苏省法治政府建设工作得到了国务院法制办的充分肯定。

（二）考评督查力度加大

充分发挥考核评价对法治政府建设的重要推动作用。[2] 经江苏省人民政府同意，江苏省全面推进依法行政工作领导小组印发了《江苏省法治政府建设考核评价办法》《江苏省法治政府建设指标体系》，制定了具体的评分标准，进一步明晰法治政府建设标准，通过法治政府建设评价和考核，推动落实法治政府建设工作。江苏省全面推进依法行政工作领导小组办公室积极开展2016年度法治政府建设考评工作，根据《实施方案》和《江苏省法治政府建设（指标体系）评分标准》确定的年度重点工作和重点考核项目，制定《2016年度法治政府建设考评工作实施方案》，采取百分制计分方式量化考评内容，逐项进行打分，依托中国江苏网、江苏省委新闻网等，从2016年11月起对13个省辖市、3个省直管县体制改革试点县（市）和49个省级机关部门开展法治政府建设情况群众满意度调查，调查涵盖了依法办事、行政决策、行政执法、办事效率、服务态度和质量、信息公开工作等诸多方面，调查结果纳入年度法治政府建设考评，两个月时间点击率达1552487次，调查结果和满意率都有较大提升。苏州市修订发布法治政府建

---

[1] 参见《江苏省政府法制办2016年工作和2017年工作要点》（苏府法〔2017〕11号）。
[2] 参见党中央、国务院印发《法治政府建设实施纲要（2015—2020年）》。

设指标体系，2016年度法治政府考核内容占绩效考核的比重达12%。盐城、宿迁和省国土资源厅等积极开展依法行政示范品牌创建活动，以点带面，更好地营造开拓创新的环境和氛围。

（三）学习培训扎实开展

突出抓好领导干部这个"关键少数"，通过全面落实公务员学法考法制度，切实提升政府工作人员，特别是领导干部运用法治思维和法治方式服务发展、化解矛盾的能力。2016年8月，江苏省人民政府举行专题学习会，邀请有关专家对《纲要》进行解读，江苏连续3年举办全省领导干部法治政府建设专题研究班，邀请国内法学界知名专家学者现场授课，累计组织200余名省级机关和各市政府分管领导等接受法治素质提升培训。为进一步提升政府法制机构干部的法治能力，更好地当好各级政府的参谋助手和法律顾问，省政府法制办先后举办市、县（市、区）政府法制办主任法治政府建设专题培训班、全省法制工作人员培训班、3期行政复议应诉人员培训班、规范性文件合法性审查能力提升、两法衔接工作等培训班，全年累计培训1540余人次。扬州市将每年4次常务会议学法调整为每次常务会议学法，全年共安排集体学法17次。徐州市组织两批共28名新任命领导干部任前法律知识考试，有力地提高了领导干部依法履职水平。[①] 淮安市将法律法规知识列为公务员初任培训、在职培训及任职培训的必修课，全年开展各类公务员培训班23期8829人次。镇江市成立全省首家地方法治政府研究院，为高水平的法治镇江建设提供有力的智力支撑。

二 深入推进政府职能转变

（一）行政审批制度改革不断深化

江苏省委、省政府着力加强行政审批制度改革顶层设计，制定出台了

---

① 参见《关于2016年度法治政府建设考评情况的通报》（苏依法〔2017〕1号）。

《关于深化行政审批制度改革加快简政放权激发市场活力的意见》，提出企业投资相关项目省级"不再审批"、市县扁平管理、一层全链、强化有效监管等18项改革举措。2016年11月11日，省委、省政府召开深化行政审批制度改革加快简政放权激发市场活力推进会，会议明确要求全省上下要进一步把"放管服"改革推向深入，努力把江苏打造成审批事项最少、办事效率最高、创新创业活力最强的区域。① 江苏省委办公厅印发了各地各部门任务分工方案，推动改革举措落实。2016年以来，江苏在全面取消224项非行政许可审批事项的基础上，分两批取消下放行政审批事项193项，审批事项已从改革初期的889项减少到330项，成为东部沿海审批最少省份，审批时限压缩到法定时间的50%以下。② 南通市市县两级12个行政审批局全部正常运行，实现一个主体统一对外、责任体系相对清晰。宿迁市在全省率先实现权责清单市、县、乡三级全覆盖，在全国率先启动工业类产品生产许可证制度，对25大项117类683种工业类产品进行分类。常州市全面推行建设项目审批"五联合、一简化"，有效降低企业制度性交易成本。李克强总理对南通市"一枚印章管到底"、常州市"五联合、一简化"的做法、宿迁市工业类产品生产许可证制度改革给予充分肯定。

（二）权力清单标准化建设积极推进

江苏继公布"五张清单"后，发布了《省市县（市、区）政府部门行政权力清单》《垂管部门行政权力清单》《审核转报事项清单》《权力事项办事指南》，在全国省级层面率先实现行政权力的"三级四同"，即省市县三级权力名称、类型、依据、编码相统一，着力破解审批部门多、职责分工交叉、权责边界模糊、公共管理不足等难题。省级行政权力事项4989项，市级行政权力事项7025项，县级行政权力事项7037项，省市县共有行政权

---

① 参见中国共产党新闻网，http://cpc.people.com.cn/n1/2016/1112/c117005-28855476.html，最后访问日期：2017年3月12日。

② 数据来源：中国江苏网，http://news2.jschina.com.cn/system/2017/01/20/030486727.shtml，最后访问日期：2017年3月12日。

力事项4055项，较2014年清单精简11.7%。[①]《垂管部门行政权力清单》涵盖15个部属及省双重领导单位，行政权力事项1392个大项、43个子项。《审核转报事项清单》涵盖省政府部门审核转报事项127个大项、55个子项，垂管部门审核转报事项68个大项、7个子项。《权力事项办事指南》则对照上述3张清单的权力事项逐条编制办事指南，内容包括办理范围、材料目录、法定办结时限、承诺办结时限、涉及的中介服务机构等信息，其中，49个省级部门办事指南6310份、15个垂管部门办事指南1301份。[②] 扬州、宿迁、连云港等市制定出台了《行政权力事项目录清单管理办法》，对权力清单进行动态管理。苏州市取消全部市级行政事业性收费项目，建立了涉审中介机构信用评价机制，涉审中介网上服务超市建成上线。

（三）法治市场建设力度持续加大

切实加强和改进商事制度改革后续监管工作，江苏制定出台《关于推进"先照后证"改革后加强事中事后监管的实施意见》，推进市场监管法治化、制度化、规范化、程序化。建立了"一单、两库、一平台"随机抽查机制，江苏省政府办公厅公布了41个省政府部门377项随机抽查事项清单，占市场监管执法事项和其他执法事项的85%以上。盐城市在全国率先试点企业和个体工商户简易注销两项改革。连云港市企业设立登记业务三天内办结率为100%。扬州市制定《建立双随机抽查机制强化事中事后监管实施方案》，推动市级37个部门制定随机抽查事项清单和实施细则。无锡市、淮安市、泰兴市、沭阳县等启动"五证合一"登记制度改革，全面实行"一照一码"登记模式。常州市印发了《行政许可和行政处罚等信用信息公示工作实施方案》，在诚信常州网、部门门户网等全面公布"双公示"信息。

[①] 数据来源：吴江新闻网，http：//www.wjdaily.com/2017/0117/61397.shtml，最后访问日期：2017年3月12日。

[②] 数据来源：江苏省委新闻网，http：//www.zgjssw.gov.cn/yaowen/201612/t3140349.shtml，最后访问日期：2017年3月12日。

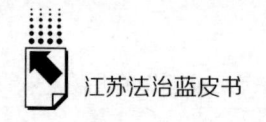

（四）政务服务不断优化

江苏大力推行"互联网+政务服务"，实现网上办事大厅和实体大厅"线上线下"互联贯通。江苏省级12345政务服务热线正式运行，政务服务"一张网"上线试运行。南京市建成市、区、镇（街）三级政务服务体系，"我的南京"手机平台已经集成多个民生信息服务板块，全国推进"互联网+政务服务"工作现场会2016年11月29日在南京召开。镇江、南通等市政务服务标准化试点项目通过国家级评估验收。[①] 苏州市出台《推进企业投资建设项目并联审批规范中介服务的意见》，加快推进投资项目办理的实时上网工作，建成"市投资项目在线审批数据共享平台"，群众对政务服务中心窗口服务抽样评议满意率为99.89%。宿迁市全面启动政务云服务"一张网"建设，客商和群众办理全部在政务服务"一张网"上进行操作，提高政务服务效率。淮安市在全省率先整合市直部门31条政府部门服务受理热线，实现"12345"一个号码管服务。

三 优化改革发展的法治环境

（一）立法工作重点突出

江苏2016年立法工作，以党的十八大和十八届三中、四中、五中全会和省委十二届十次、十一次全会精神为指导，以建设法治政府为目标，紧紧围绕实施"八项工程"、推进"两个率先"的总体部署，坚持以"法治第一保障"来服务"发展第一要务"，打造法治核心竞争力，坚持科学立法、民主立法，坚持以人为本、立法为民，着力抓好促进科学发展、深化改革开放、保护资源环境、保障和改善民生、维护社会和谐稳定、加强政府建设等方面亟须制定或者修订的地方性法规和规章项目，发挥制度建设对全面深化

---

① 参见《关于2016年度法治政府建设考评情况的通报》（苏依法〔2017〕1号）。

改革的引领和推动作用,力求适应时代需要、符合人民意愿和解决实际问题。截至2016年底,省人民政府以省政府令形式颁布了《江苏省自然灾害救助办法》《江苏省气象设施和气象探测环境保护办法》《江苏省价格争议调解处理办法》《江苏省科学技术奖励办法(修改)》等省政府规章。省人大及其常委会颁布了《江苏省核事故应急管理条例》《江苏省司法鉴定管理条例》《江苏省湿地保护条例》《江苏省安全生产条例(修改)》《江苏省人口与计划生育条例(修改)》《江苏省海洋环境保护条例修正案》《江苏省实施〈中华人民共和国村民委员会组织法〉办法(修改)》等地方性法规。① 此外,截至2016年底,还有《江苏省医疗纠纷处理条例》《江苏省消费者权益保护条例》《江苏省民用航空条例》《江苏省实施〈中华人民共和国农业技术推广法〉办法(修改)》《江苏省内河水上游览经营活动安全管理办法》《江苏省新建居住区供配电设施管理办法》等地方性法规草案和省政府规章先后公开征求意见。《江苏省人口与计划生育条例(修改)》是在国家全面放开"二孩"政策出台后修改完善的地方性法规。《江苏省司法鉴定管理条例》着力解决侦查机关因工作需要设立鉴定机构的登记管理、司法鉴定管理制度与诉讼法等相关制度的衔接等问题。《江苏省湿地保护条例》为乡村湿地和许多分散的、小块的湿地保护提供了立法依据,首次在省级层面建立了湿地保护专家委员会制度及创新了法律责任的设计,符合江苏湿地保护的实际需要。《江苏省安全生产条例》为新形势下江苏安全生产工作提供了法律依据。《江苏省科学技术奖励办法(修正草案)》提高了省科学技术奖的项目总数和奖励名额。

13个设区的市紧扣改革发展大局,加快推进重点领域和关键环节立法,出台了一批质量较高的立法项目。如《南京市海上丝绸之路史迹保护办法》为南京长远发展夯实制度基础;《镇江市金山焦山北固山南山保护条例》是全国新获得地方立法权城市中首个地方性法规并入

---

① 在江苏省立法工作实践中,省人民政府承担着大部分地方性法规的起草工作,也将其列入立法工作计划。本文将地方性法规的起草作为政府立法的重要组成部分。

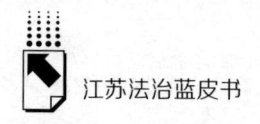

选全省年度十大法治事件；《镇江香醋保护条例》被国务院法制办称赞为最具地方特色的地方性法规；《无锡市社会医疗保险管理办法》完善和规范了多层次医疗保险制度体系；淮安市结合地方特色，出台了全国首部永久性绿地保护条例；《连云港市海洋牧场管理条例》是全国首部海洋牧场的地方性法规。

（二）立法机制更加健全

江苏各地在立法过程中积极推进立法精细化，努力提高立法工作质量。各地积极开展立法调研，召开立法协调会，广泛听取意见，妥善处理立法涉及的各种利益关系，集思广益，夯实立法工作基础。对涉及重大决策或重要政策、部门间分歧较大或社会有争议的立法项目，委托第三方评估或组织专家论证。在引入第三方评估方面，省政府法制办选择《江苏省湿地保护条例》作为首个进行第三方评估的立法项目，邀请来自高校的专家学者，就该条例的合法性、合理性、可操作性、规范性、创新性进行进一步评估论证，并提出修改建议。在施行小型化立法听证方面，小型化听证除具备正式立法听证会的公开及民主等特点外，还具有规模小、成本低、程序简便灵活等特点。省政府法制办选择社会关注度较高的《江苏省消费者权益保护条例》召开小型化立法听证会，邀请来自司法机关、高校科研机构、律师事务所等专家学者和法律实务界人士、经营者代表、消费者代表对条例进行论证，向公众传递政府崇尚民主、科学、公正等价值信息，提高立法决策的合法性。《南京市城市照明管理办法》《苏州市地下管线管理办法》《徐州市征收集体土地房屋补偿办法（草案）》《常州市商品房交付使用管理办法》等重要民生项目，通过召开听证会、专家论证会、座谈会等形式广泛听取意见。南京市积极推进与政协的立法协商，实现了政府立法立项、起草、论证各环节立法协商全覆盖；连云港市制定了《关于建立政府立法民主协商工作机制的意见》。镇江市开展立法制规"规范年"建设活动，建立了立法制规全过程留痕机制。苏州、无锡、南京、徐州、扬州、盐城等市对规章、规范性文件进行后评估。

（三）规范性文件监督管理进一步强化

江苏以"完善规范性文件合法性审查机制"试点工作为主要抓手，完善规范性文件合法性审查机制，确保规范性文件合法有效，防止行政权力任性，切实将权力关进制度的笼子里。此次试点工作确定省财政厅、省海洋与渔业局、扬州市、海门市和宜兴市5家单位为省内"完善规范性文件合法性审查机制"试点工作单位，紧紧围绕"界定审查范围、健全审查机制、规范审查流程、明确审查标准、创新审查方式、强化审查力量"六个方面，探索相关环节的完善措施，逐一破解难题。各单位在试点工作中积极探索创新，扬州市建立了合法性、廉洁性、风险性"三性"联审和听证会、论证会、新闻发布会"三会"发布制度，省财政厅通过信息化手段控制规范性文件发文流程，省海洋与渔业局将规范性文件合法性审查纳入部门绩效考核目标，海门市在规范性文件合法性审查中引入听证程序，宜兴市建立"开门审查"制度等，这些做法都很有特色，具有较强的借鉴意义。2016年，设区的市、省直管县体制改革试点县（市）人民政府和省政府部门报送省政府备案登记的规章和规范性文件217份，省政府法制办共办理重要文件合法性审查76份，受理相对人提出的规章、规范性文件21份。积极拓展审查方式，2016年，省政府法制办多次组织规章和规范性文件第三方评价活动，邀请理论界和实务界专家对7份规章、130份规范性文件进行评价。全面开展省政府文件清理，对2003~2015年的省政府以及省政府办公厅制发的2181份文件进行了清理，对12份进行修改，980份宣布失效。南京、苏州、淮安、南通、镇江、昆山、泰兴和省公安厅、省财政厅、省人社厅、省物价局等积极开展规章、规范性文件清理工作。

四　大力推进行政程序法治化

（一）重大行政决策程序不断完善

江苏在全国率先探索开展重大行政决策规范化管理试点工作，选择具有

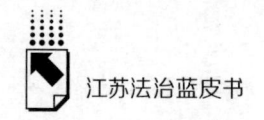

一定工作基础的徐州市、苏州市、张家港市、海门市、阜宁县和省国土资源厅、省水利厅作为第一批试点单位，开展重大行政决策全过程记录、目录化管理、合法性审查意见书和立卷归档、卷宗评查试点工作，并将其作为2016年度省政府重点工作加以推进，目的是解决重大行政决策范围难以确定、流程难以规范、程序难以落实等方面的突出问题，全面规范重大行政决策程序，整体提升重大行政决策水平。

2016年4月，省政府法制办组织召开试点单位座谈会，探讨推进难题，研究具体措施。11月10日，组织召开重大行政决策规范化管理试点工作成果专家论证会，并对试点成果进行汇编。对于重大行政决策档案管理的制度，省政府法制办与省档案局召开专家论证会听取意见并进行修改完善，省全面推进依法行政工作领导小组办公室、省档案局、省政府法制办联合印发《关于加强重大行政决策档案管理的意见（试行）》，填补了重大行政决策档案管理的空白。

苏州市在全国率先建立重大行政决策网上运行系统，实行重大行政决策档案管理，完善重大行政决策分级管理机制，所辖县（市、区）重大行政决策全部实现网上备案。徐州市组织开展重大行政决策案卷专项评查，细化27项重大行政决策评查标准。张家港市组织研发重大行政决策网上公开运行系统，实现了重大行政决策目录清单及决策流程网上运行。海门市重新发布《海门市人民政府重大行政决策制度》，对年度重大行政决策事项实行统计、通报制度。阜宁县出台《阜宁县重大行政决策规范化管理试点工作十项制度》，为重大行政决策行为规范化建设确定标准。省水利厅补充制定江苏省水利厅重大行政决策合法性审查操作规则、重大行政决策立卷归档规定，创制了重大行政决策全流程格式文书。省国土资源厅研发了重大行政决策运行系统，规范内容流程，并通过完善专家库建设与管理，规范专家论证程序。泰州市出台重大行政决策事项管理办法，为实质性推进重大决策动态管理提供制度保障。

（二）法律顾问制度普遍建立

建立政府法律顾问制度，是规范政府行为、有效推进依法行政的重要保证,是促进政府依法、科学、民主决策的重要手段。2016年1月23日,江苏省政府出台《关于建立政府法律顾问制度的意见》,就江苏推行政府法律顾问制度作了安排。省政府办公厅印发了《关于成立江苏省人民政府法律顾问委员会的通知》,省政府法律顾问委员会负责为省政府重大行政决策、推进依法行政提供法律咨询和服务。省政府法律顾问委员会下设办公室,办公室设在省政府法制办,具体承担省政府法律顾问委员会的日常工作。省政府法律顾问委员会由1名主任委员、2名副主任委员和22名委员组成,其中委员在全国法学法律专家中产生。4月12日,为省政府法律顾问颁发聘书。苏州、镇江、常州、扬州、南通、淮安、盐城、宿迁、泰州、昆山等地也普遍建立了政府法律顾问制度。宿迁市实现了市、县、乡三级政府法律顾问制度全覆盖。淮安市出台了《涉法事务办理程序规定》,规范法律顾问工作流程,提高法律顾问服务水平。省财政厅通过购买服务、实施合同管理,探索建立了指导律师、值班律师和驻点律师三位一体,全过程、多层次、动态式、立体化的法律顾问工作机制。

五 坚持严格规范公正文明执法

(一)行政执法体制改革加快推进

根据省政府综合行政执法体制改革试点批复,以及省政府办公厅印发的《关于开展综合行政执法体制改革试点的指导意见》(苏政办发〔2015〕86号)确定的改革任务和时序进度要求,4月29日,省政府法制办组织召开了全省相对集中行政处罚权工作座谈会,推动落实省政府确定的行政执法体制改革任务。2016年,江苏省政府批准如皋市、泰兴市、兴化市、沭阳县、邳州市、苏州市吴江区、盐城市大丰区、扬州蜀冈-瘦西湖风景名胜区、常州经济开发区、宿迁骆马湖旅游度假区等地在相关领域开展相对集中处罚权工作。常熟市镇域相对集中处罚权试点工作通过了第三方评估,专家组经过

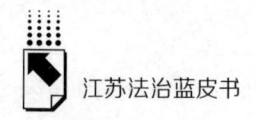

讨论认为常熟市镇域相对集中行政处罚权试点工作形成的工作经验可以有效地复制、推广到其他具备条件的地区。① 为进一步做好相对集中处罚权工作，研究解决新情况、新问题，省政府法制办组织召开了街道、开发区相对集中行政处罚权专家论证会。积极稳妥推进南通市、盱眙县、盐城市大丰区和苏州工业园区开展相对集中行政许可权工作，将与"市场准入"、"建设投资施工许可"和"民生服务办证"等相关的行政许可事项（分别为53项、114项、177项、227项）划转至行政审批局，实现相关领域"一枚公章管审批"。开展相对集中行政许可权试点工作第三方评估，企业和群众对行政审批局工作情况的总体满意率达到100%。常州市数字化城管综合执法走在全国前列，文化综合执法被文化部、省文化厅誉为"常州模式"。南通市在市级部门实现"一个部门一个机构管执法"，在县（市）实现"一个领域一支队伍管执法"，在市辖区实现"一个街道一支队伍管执法"，在重点中心镇和开发园区实现"一个区域一支队伍管执法"。徐州市撤并市环保、商务系统7家执法机构，分别成立综合执法队伍，70%以上的执法力量下沉到基层，在新沂市探索开展跨部门综合执法，推行5~7支队伍管执法，在睢宁县8个试点镇整合组建综合执法队伍。苏州市在工业园区和姑苏区积极探索跨部门跨行业综合执法，行政管理体制改革试点镇全部实现综合执法。扬州市在蜀冈-瘦西湖风景名胜区探索城市管理综合执法，成立了景区综合行政执法局，以管委会为执法主体，集中行使风景名胜管理、市容和环境卫生、城乡规划等行政执法权。在宝应、江都、邗江、广陵开展乡镇安全生产综合执法体制改革，在宝应县农业领域开展了综合执法改革试点。在江都区小纪镇建成综合执法指挥中心，形成"互联网+双随机"综合执法格局，全面实现镇域内"一支队伍管执法"。淮安市在主城区市场监管领域实行工商、质监、食药监、商务"四合一"执法模式，实现了"一个部门管市场"。

---

① 参见《江苏省政府法制办2016年工作和2017年工作要点》（苏府法〔2017〕11号）。

（二）"两法衔接"工作机制不断完善

近年来，江苏积极推动行政执法与刑事司法相衔接，有效解决执法不公、执法不严等问题。在全国率先推出省级行政执法部门移送涉嫌刑事犯罪案件标准，共涉及56个省级行政执法部门990项行政执法事项，为行政执法机关移送、公安机关查办、检察机关监督涉嫌刑事犯罪案件提供了明确、统一、规范的指引。6月14日，江苏省"两法衔接"工作联席会议办公室召开会议，通报全省"两法衔接"工作开展情况，总结交流工作经验，部署全省"两法衔接"工作。为不断提升"两法衔接"工作能力和办案水平，11月9~11日，省"两法衔接"工作联席会议办公室在南京举办了全省"两法衔接"工作专题培训班。从执法工作实际需求出发，分别邀请了省行政学院、省高院、省检察院等法学理论和实务专家，就"两法衔接"中的行政执法边界、移送标准的学习、证据标准等课题进行了专门授课，取得了良好的效果。连云港市、泰州市、南通市等地也分别举办了"两法衔接"工作专题培训班。建立并开通了省行政执法与刑事司法衔接信息平台，保证了全省"两法衔接"信息的互联互通。各市"两法衔接"信息共享平台初步建成并发挥积极作用，无锡、徐州、苏州、镇江、宿迁等5市实现全覆盖，南京等其他8市实现部分覆盖。

（三）行政执法行为更加规范

按照中共中央、国务院《纲要》和江苏省《实施方案》的要求，江苏对全省各级行政执法主体及其执法人员、辅助人员以及行政执法监督员等进行了严格清理。省全面推进依法行政领导小组办公室、省政府法制办组织开展全省行政执法案卷集中评查活动，邀请有关专家，对13个设区的市相关执法部门、30多个省级机关部分执法案卷进行评审。11月28日，省政府法制办组织召开全省行政执法案卷评查暨行政执法监督工作交流会，通报了全省行政执法案卷评查情况，总结、研究全省行政执法监督工作情况。各地各部门积极创新行政执法方式，切实维护公共利益和经济社会秩序。

常州、徐州等地围绕环境资源保护、食品药品安全、劳动保障等重点领域，构建联动衔接和监督检查机制。省体育局开展经营高危性体育项目专项检查。省农委开展的"农资打假保春耕"行动被央视《消费主张》栏目跟踪报道。宿迁市环境保护工作聚焦"四治"健全"日点评、周督查、月考核"等工作机制，推动了环境质量持续好转。淮安市实行市、县区和基层食品药品监管三级联动执法，深入开展互联网金融风险专项整治、非法集资风险专项整治、非法集资广告资讯信息清理排查的"三合一"非法集资摸排整治工作。

六　全面加强行政权力监督

（一）人大监督、政协监督、民主监督、司法监督进一步强化

人大监督是促使行政机关及其工作人员依法行使权力的重要保证。江苏各级政府自觉接受人大及其常委会的监督，政府领导坚持定期向人大及其常委会报告重点工作完成情况和依法行政工作情况。无锡市政府出台向人大常委会提请审议和报告重大事项的实施办法，进一步明确报告重大事项范围和要求。各级政府及其部门自觉接受各级政协的民主监督，虚心听取意见和建议，坚持定期向政协通报有关情况。昆山市推行代表、委员意见、建议办理结果公开，经审查可以公开的办理复文公开率达100%。[①] 严格审查行政行为合法性，2016年，全省法院受理一审行政案件16976件，审结13714件，同比分别增长1.95%和3.17%。一审判决行政机关败诉1008件，行政机关一审败诉率为7.35%，同比增长0.2个百分点。全面规范行政诉讼协调，一审行政案件协调撤诉率25.30%。积极探索非诉行政案件裁执分离改革，依法严格审查标准，对1580件非诉行政案件裁定不予执行，不予执行率为13.38%。依法维护赔偿请求人的合法权益，共受理国家赔偿案件471件。

---

① 参见《关于2016年度法治政府建设考评情况的通报》（苏依法〔2017〕1号）。

全省法院一审行政案件行政机关负责人出庭应诉率为83.14%，继续位于全国前列。①

（二）审计监督进一步加强

2016年，江苏大力推进审计全覆盖，全年共审计4470个单位，提交审计报告和专项审计调查报告5499篇，促进增收节支和避免损失270亿元，促进建立健全制度202项，移送重大违法违纪案件线索293件。全省共审计领导干部1448名，查出领导干部负有直接责任的问题资金272.75亿元。②常州市有效发挥审计部门的专门监督作用，突出"全口径预算"监督和"审计全覆盖"，开展了"科技专项资金""工业转型升级专项资金"等专项审计调查，并探索开展了领导干部自然资源资产离任审计项目2个。盐城市在"6·23"阜宁射阳风雹灾害审计中，严格对救灾款物和灾后重建工程建设管理进行全面审计。

（三）社会监督机制进一步完善

2016年，各地自觉接受来自各方面的监督，通过"12345"政府热线等多种形式，积极受理群众投诉举报，完善协调联动、督办反馈等工作机制，接受社会舆论和人民群众监督，收集来自各方面的批评意见和建议。苏州市寒山闻钟论坛点击量已达7875万余次，共处理网民反映事项近49万件，解决咨询类问题10.9万余件、群众实际困难37.8万余件。徐州市成功举办《政风热线》省市联动直播活动，对曝光问题进行整改并启动问责，共问责党员干部66人，党政纪处分36人。连云港市通过多渠道积极受理群众投诉举报，共受理各类案件24.6万件，案件结案率98.6%，按期结案率90.8%。盐城市开通《盐城发布》政府微信、微博，发布各类信息5000余条，受到了群众的广泛关注和好评。

---

① 数据来源：江苏法院网，http://www.jsfy.gov.cn/xwzx2014/xwfb/2017/01/17162042966.html，最后访问日期：2017年3月18日。
② 数据来源：荔枝网，http://news.jstv.com/a/20170126/1485428657113.shtml，最后访问日期：2017年3月18日。

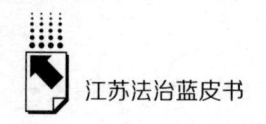

七 依法有效化解行政争议纠纷

（一）行政复议办案质量进一步提高

各级行政复议机构严格执行案件办理标准和流程，改进案件审理方式，增加案件办理透明度，行政复议案件办理质量不断提高。2016年，江苏省共收到行政复议案件12203件，受理10986件，同比分别增长30.98%、36.02%，审结10151件。省政府收到行政复议申请696件，受理404件，同比分别增长15.04%、17.1%，审结344件，其中，撤销、确认违法、责令履行共33件，直接纠错率达9.6%，比2015年提高0.6个百分点。[①] 镇江市连续三年在全市创新开展"阳光复议、法制惠民"专项工作，突出重点，突破难点，以"三公开、三推行、两加强、一平台"为核心内容。三公开，即公开行政复议决定书、公开各级行政复议机构以及行政复议基层受理点联系方式、公开行政复议案件的受理范围和工作流程；三推行，即推行说理式行政复议决定书、推行行政负责人参加行政复议听证会制度、推行行政复议专家案审制度；两加强，即加强行政复议规范化建设和加强行政复议依法纠错的功能；一平台，即打造行政复议公众信息共享平台，达到法制宣传、咨询服务、互动交流的目的。该专项工作被评为首批法治镇江优秀实践案例，并当选镇江市"十佳法治惠民实事项目"。扬州市行政复议听证率与行政首长出席行政复议听证会率一直保持在100%，行政复议决定书网上公开率达100%。苏州市积极推进行政复议决定书公开制度，建立行政复议案件审理情况通报机制，加大行政复议对行政行为的纠错力度。南通市加大行政复议调解力度，2016年，通过调解、和解方式终止案件102件，占结案总数的16.06%。连云港市行政复议案件审理实行"三会"方法，通过见面会、质证会、听证会等方式查明案情。省水利厅制定印发了《江苏省水利

[①] 参见《江苏省政府法制办2016年工作和2017年工作要点》（苏府法〔2017〕11号）。

厅行政复议办案程序规定》，对行政复议的申请、受理、审查、决定等环节都作了细化规定，规范行政复议案件的办理程序，改进审理方式，健全审理机制。

（二）行政复议能力建设进一步加强

充分发挥行政复议委员会机制功能，全年省政府行政复议委员会召开听证会、质证会、案件审理会19次，① 目前，全省行政复议委员会试点工作已扩大至12个市、57个县（市、区）和部分省级机关，占市县总数的63%。深入推进行政复议工作规范化建设，省政府法制办印发了《关于做好全省行政复议工作规范化建设合格单位复核验收工作的通知》（苏府法〔2016〕44号），对全省行政复议工作规范化建设合格单位复核、验收工作作出部署，明确工作目标、工作任务、序时进度、措施方法。制定了《江苏省行政复议工作规范化建设量化评分表》，为行政复议规范化建设确立工作标准。分组对各设区的市政府行政复议工作规范化建设进行复核验收，对复核验收情况进行通报，确立示范单位和优秀单位，进一步提升全省行政复议工作规范化建设水平。为进一步提高行政复议人员办案接访、处理疑难问题、应对复杂局面的能力和水平，省政府法制办在无锡和镇江举办了三期全省行政复议应诉人员培训班，参训人次达1000余人。为进一步提高行政复议案件信息化管理水平，增强案件数据统计的及时性和准确性，省政府法制办组织开发了行政复议、行政应诉案件办理和数据分析系统，建立了能够覆盖行政复议、应诉工作全部领域，统一、高效、便捷的案件办理信息共享平台。常州市改建面积1696平方米的新行政复议中心，配备庭审监控、同步录音录像、视频会议等设施设备以及行政复议应诉案件管理等信息系统，为行政复议工作规范高效开展提供了有力保障。扬州市按照"沿街、落地、便民"原则，进一步完善硬件建设，充分整合市、区和部门行政复议资源，推进集中受理、办理行政复议案件，打造融接待、受理、审理为一体的

---

① 参见《江苏省政府法制办2016年工作和2017年工作要点》（苏府法〔2017〕11号）。

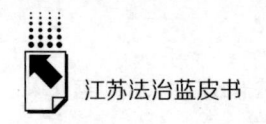

"一站式"行政复议受理中心。宿迁市在全市115个乡镇（街道）设立行政复议基层受理点，实现行政复议基层受理点乡镇全覆盖。

（三）行政机关与审判机关的良性互动进一步深化

为切实规范行政应诉行为，不断提升全省行政应诉水平，江苏省政府办公厅印发了《关于加强行政应诉工作的意见》，对行政应诉的工作责任、工作程序提出明确要求，对实践中争议较大的行政机关负责人出庭应诉作出规定，提出对社会影响较大、案情复杂或对行政管理、行政执法活动可能产生较大影响的案件，行政机关负责人必须出庭应诉。4月15日，省政府、省法院召开全省行政复议行政审判联席会议，通报全省行政复议、行政审判工作情况。无锡市制定出台《关于做好市政府行政复议和行政应诉工作的通知》，严格落实行政机关负责人出庭应诉制度，强化出庭考核。淮安市定期与审判机关开展业务交流研讨活动，努力提高行政应诉水平。南通市召开复议应诉工作座谈会，研究工作中存在的问题及其解决措施，推动化解行政争议责任的落实。

八 2017年江苏法治政府建设展望

2017年将是实施"十三五"规划的重要一年，是全面贯彻落实省第十三次党代会战略部署的开局之年，也是加快建设法治政府的关键之年。党的十八届四中全会对全面推进依法治国作了总体部署，开启了法治建设的新征程。习近平总书记多次就全面推进依法治国发表重要论述。江苏各地各部门将认真贯彻党中央、国务院制定的《法治政府建设实施纲要（2015—2020年）》，全面落实省委、省政府加快建设法治政府、全面推进依法治省的决策部署，着力提高依法行政水平，着力推进重要改革举措落地生效，着力提高制度建设质量，着力强化行政执法监督，着力化解社会矛盾纠纷，着力加强队伍能力建设，推动政府法制工作再上新台阶。

一是在政府职能转变上再加快。继续深化行政审批制度改革，进一步加大简政放权力度，逐步实现企业投资省级"不再审批"、市县扁平管理、全链审批。努力实现行政权力清单办事指南全覆盖，实现"一网式"办理，探索在网上全流程办理投资建设项目审图、评估和施工许可事项。集中整治"红顶中介"，清理规范涉及审批的中介服务，大幅降低中介服务收费，逐步取消涉企行政事业性收费项目。全面推开"双随机、一公开"监管制度。落实"一单、两库、一细则"。

二是在推动行政程序建设上再发力。继续推进重大行政决策管理试点工作，对第一批重大行政决策规范化管理试点工作成果进行总结梳理，推广各试点单位的成功经验，进一步扩大试点范围，适时提出第二批试点项目和试点单位。在组织召开全省公众参与行政程序建设示范创建活动的基础上，总结推广典型经验。进一步健全政府法律顾问工作制度，使法律顾问参与政府立法、合法性审查、复杂疑难复议应诉案件论证常态化。

三是在立法制规质量上再提高。为适应标准化管理体制改革的需要，加强江苏省标准化工作，维护社会主义市场经济秩序，提高农业、工业、服务业发展质量和效益，促进技术进步，修订《江苏省标准监督管理办法》；为加快推进江苏省区域港口一体化发展，合理开发利用和保护港口岸线资源，提高港口岸线利用的综合效益，保障经济和社会可持续发展，制定《江苏省港口岸线管理办法》；为保障救助基金的高效有序运行和可持续发展，加强道路交通事故社会救助基金管理，对道路交通事故中的受害人依法进行救助，制定《江苏省道路交通事故社会救助基金管理办法》；等等。

四是在行政执法监督上再强化。继续推进相对集中行政处罚权和综合执法改革，推进市场监管领域综合执法改革，深化城管、文化、劳动监察、卫生计生、商务等领域综合执法改革，着力解决多头执法、任性执法、推诿扯皮、基层执法力量不足等问题。大幅减少市县两级政府执法队伍种类。稳步扩大相对集中行政许可权改革。积极开展行政执法程序制度优化示范工作，积极筹建全省行政执法监督平台，强化行政执法信息化建设和信息共享。

五是在多元化矛盾纠纷机制上再完善。简化行政复议申请手续，依托现有的政务服务平台或人民群众来访接待中心设立统一的行政复议受理窗口。

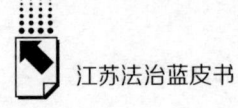

健全行政复议案件审理机制，增强行政复议透明度和公信力。制定《行政复议决定书网上公开办法》，推行行政复议决定书网上公开。提高行政复议案件信息化管理水平，建立统一、高效、便捷的案件办理信息共享平台。深化行政复议工作规范化建设，进一步巩固行政复议规范化建设成果。制定《江苏省行政应诉办法》，完善行政应诉工作的制度和程序。制定《关于加强民商事仲裁工作的意见》，加强仲裁规范化、标准化建设，充分发挥仲裁解决经济纠纷、化解社会矛盾、促进社会和谐的作用。

B.4 2016年江苏法院工作的进展[*]

陈飞翔 方乐[**]

摘 要： 2016年江苏法院紧紧围绕"让人民群众在每一个司法案件中感受到公平正义"的司法改革目标，坚持司法为民、公正司法，依法服务创新发展，强化民生权益保护，深入推进司法改革，加强法院队伍建设，各项工作取得新进展。

关键词： 江苏法院 司法体制改革 法官员额制 司法责任制

2016年，江苏法院认真贯彻司法改革的任务部署，紧紧围绕"让人民群众在每一个司法案件中感受到公平正义"的司法改革目标，坚持司法为民、公正司法，依法服务创新发展，强化民生权益保护，深入推进司法改革，加强法院队伍建设，各项工作取得新进展。与此同时，2016年度，江苏法院积极开展审判工作，共受理案件1820788件，其中新收案件1528201件，审执结1471778件，同比分别增长8.67%和9.75%。

一 以提升司法公信力为导向全力推进司法体制改革

2016年度，江苏法院按照中央、省委和最高人民法院的部署要求，在省有关部门的大力支持下，稳妥有序推进司法改革，制定配套文件34个，

---

[*] 本文相关数据来自2017年2月8日在江苏省第十二届人民代表大会第五次会议上所作的《江苏省高级人民法院工作报告》。
[**] 陈飞翔，江苏省高级人民法院法官；方乐，南京师范大学法学院副教授。

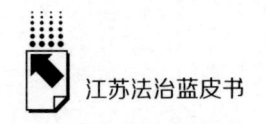

法官员额制改革、审判团队机制改革、书记员管理体制改革、人民陪审员制度改革等多项改革措施受到中央政法委和最高人民法院主要领导同志的肯定。江苏法院系统在2016年度推进的司法体制改革任务，主要包括以下方面。

一是法官员额制改革基本完成。全面启动全省法院首批员额法官遴选工作，坚持向基层倾斜、向办案一线倾斜，按照"定岗、定员、定责"原则科学设定员额法官岗位，严格职业道德评价和业绩考核标准，确保法官遴选工作公开、公平、公正。根据遴选委员会审议意见并向社会公示，江苏法院在全省共产生6203名员额法官，占江苏全省法院系统中央政法专项编制总数的33.40%。

二是司法责任制改革深入推进。按照"让审理者裁判、由裁判者负责"的要求，建立院庭长权力清单，健全法官业绩评价、审判责任追究等制度机制。全面推进以法官为中心的审判团队建设，促进审判权公正高效运行。明确院庭长办案标准，实现院庭长办案常态化和全覆盖，江苏法院全省院庭长担任审判长或独任审结案件607625件，占结案总数的41.29%。深入推进人民法庭审判权运行机制改革，全省人民法庭审结案件339364件。全省法院在收案数量继续增长的情况下，结案总数和法官人均结案数同比均有上升，审判质量和效率进一步提高。

三是司法人员职业保障制度改革逐步落实。在省委组织部的支持下，扎实推进法官单独职务序列改革，顺利完成对员额法官等级的确定工作。积极配合省人社厅、省财政厅制定实施意见，推动法官薪酬制度改革在全国率先落到实处。江苏法院会同省委组织部、省委政法委等五部门联合下发《关于推进书记员管理体制改革实施方案》，明确书记员作为全省法院的司法雇员，纳入财政保障范围。此外，江苏法院会同省人社厅做好书记员岗位等级评定工作，首次为4149名书记员颁发岗位等级证书。成立法官权益保障委员会，依法维护法官的合法权益。

四是积极回应群众关切。严格执行立案登记制，有效杜绝有案不立、有诉不理和拖延立案现象。制定全省法院诉讼服务中心规范化建设和服务标准，利用互联网登记立案104245件，利用"12368"诉讼服务热线提供服务190794人次，为人民群众提供更加便捷高效的诉讼服务。充分发挥审判监督职能作用，坚持有错必究，审结申诉、申请再审案件22755件，审结再审案件2717件，其中改判、发回重审1407件。精心打造多功能涉诉信访管理平台，为群众提供多渠道信访途径，办理涉诉信访案件16523件次，同比下降8.76%，连续8年保持下降趋势。充分发挥国家赔偿的救济功能，依法审结国家赔偿案件386件。为符合条件的当事人发放司法救助资金6635.68万元，为经济困难的当事人缓减免诉讼费6964.84万元。

五是积极推进信息化与审判工作深度融合。推进"智慧法院"建设，制定江苏法院信息化建设五年发展规划，积极利用大数据、云计算、移动互联等信息技术，推动司法审判、司法决策和管理手段的变革。建设江苏法院云平台，经最高人民法院批准，在东南大学成立全国首家"人民法院司法大数据研究基地"。探索运用庭审智能语音转文字、审判信息智能检索推送、类案文书智能生成等技术辅助手段，提高审判质量和效率。

六是一体化推进各项司法改革任务。江苏法院会同省委政法委等五部门联合下发工作方案，推进设立跨行政区划法院改革试点，经最高人民法院同意，南京、徐州铁路运输法院已跨行政区划集中受理行政诉讼案件。贯彻落实省委深改组审议通过的实施方案，深入推进人民陪审员制度改革试点工作。推进审判权与执行权相分离体制改革试点，设立执行裁判庭专门办理涉执行的监督和裁判案件，实行执行人员分类管理，加强执行警务保障，执行工作体制机制进一步优化。南京市被全国人大常委会确定为刑事案件认罪认罚从宽制度试点地区。

二 以提升司法权威为导向全面开展审判工作

2016年度，江苏法院立足司法审判职能，以提升司法权威为导向，积极推动完善社会治理体系，注重社会矛盾纠纷的依法治理、综合治理和源头治理，依法保障人民安居乐业，维护社会安定有序。

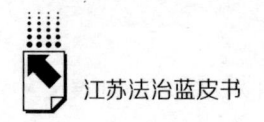

（一）发挥刑事审判功能，积极参与平安江苏建设

一是依法惩处刑事犯罪。新收一审刑事案件75289件，同比下降1.43%，审结75801件，同比增长4.08%，判处罪犯87751人，同比增长3.75%。一审审结故意杀人、绑架、抢劫、强奸等严重刑事犯罪案件2314件2765人。一审审结盗窃、诈骗、危险驾驶、交通肇事等多发性犯罪案件44791件。严惩毒品犯罪，一审审结涉毒品犯罪案件5357件。严惩危害食品、药品安全犯罪，一审审结此类案件1006件，同比增长101.60%。依法审理山东济南非法经营疫苗系列案件。加大对非法集资等涉众型经济犯罪的打击力度，积极协调公安、检察机关共同做好涉案财物的评估、拍卖及发还工作，努力为被害人挽回经济损失。

二是积极参与社会治安综合治理。参与打黑除恶专项斗争，严厉惩处黑社会性质组织和恶势力团伙犯罪，有效净化社会治安环境。参与全省互联网金融犯罪专项整治活动，组织开展电信网络诈骗犯罪集中宣判，着力营造防骗反骗的社会氛围，教育人民群众，震慑犯罪分子。积极开展判处实刑罪犯未执行刑罚专项清理活动，将纳入清理范围的535名罪犯收监执行。严格规范减刑假释审理工作，积极推进社区矫正信息对接试点工作，办理减刑假释案件31347件。针对经济发展和社会治理中存在的隐患和问题，向党政机关和有关单位提出司法建议1040条。

三是推进矛盾纠纷多元化解和源头预防。围绕征地拆迁、环境污染、非法集资、企业破产等群体性涉诉纠纷，积极争取党委和政府、人民团体、基层组织支持，有针对性地开展化解调处工作。在各级法院诉讼服务中心设立人民调解工作室和律师工作站，协调司法行政机关派驻人民调解员3828人，积极引导当事人选择非诉讼途径理性表达诉求。针对物业、保险、道路交通、劳动争议、互联网金融等矛盾纠纷多发领域，积极会同相关部门，完善诉调对接机制，努力形成工作合力。在基层法院诉讼服务中心设立速裁庭，努力实现繁案精审、简案快审。全省法院适用小额诉讼程序审理案件106716件，同比增长107.50%。

(二)夯实民事审判与执行工作效果,依法保护人民群众合法权益

2016年度,江苏法院坚持平等保护、契约自由和诚实守信原则,立足矛盾化解,着眼权益保障,不断满足人民群众多元司法需求。

一是依法平等保护民事权利。新收一审民事案件680536件,审结678300件,同比分别增长8.23%和10.08%。严格区分经济纠纷与经济犯罪的界限,依法平等保护各种所有制经济产权。根据中央和最高人民法院的要求,开展涉产权冤错案件甄别纠正工作。妥善应对部分城市房价过快上涨及限购限贷政策引发的矛盾纠纷,维护房地产市场秩序,一审审结涉房地产纠纷案件18484件,标的金额51.38亿元。依法保护劳动者权利和企业用工权利,一审审结劳动争议案件53531件。及时出台指导意见,保障农村土地制度"三权分置"改革的有效实施。积极推进少年家事审判体制机制试点改革工作,依法保护妇女、儿童、老年人合法权益,一审审结婚姻家庭、三养、继承等案件120438件。依法公正审理涉军租赁合同纠纷案件,支持军队"全面停止有偿服务"改革。维护国防利益和军人军属权益。

二是扎实推进"基本解决执行难"。落实最高人民法院关于"用两到三年时间基本解决执行难问题"的要求,举全省法院之力向执行难全面宣战,新收执行案件466747件,执结421018件,执结标的金额1831.85亿元,同比分别增长17.04%、12.16%和45.16%。会同省检察院、省公安厅完善拒不执行判决、裁定案件办理机制,71名拒执罪被告人被追究刑事责任。强化运用搜查、拘传、拘留、罚款等手段,集中开展"现场执行""凌晨执行""假日执行",尽最大努力实现胜诉当事人合法权益。省法院与网易、江苏电视台等媒体合作,对徐州、无锡、苏州集中执行活动进行全媒体直播,累计超过1200万名网民在线观看,取得良好社会反响。司法网拍55621次,成交金额351.33亿元,同比增长187.58%,最高单笔成交价8.31亿元。

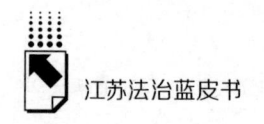

三 以提升法治核心竞争力为导向参与法治江苏建设

（一）以司法活动引导和营造创新氛围

2016年度，江苏法院紧紧围绕创新在发展全局中的核心位置，立足司法推进全面创新，增强服务产业结构调整和创新驱动发展的针对性、实效性。

一是营造有利创新的良好氛围。助力"大众创业、万众创新"，依法保障企业家投资权益，激发创业热情。新收一审商事案件160036件，审结163193件，同比分别下降7.75%和0.72%。坚持鼓励与规范并重的价值取向，依法审理"互联网+"背景下引发的网络约车、快递服务、金融消费、网络购物等新型纠纷案件，保障新产业、新业态健康发展。加大对创业投资、公平竞争、技术创新的司法保护力度。新收一审知识产权案件10058件，审结10142件，同比分别增长9.65%和13.14%。加强对关键核心技术、战略性新兴产业的司法保护，推动产业结构转型升级。依法受理加拿大无线未来科技公司诉索尼移动通信产品（中国）有限公司等标准必要专利侵权纠纷案。在南京、苏州设立跨区划管辖的知识产权法庭，发挥集中管辖优势，提升专利等技术类案件审理水平。

二是积极促进经济转型发展。省法院制定出台服务保障供给侧结构性改革去产能的意见，依法积极稳妥处置僵尸企业，淘汰落后产能。新收各类破产案件805件，审结429件，同比分别增长43.75%和53.21%，共化解债务214.27亿元，安置职工15810人。积极通过重整、和解程序挽救具有再生价值的企业，全省最大国有上市船企江苏舜天船舶股份有限公司破产重整案等一批案件顺利审结。积极服务开放型经济发展，依法平等保护中外当事人合法权益，一审审结涉外、涉港澳台商事案件1444件。依据当事人申请，首次基于互惠原则裁定承认和执行新加坡高等法院商事判决。

三是依法规制金融创新、防范金融风险。准确把握金融债权保护与实体经济发展关系,依法划定金融创新合法与非法边界,统一司法裁判尺度。妥善处理涉互联网金融平台、互联网支付工具以及利用互联网进行投资理财等引发的纠纷,规范金融秩序,防范金融风险。一审审结涉证券、期货、保险、金融借款等纠纷案件61165件,标的总金额达1116.74亿元。

四是依法保障生态文明建设。严厉惩治违法排污、破坏耕地、非法捕捞、跨境倾倒垃圾、走私固体废物等违法犯罪行为。一审审结破坏环境资源犯罪案件933件,判处罪犯1000人,同比分别增长68.11%和75.75%。依法审理环境公益诉讼案件,贯彻恢复性司法和预防性司法理念,切实维护社会公众环境权益,新收环境公益诉讼案件25件。公开开庭审理全国首例由检察机关提起的环境民事公益诉讼案件。依法支持和监督国土、林业、水利等部门履行生态资源保护职责。

(二)以司法活动推动法治政府、法治社会建设

2016年度,江苏法院充分发挥司法的引领、保障和推动作用,依法监督权力、保障权利,推动法治政府、法治社会建设。

一是积极促进依法行政。坚持依法监督与支持并重,促进行政机关依法行政,依法保护行政相对人合法权益,新收一审行政案件13617件,同比下降9.64%,审结13714件,同比增长3.17%。与省政府联合召开全省行政复议行政审判工作联席会议,通报工作情况,解决突出问题,从源头上预防化解行政纠纷。严格审查行政行为合法性,依法附带审查行政规范性文件,一审判决行政机关败诉1145件,行政机关一审败诉率为8.35%,同比上升1.2个百分点。继续推行行政审判年度报告制度,分析败诉案件成因,提出规范执法建议。促进提升行政机关负责人出庭应诉实效,行政机关负责人出庭应诉率为83.14%。

二是依法惩治职务犯罪。根据最高人民法院指定管辖,依法审理"山西系列"重大职务犯罪案件。山西省人大常委会原副主任金道铭受贿案、山西省政协原副主席令政策受贿案等7名省部级被告人犯罪案件均已公开开庭宣判并交付执行。加大对征地拆迁、企业改制、食品安全、教育、医疗等

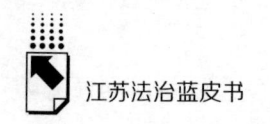

领域职务犯罪的打击力度，一审审结国家工作人员贪污贿赂、渎职犯罪案件1544件1892人，其中厅局级干部8人、县处级干部81人。加大对行贿行为的打击力度，一审审结行贿犯罪案件107件，同比增长18.89%。积极开展反腐败国际追逃追赃案件审判工作，依法审理"红色通缉令"首名落网人员戴学民挪用公款案。

三是强化人权司法保障。推进以审判为中心的诉讼制度改革，充分发挥庭审在查明事实、认定证据、保护诉权、公正裁判中的决定作用，全力防范、纠正冤假错案，侦查人员、鉴定人出庭作证282人次，判决宣告包括16名自诉案件被告人在内的27人无罪。依法保障被告人合法权益，依法通知法律援助机构为2626名被告人指派辩护律师。准确把握死刑政策，规范死刑案件办理，死刑案件核准率继续位居全国前列。

四是推进社会诚信体系建设。江苏省高级法院与45家省级机关召开联合信用惩戒联席会议，省委、省政府制定对失信被执行人实施联合惩戒的意见。推动将失信被执行人名单嵌入相关领域办公平台，被执行人乘坐飞机高铁、进行高消费、担任企业高管、参加招投标、对外投资、出国出境以及贷款等均受到限制。向最高人民法院"失信被执行人名单"推送信息299976人次，促使52279名被执行人履行义务，同比增长192.42%。依法规制知假买假、消费欺诈等行为，积极营造公平诚信的消费环境。推动将虚假诉讼、恶意诉讼、滥用诉权等诉讼失信行为纳入社会征信系统。加大对虚假诉讼案件的查处力度，对发现和确认的虚假诉讼案件及时予以清理纠正。

五是着力提升群众法治意识。落实"谁执法谁普法"责任，以深化司法公开为抓手，引导群众理性表达诉求、依法维护权益，努力培养讲规则、守规则和按规则办事的社会习惯。省法院经审委会讨论公开发布典型案例40件，全省法院在"中国裁判文书网"公布裁判文书791819份。围绕社会关注的打击毒品犯罪、知识产权保护、妇女儿童权益保护等热点问题，举行新闻发布会517场次。通过庭审互联网直播平台直播庭审41488场次，同比增长149.18%。连续五年开展"送法进社区"活动，拍摄微电影62部，利用法院网站、微博、微信等及时发布法院信息，积极弘扬职业道德、社会公德、家庭美德，不断扩大法治宣传效果。

四 以提升司法能力为导向加强法院队伍建设

2016年度，江苏法院坚定推进全面从严治党，按照"五个过硬"的要求，提升法院队伍素质。认真配合省委第七巡视组专项巡视省法院党组工作。

一是扎实开展"两学一做"学习教育。认真落实中央和省委部署要求，强化对学习教育的组织领导和督促检查，省法院举办中心组学习、专题党课等56场次。全省各级法院结合实际制定实施方案，组织开展民主生活会和专题讨论。注重加强和规范党内政治生活，严守党的政治纪律和政治规矩。广大法官和其他工作人员在学习教育中坚持对标找差、即行即改，争做合格党员、合格法官。全省法院有45个集体、94名个人受到中央、省有关部门和最高人民法院的表彰奖励。东台市法院党总支被中共中央授予"全国先进基层党组织"称号。南京市鼓楼区法院、沭阳县法院、海门市法院被最高人民法院授予"全国优秀法院"荣誉称号。

二是培育职业品格、提升司法能力。2016年3月起，省法院以"供给侧结构性改革可能引发的法律问题及司法应对"为主要内容，在全省法院组织开展了为期3个月的专题调研，强化成果转化，指导审判实践，不断提升应对新情况、解决新问题的能力水平。注重法官职业品格养成，在"国家宪法日"组织新任审判员集体宪法宣誓。江苏法院优秀案例入选最高人民法院指导性案例和公报案例总量继续位居全国法院第一位，南京中院审结的江苏舜天船舶股份有限公司破产重整案、顾某诉教育局重新划分施教区案入选2016年度全国法院十大民事行政案件，徐州市鼓楼区法院审结的全国最大网络贩卖野生动物案入选2016年度全国法院十大刑事案件。定期举办司法讲堂、专题讲座和视频培训，举办各类培训班41期、网络视频培训15次。发挥先进典型的示范引领作用，与省妇联联合开展首届"江苏优秀女

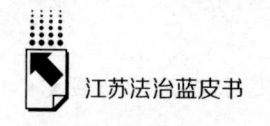

法官"评选活动。与省总工会、省人社厅联合举办全省法院司法警察技能竞赛。

三是坚持挺纪在前,预防、惩治违纪违法行为。严格落实《党内监督条例》,认真落实防止干预过问案件的"两个规定",加强廉政风险防控。制定下发江苏法院党风廉政建设"两个责任"清单及实施意见,对落实"主体责任"和"监督责任"情况开展专项检查。在全省法院启用领导干部干预插手案件、司法机关内部人员过问案件信息登记系统,定期排查、梳理。坚持把纪律挺在前面,省法院先后对6个中级法院开展了司法巡查,全省三级法院开展审务督察313次,发出通报156份。坚决依法依纪查处违纪违法问题,全省法院查处违纪违法人员80名,其中追究刑事责任7人。

五　结语

2016年度,江苏法院虽然取得了一系列的成绩,但也存在很多问题,主要表现在以下方面。面对高水平全面建成小康社会的新要求,服务创新发展的针对性和实效性有待增强,切实保障人民群众合法权益的力度有待加大。面对让法治成为江苏省核心竞争力的新要求,司法能力和水平、案件质量和效率、队伍素质和作风都还存在短板。面对司法体制改革的新进展,如何全面落实司法责任制,正确处理权力、责任与监督的关系,需要深入研究。面对法官员额制改革后一线法官人数有所减少的新形势,如何解决好一线审判力量减少与案件数量持续增长的矛盾,有效破解案多人少这一长期困扰江苏省法院的重大难题,需要统筹考虑、妥善解决。对于这些问题以及后续的改革举措,我们将持续关注。

B.5
2016年江苏行政复议状况

闵湘龙*

摘　要： 2016年以来，江苏全省行政复议机关在省委、省政府的正确领导下，围绕经济社会发展的新任务新要求，不断提升法治思维能力，着力运用法治方式促进改革、推动发展、化解矛盾、维护稳定，为推进依法行政、建设法治政府发挥了应有的作用。2016年江苏省行政复议呈现案件数量继续增长，案件涉及的地域、领域和事项相对集中，办案质量明显提高，举报投诉类案件量大幅增长等特点，今后需进一步畅通行政复议渠道，加强行政复议机构人员队伍建设，提高行政复议办案质量，完善行政复议工作机制，提升行政复议保障条件。按照党中央和国务院以及江苏省委、省政府的最新要求，改革行政复议体制，整合行政复议职能，协调与行政诉讼的关系。

关键词： 行政复议　行政诉讼法修订　职能整合

党的十八届四中全会提出："健全社会矛盾纠纷预防化解机制，完善调解、仲裁、行政裁决、行政复议、诉讼等有机衔接、相互协调的多元

---

* 闵湘龙，江苏省人民政府法制办公室行政复议一处副主任科员。本文相关数据来自江苏省政府法制办内部统计。

化纠纷解决机制。"该决定强调了行政复议在解决行政争议方面的重要作用，不但对社会矛盾的解决具有深远影响，而且还促进了对公民、法人和其他组织正当权益的合法保护，对推进依法行政、建设法治政府和社会主义和谐社会的发展都具有深远意义。2015年，新修订的《行政诉讼法》开始实施，扩大了行政诉讼的受案范围，增加了行政复议机关作为"共同被告"参加行政诉讼等内容，这些规定对行政复议机关来说既是机遇也是挑战。2016年以来，江苏全省行政复议机关在省委、省政府的正确领导下，围绕经济社会发展的新任务新要求，不断提升法治思维能力，全面推进行政复议规范化建设，为推进依法行政、建设法治政府发挥了应有的作用。

一 2016年度江苏省行政复议工作概况

2016年，全省各级行政复议机关积极应对新修订《行政诉讼法》实施后的新情况和新要求，全面履行行政复议职责，努力化解行政争议，行政复议工作取得了初步成果。

1. 行政复议案件情况

2016年全省各级行政复议机关共收到行政复议申请11045件，同比增长18.57%；受理9879件，同比增长22.34%，占申请数的89.44%。其中，省政府共收到行政复议申请696件，受理404件，收案数与受理数较2015年度均有所增长，收案数同比增长15.04%，受理数同比增长17.10%；13个省辖市共收到行政复议申请9868件，受理9067件（见表1）；省政府工作部门中收到行政复议申请的部门有26个，共收到行政复议申请481件，受理408件（见表2）。①

---

① 2016年数据参见《江苏省2016年度全省行政复议案件统计分析报告》。

表1 13个省辖市收到和受理行政复议申请情况（按收案数量降序排列）

单位：件

省辖市	收案数	受理数	省辖市	收案数	受理数
南京市	1858	1772	泰州市	495	458
苏州市	1425	1299	扬州市	438	408
无锡市	1320	1231	连云港市	424	369
南通市	1236	1129	淮安市	338	301
徐州市	643	610	镇江市	294	243
盐城市	562	506	宿迁市	285	250
常州市	550	491	小计	9868	9067

表2 省政府部门收到和受理行政复议申请情况（按收案数量降序排列）

单位：件

部门	收案数	受理数	部门	收案数	受理数
国土厅	111	89	卫计委	4	4
住建厅	99	90	商务厅	4	3
人社厅	73	65	交通运输厅	4	3
公安厅	45	30	审计厅	2	2
食品药品监管局	25	22	民委	2	2
物价局	24	20	统计局	2	2
财政厅	15	11	民政厅	2	2
环保厅	14	14	民防局	1	1
司法厅	12	12	新闻广电出版局	1	1
发改委	11	10	监狱管理局	1	1
地税局	10	8	盐务局	1	1
安监局	6	6	文物局	1	1
质监局	6	5			
教育厅	5	3	部门总计	481	408

2. 被申请人情况

乡镇政府作为被申请人的案件占总数的5.25%；县级政府及其部门作为被申请人的占64%；市级政府及其部门作为被申请人的占21.27%；省政府及其部门作为被申请人的占3.00%；其他机关或组织作为被申请人的占6.49%（见表3）。行政复议案件的被申请人主要集中于市县两级政府的部门，占总数的74.98%。

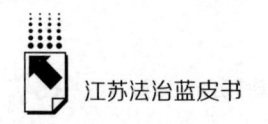

表3　行政复议被申请人情况

被申请人	乡镇政府	县级政府的部门	县级政府	市级政府的部门	市级政府	省级政府的部门	省级政府	其他组织或机关	合计
数量(件)	519	5441	881	1966	135	155	141	641	9879
百分比(%)	5.25	55.08	8.92	19.90	1.37	1.57	1.43	6.49	100

3. 申请行政复议的事项

案件涉及的主要事项按比重由高到低排序分别是行政处罚、信息公开、举报投诉处理、行政不作为、行政确认、行政征收、行政强制、行政许可、行政确权等。行政处罚类案件所占比重高达25.65%，比重超过10%的还有信息公开和举报投诉处理类案件（见表4）。

表4　行政复议案件涉及的事项

事项	行政处罚	行政强制	行政征收	行政许可	行政确权	行政确认	信息公开	举报投诉处理	行政不作为	其他	合计
数量(件)	2534	405	685	253	198	787	2352	1145	979	541	9879
百分比(%)	25.65	4.10	6.93	2.56	2.00	7.97	23.81	11.59	9.91	5.48	100

4. 案件涉及的领域

公安、劳动和社会保障、不动产登记、土地、房屋征补、工商、城乡规划、环保、交通运输、食品药品等10领域的案件较为集中（见表5）。公安类案件占比最高，高达2494件，占受理总量的25.25%。土地及房屋征补类案件增幅最高，同比增加22.54%。

表5　行政复议案件涉及的主要领域

行政管理领域	公安	劳动和社会保障	不动产登记	土地	房屋征补	工商	城乡规划	环保	交通运输	食品药品
数量(件)	2494	867	377	980	738	1087	484	172	192	464
百分比(%)	25.25	8.78	3.82	9.92	7.47	11.00	4.90	1.74	1.94	4.70

5. 案件审理结果

2016年，全省各级行政复议机关共审结行政复议案件9169件，占受理案件和结转案件总数的86.20%。从审理结果看，维持的占50.22%；作出撤销、变更、确认违法和责令履行决定等直接纠错的占11.12%；以调解和自愿撤回申请、和解等终止方式化解行政争议的占22.64%（见表6），直接纠错率同比增加4.59%，综合纠错率同比增加8.07%。

表6 行政复议案件审结情况

结案方式	驳回	维持	确认违法	撤销	变更	责令履行	调解	终止			其他	合计
								自愿撤回申请	和解	其他		
数量（件）	1360	4605	376	428	16	200	17	1959	31	68	109	9169
百分比（%）	14.83	50.22	4.10	4.67	0.17	2.18	0.19	21.37	0.34	0.74	1.19	100

二 2016年度江苏省行政复议工作的主要特点

总结回顾2016年江苏行政复议案件处理情况，与往年相比呈现以下几个特点。

1. 案件数量继续增长

2016年以来，江苏省各级行政复议机关认真贯彻落实党的十八届三中、四中、五中、六中全会精神，严格按照《行政复议法》及其实施条例规定，充分发挥行政复议化解行政争议的主渠道作用。部分行政复议机关通过简化行政复议申请手续、建立统一的行政复议中心、开通行政复议网上申请平台等措施，进一步畅通行政复议渠道。2016年，全省各级行政复议机关收到行政复议申请11045件，同比增长18.57%；受理9879件，同比增长22.34%。收案数和受理数增幅均高于往年，除南通市和常州市外的11个设区的市，收到的行政复议申请数均有不同程度的增加。南京市收案量最高，

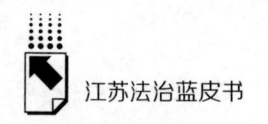

共收到行政复议申请1858件,增长99.36%;无锡市、南京市、连云港市、苏州市和宿迁市收案量增幅均超过50%,分别为102.14%、99.36%、84.35%、60.47%和55.74%。省政府受理案件数也大幅增加,2016年共受理行政复议案件404件,比2015年增加59件,增长17.10%。①

2. 案件涉及的地域、领域和事项仍相对集中

从地域来看,行政复议案件主要集中在南京、苏州、无锡、南通等经济发达地区,这4个省辖市的案件受理量均超过1000件,占全省案件受理总量的54.99%。从领域来看,行政复议案件仍相对集中在与社会经济发展和人民群众切身利益密切相关的领域。公安、劳动和社会保障、工商、土地、房屋征补、不动产登记、城乡规划和食品药品8个领域的案件共7491件,占案件总量的75.83%。工商类案件数量持续增长,2016年共受理案件1087件,同比增加186.81%;食品药品类案件数量呈爆发性增长,2016年共受理案件464件,同比增加259.69%。从申请复议的事项上看,案件主要集中于行政处罚、信息公开、举报投诉处理、行政不作为、行政确认、行政征收,共计8482件,占全省案件总量的85.86%。

3. 办案质量明显提高

2016年以来,各级行政复议机关通过全面推行公开听证方式审理案件、规范行政复议证据审查制度、加大实地调查力度、实行集体研究案件等方式,进一步保障案件审理结果的公正,增强行政复议公信力。在2016年办结的行政复议案件中,作出撤销、变更、责令履行、确认违法四类直接纠错行政复议决定的案件数量占办结案件数的11.12%,同比增加4.53个百分点。同时,全省各级行政复议机关加大行政复议调解、和解力度,积极为申请人和行政机关搭建沟通平台,尽可能减少行政争议的负面影响,全省运用调解、和解等方式结案2075件,占结案总数的22.64%,同比增加3.55个百分点。

---

① 2015年数据参见《江苏省2015年度全省行政复议案件统计分析报告》。

4. 举报投诉类案件量大幅增长

2016年，行政处罚、信息公开类案件仍稳居前两位，举报投诉处理类案件数量跃居第三位，达到1145件，同比增长212.84%。举报投诉类案件数量猛增的原因主要是《产品质量法》《消费者权益保护法》《食品安全法》先后引入了惩罚性赔偿和奖励举报制度，以鼓励消费者积极维护自身的合法权益，随着社会公众依法维权的意识不断加强，更多的公民、法人和其他组织通过行政复议的方式维权。2016年，工商和食品药品监管部门行政复议案件受理数量大幅增加，收到了大量消费者及"职业打假人"的投诉举报，投诉举报人对市场监管机关不作为或者作出的答复、处理结果不满意，因行政复议成本较低，此类争议大量进入行政复议程序。

三 2016年全省全面推进行政复议工作规范化建设

2016年，全省各级行政复议机关认真贯彻落实党的十八大和十八届三中、四中、五中、六中全会以及中共中央、国务院印发的《法治政府建设实施纲要（2015—2020年）》的精神，根据省政府《关于印发2016年度十大主要任务百项重点工作责任分工方案的通知》（苏政发〔2016〕17号）"做好行政复议工作规范化建设合格单位复核、验收工作"的要求，积极推进行政复议工作规范化建设。2016年，各级行政复议机关深入推进行政复议工作规范化建设，全省共有10家设区市政府、76家县（市、区）政府首次申报行政复议工作规范化建设合格单位，部分已被确认合格的单位再次申报示范单位。根据各地自查自评、各设区市法制办督查整改，结合各地申报和省法制办复核、验收情况，经研究决定，无锡市等10个市、县（市、区）为全省第二批行政复议工作规范化建设示范单位；南京市等77个市、县（市、区）为全省第二批行政复议工作规范化建设合格单位，全省行政复议工作规范化建设取得了明显成效。

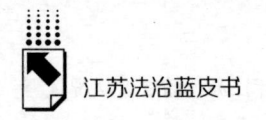

（一）行政复议渠道进一步畅通

各地通过报纸、网站、电视媒体、悬挂横幅等方式加强对行政复议工作的宣传，进一步规范行政复议受理程序，降低受理"门槛"，做到行政复议案件"应收尽收"。各设区市普遍在行政服务中心、社会管理中心、社会治理中心或信访中心等设置了行政复议受理窗口，方便申请人提出行政复议申请，扬州市专门成立了行政复议受理中心，集中受理行政复议案件，南京市、常州市、镇江市实现了行政复议基层受案点镇、街道全覆盖。

（二）行政复议机构队伍建设进一步加强

各地进一步加强行政复议机构队伍建设，将政治思想好、业务能力强、有较高法律素养和行政协调能力的干部充实到行政复议岗位。徐州市、南通市、泰州市分设了两个行政复议处，南京市、苏州市、常州市进一步充实专职办案人员，各设区市政府普遍达到专职办案人员不低于4人的标准，各县（市、区）政府普遍达到专职办案人员不低于2人的标准，所有行政复议办案人员均取得了《江苏省行政复议应诉人员资格证书》。全省13个设区市政府、57个县（市、区）政府成立了行政复议委员会，充分发挥行政复议委员会在审理疑难复杂案件、解决行政复议工作中重大问题的作用。

（三）行政复议办案质量进一步提高

各地通过全面推行公开听证方式审理案件、规范行政复议证据审查制度、加大实地调查力度、实行集体研究案件等方式，进一步保障案件审理结果的公正，增强行政复议公信力。徐州市出台了规范被申请人答复程序的制度，扬州市落实了行政机关负责人参加复议听证制度，镇江市实行行政复议决定网上公开，无锡市、盐城市、泰州市推行说理式行政复议决定书，连云港市、盐城市、宿迁市邀请专家学者参与案件审理讨论，进一步提高了行政复议案件审理质量。

（四）行政复议工作机制进一步完善

各地普遍建立了行政复议和行政审判联席会议制度，进一步加强行政复议和行政审判的良性互动。各地相继制定了行政复议办案程序规定、行政复议听证办法、重大行政复议决定备案办法等制度，进一步规范行政复议审理程序，行政复议各项制度逐步健全。各地普遍加强了对行政复议档案的管理，做到了行政复议案卷"统一编号、统一存放、统一管理"。各设区市政府进一步加强了对本地区行政复议工作的指导监督，南通市、淮安市组织了行政复议办案人员业务培训，苏州市、镇江市组织开展了典型案例交流。

（五）行政复议保障条件进一步提升

市县两级政府均安排了行政复议专项经费，南京市、无锡市、连云港市、淮安市、宿迁市增拨专款改善办公条件。各地普遍设置了专门的接待室、听证室、阅卷室、档案室，配全了照相机、摄像机、录音笔等办案设备，常州市、扬州市配备了行政复议办案专车。

截至2016年底，各设区市政府合格单位达标率达100%，县（市）政府达标率达100%，《关于全面开展行政复议工作规范化建设的通知》（苏府法〔2013〕7号）提出力争3年内省、市、县（市）三级政府行政复议工作规范化建设合格率达90%以上，5年合格率达100%的目标已提前完成，但行政复议工作规范化建设中仍存在不足之处。一是行政复议信息化工作水平有待提高。大部分地区没有专门的行政复议办案系统，案件统计等仍需通过人工完成。二是行政复议文书的质量有待加强，有的地方行政复议文书存在认定事实简单、说理不清等问题。三是少数行政复议机构的办案能力和工作任务不相适应，有的地区虽然增加了专职办案人员但办案能力仍与工作任务相差较远。四是行政复议指导监督和理论研究不够深入。下一阶段，各级行政复议机关应积极适应新形势、新任务，结合行政复议体制改革趋势，创新工作机制和方法，进一步提升行政复议工作能力和水平，努力提高行政复

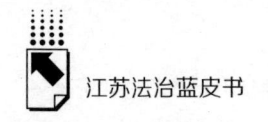

议办案质量，充分发挥行政复议化解行政争议的主渠道作用，为高水平全面建成小康社会作出应有贡献。

四 今后一段时期行政复议工作设想

党的十八届三中全会提出"要改革行政复议体制、健全行政复议案件审理机制，纠正违法或不当行政行为"，党中央、国务院《法治政府建设实施纲要（2015—2020年）》提出"要完善行政复议制度、改革行政复议体制，积极探索整合地方行政复议职责"。这些对行政复议制度提出了新的要求，江苏作为经济发达省，行政审批制度改革已经走在了全国前列，对行政复议制度的改革，应当在今后一段时期尽快提上工作日程。

（一）行政复议体制改革的必要性

1. 现行行政复议体制的主要特点

行政复议是行政机关内部化解行政争议的法定机制，具有高效、专业、经济成本低等特点，各级政府能否运用行政复议有效化解行政争议、促进依法行政，是反映政府治理体系和治理能力现代化的重要标志。我国现行行政复议体制是由1990年国务院《行政复议条例》确定，1999年《行政复议法》进一步完善后沿用至今，主要特点有两个。一是实行"条块结合"的复议管辖体制。即申请人对地方政府部门的具体行政行为不服的，可以向该部门的本级政府申请行政复议，也可以向上级主管部门申请行政复议；对市、县、镇三级政府的具体行政行为不服的，向上级政府申请行政复议；对省级政府和国务院部门的具体行政行为不服的，先申请原级行政复议，不服可再向国务院申请裁决。二是政府及政府部门为行政复议机关，由法制机构代表政府及政府部门具体承担行政复议职责。

2. 现行行政复议体制存在的问题

从实践看，现行行政复议体制存在行政复议职能过于分散，由此带来复议效率不高、专业化程度不强、"条线"监督纠错不够有力、行政复议办案资源不平衡等问题,难以充分发挥行政复议作为解决行政争议的主渠道作用。同时,新行政诉讼法实施后,行政复议机关作为共同被告参加行政诉讼,这些矛盾更加突出。

一是行政复议职能过于分散、复议办案资源不平衡。行政复议管辖"条块结合""多头共管"格局,造成了行政复议工作任务分布不平衡,复议资源得不到合理配置,有的"有人没案办",有的"有案没人办"。一方面,就省级层面而言,省级政府与省级部门的复议案件数与复议力量分布不均。2016年,省政府共收到行政复议申请696件,省政府行政复议工作人员11人,人均办案63.3件;省政府部门共收到行政复议481件,省政府部门行政复议工作人员251人,人均办案1.9件。另一方面,部门之间的办案力量分布也不均。质监、工商、住建、人社、国土等部门近几年的收案数年均近百件,占部门收案数的约90%,但人员力量的配备远远达不到案件数量的占比。而有的部门虽有行政复议职能、机构、人员,却常年无案可办。行政复议案件分布与行政复议人员布局不均衡、行政复议资源浪费与不足问题十分严重。

二是行政复议体制与行政管理体制改革不配套。现行行政复议法规定了申请人选择行政复议机关的制度,即申请人既可以向本级政府申请行政复议,也可以向上级主管部门申请行政复议。当前,省委正在全面推进相对集中行政处罚权、相对集中行政许可权等改革措施,并取得了初步成效。但部门行政权力相对集中后复议体制不顺,甚至造成行政复议机关无法确定等问题。因此,行政复议职责配置必须适应当前行政管理体制改革的需要。

三是行政复议专业化水平低、复议办案效率不高。由于大部分部门常年办理行政复议案件数量少,行政复议专业化水平较低,办理行政复议案件的效率不高,常常发生行政复议决定文书质量低、认定事实不清、适用法律错误等问题。特别是新行政诉讼法实施以后,对行政复议机关提出了更高的要求,有的部门一年只有1~2件案件却要花费大量的时间和精力研究行政复议制度,以能够履行行政复议职责,造成了人、财、物的大量浪费。

四是行政复议"条线"纠错能力弱、复议公信力不高。《行政复议法》

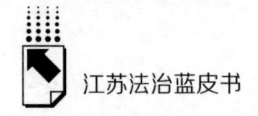

规定,依法受理行政复议申请的行政机关是行政复议机关;行政复议机关内负责法制工作的机构具体办理行政复议事项。实践中,各级人民政府及其职能部门根据自己的实际情况设立负责行政复议的工作机构,没有一套统一的行政复议机构体系,而且行政复议机构完全听命于其所属的行政首长,没有自主决定权。行政复议机关很容易受到来自各方面的影响,导致其不能完全支持行政复议机构严格依法办理复议案件。这种情况在"条条管辖"的案件中表现尤其明显。统计数据显示,有的部门行政复议案件的维持率达到95.24%,直接纠错率为0。同类性质的问题反复出现,行政复议起不到纠错、规范的作用。行政复议决定维持的多,变更、撤销的少,导致行政复议变成走过场,流于形式,其内部监督、规范具体行政行为的作用也不能充分发挥。

3. 改革行政复议体制符合党中央和国务院以及省委、省政府的最新要求

党的十八届三中全会提出"要改革行政复议体制、健全行政复议案件审理机制,纠正违法或不当行政行为"。2015年党中央、国务院在《法治政府建设实施纲要(2015—2020年)》中明确提出:"要完善行政复议制度,改革行政复议体制,积极探索整合地方行政复议职责。"目前,《行政复议法》修改也已列入了国务院的立法计划,改革行政复议体制,整合地方行政复议职责,是《行政复议法》修法的趋势,江苏省推进行政复议体制改革符合中央要求,符合省委法治江苏建设走在全国前列和省政府率先基本建成法治政府的总体部署。

(二)行政复议体制改革的可行性

1. 江苏省开展行政复议委员会试点工作情况

2008年8月,国务院法制办在全国选择了江苏等8个省,开展了旨在整合行政复议资源,实现行政复议权相对集中、政府主导、专业保障、社会参与的行政复议委员会试点。目前,试点已经扩大到全国24个省190家单位。北京、上海、山东等9个省级政府已经设立行政复议委员会。截至目前,江苏省13个设区市、59个县(市、区)开展了行政复议委员会试点工作。从全省实践来看，全省除海门市、江阴市等少数县（市、区）实现了"相对集中"，绝大多数行政复议委员会都采用了"咨询合议委员会"模式。苏州市、泰州市在试点时，采用了"相对集中"的模式，经过几年的试点，又退回至"咨询合议委员会"模式，主要原因在于行政复议委员会并未从体制上根本改变行政复议受案方式，亦未专门设立行政复议委员会为单独机构、增加人员编制，办案力量无法承担集中后的办案任务，因此，行政复议委员会只能作为办理行政复议案件的外部力量，发挥的作用远远达不到预期效果。

2. 全国行政复议体制改革情况

目前，全国行政复议体制改革共有三种模式。一是申请人有复议机关选择权，政府设立行政复议机构集中办理复议案件。这一模式以浙江省、贵州省为代表。以浙江省为例，在浙江省法制办设立省行政复议局，一种是负责承办省政府作为行政复议机关审理的复议案件，即申请人不服各设区市、省政府部门的具体行政行为引发的复议申请。另一种是集中承办省级部门作为行政复议机关的复议案件，即申请人对设区市政府部门的具体行政行为不服而向省级主管部门提出的复议申请；这类复议案件分散在省级部门，在保持省级部门行政复议机关主体性质不变的情况下，通过复议体制改革，省级部门不再行使行政复议职权，将行政复议案件集中交由省行政复议局统一办理，实行"分别接收、统一受理、统一办理、统一送达、分别应诉"的工作机制。这一模式的特点是，实现了行政复议资源的集中整合，且不调整公民、法人或者其他组织的行政复议申请权，符合《行政复议法》规定的行政复议基本制度，符合中央关于重大改革应当于法有据的要求。二是申请人只向政府申请复议，政府设立行政复议机构集中办理复议案件。山东省在全省实施了这一模式。该省以《山东省行政复议条例》为依据，规定申请人对地方政府工作部门的具体行政行为不服的，向该部门的本级政府申请行政复议，不再向上一级主管部门申请行政复议。市、县两级地方政府全部集中政府各部门的行政复议职权，由政府设立的行政复议机构集中办理，实行"统一受理、统一审理、统一决定"的工作体制。这一模式的特点是，行政

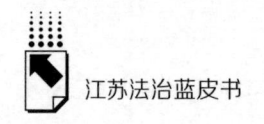

复议职权集中范围广，集中模式较为彻底。三是政府组建行政复议委员会，审理行政复议案件。行政复议委员会运转模式又分两种。一种是行政复议委员会对重大、复杂、疑难案件进行集体研究，为行政复议机关作出有关行政复议决定提供审议意见，如上海市。另一种是将部门的行政复议职权相对集中到行政复议委员会，由行政复议委员会直接审理行政复议案件，如黑龙江省。

（三）行政复议体制改革的整体思路

整合地方行政复议职能是行政复议体制改革的大趋势，将整合行政复议职能、成立行政复议局作为江苏省行政复议体制改革的目标和方向符合中央要求，符合省委法治江苏建设走在全国前列和省政府率先基本建成法治政府的总体部署。

1. 整合行政复议职能

开展行政复议体制改革的关键在于优化行政复议资源配置，整合集中行政复议职能，将分散在地方政府部门（实行垂直领导的部门除外）的行政复议职责集中到地方政府统一行使，由地方政府统一管辖本辖区内的行政复议案件。其意义在于：一是地方政府集中行政复议职能，符合宪法和地方政府组织法确定的监督管理体制，使监督纠错更加有力，有利于实现行政复议化解行政争议的立法宗旨；二是集中行政复议职能后可以使行政复议人员集中，有利于推进行政复议工作规范化和行政复议队伍专业化建设，提升行政复议公信力；三是向当地政府申请行政复议相比向上一级主管部门申请行政复议，既能使申请人与直接责任人当面协商，又符合便民原则，有利于行政争议在当地解决，避免矛盾上移；四是合并基层政府职能是行政管理体制改革的趋势，集中行政复议职能，有利于解决相对集中行政处罚权、行政许可权出现的上下业务部门不对应等问题。

对整合行政复议职能，提出以下建议。

第一，各级政府将部门的行政复议职能全部集中到政府，由政府成立专门机构统一行使行政复议权。在《行政复议法》修改前，采用"统一受理、统一办理、统一送达、统一应诉"的工作机制办理行政复议案件,并办理全部经复议的行政诉讼案件。在《行政复议法》修改后,直接由政府统一行使行政复议权。

第二,行政复议资源整合工作,采用"以点带面、分步实施"的方式开展,首先从省级及部分设区市、县(市、区)开展试点,用3~5年时间逐步在全省全面推开。

2. 设立行政复议局

设立行政复议局是整合行政复议职能、优化行政复议资源配置的必然选择。其主要理由如下。

第一,依照现行行政复议法规定,行政复议机关负责法制工作的机构具体办理行政复议事项。目前省法制办设立两个复议处,实有办案人员11人,除承办案件外,还要承担指导监督全省行政复议工作的职责。近三年年均处理行政复议案件近700件,新行政诉讼法实施后还面临大量的诉讼案件,人手严重短缺。

第二,行政复议机构作为解决行政争议的裁决机构,对化解行政争议、维护社会稳定发挥着巨大的作用。为体现裁决的公正性、权威性,行政裁决机构应具有相对独立的地位(实践中除了司法机关,民事仲裁机构、劳动争议仲裁机构都独立设置)。在行政复议法修改前,在现行法律框架内设立行政复议局有利于增强行政复议解决行政争议的功能,这一改革也完全符合《行政复议法》修法的大趋势。

第三,新行政诉讼法实施后,对行政复议和行政诉讼工作提出了更高要求。行政诉讼案件数量激增,特别是经复议的案件数量呈爆发式增长。成立行政复议局后,由行政复议局履行行政复议和行政应诉职责,将大大提高复议和应诉的专业化水平,同时政府部门也避免了大量的诉讼案件,行政复议、应诉资源得到了最优化的配置。

专题报告

Special Reports

B.6 江苏法院首批员额法官遴选工作情况报告

曹也汝 马倩*

摘 要： 作为全国第二批司法体制改革试点省份，江苏首批员额法官遴选对于推进法官员额制改革，实现人员类别与审判工作的平稳过渡具有重要的意义。江苏法院首批员额法官采取试点先行、全省推开的方法，先后组织两次遴选，共计产生6203名员额法官。在遴选过程中按照"定员、定岗、定责"原则，引入案件权重测算，科学分配法官员额；创新考试形式，突出实务能力要求；严格考核标准，努力做到好中选优，遴选工作整体上平稳有序，体现出正确的改革导向。但也存在

---

* 曹也汝，法学博士，江苏省高级人民法院法官，中国法治现代化研究院特邀研究员，江苏高校区域法治发展协同创新中心客座研究员；马倩，法律硕士，江苏省高级人民法院法官。

员额分配不够均衡、人员结构尚待优化等问题。特别是在首批员额法官遴选产生后，如何整合审判资源配置，缓解案多人少矛盾，推进审判权运行机制改革，落实司法责任制等，是遴选工作完成后必须予以关注和解决的重点问题。

关键词： 员额遴选 "定员、定岗、定责"原则 审判资源

法官员额制改革是本轮司法改革的重点任务之一。江苏作为全国第二批司法体制改革试点省份，根据中央和省委的改革部署，2015年4月3日，省委在南京召开全省司法体制改革试点工作动员部署会议，确定南京、苏州、泰州三个中级法院及南京玄武区、苏州张家港市、泰州姜堰区、淮安清河区、淮安开发区等五家基层法院为试点法院，启动包括法官员额制改革在内的司法体制改革试点工作。为推动改革试点工作，省委政法委会同省委组织部、省法院等单位，相继制定了《江苏省法官遴选办法（试行）》《江苏法院司法体制改革试点过渡期法官入额工作实施办法（试行）》《江苏省法官遴选委员会工作规则（试行）》等规范意见，并于2015年11月成立江苏法官、检察官遴选委员会，负责从专业角度审核法官入额的资格和条件。[①]经过近一年的前期准备，2016年4~6月，省法院会同8家试点法院，组织开展试点法院首批员额法官遴选工作，共遴选产生493名员额法官。在此基

[①] 江苏省法官遴选委员会和检察官遴选委员会主任由省政协常委、社会法制（民族宗教）委员会主任、南京大学教授邵建东担任，6名常任委员实行职务性安排，由省委组织部、省委政法委、省人大人事代表联络委员会、省法院、省检察院、省人力资源和社会保障厅有关领导担任，8名非常任委员由15名省人大代表、15名省政协委员、20名审判业务专家、20名检察业务专家、20名法律专家和20名律师代表组成人才库，每次召开遴选委员会会议前在相应人才库中随机抽选。遴选委员会的主要职责是：明确进入员额法官、检察官的标准，确定遴选法官、检察官的考核办法和程序，研究核定各级法院、检察院的员额数；从专业角度对法官、检察官人选进行审核等。在省法院、省检察院分别设省法官遴选工作办公室和省检察官遴选工作办公室，负责省法官遴选委员会和省检察官遴选委员会日常事务工作。

础上，8~9月，省法院组织开展了全省法院首批员额法官遴选工作，遴选产生5710名员额法官。通过两次遴选，全省法院共计产生6203名员额法官。2016年10月，省法院先后会同省委组织部和省人社厅召开会议，分别就员额法官单独职务序列改革及工资制度改革进行部署，11月完成了全省法院法官单独职务序列转换和按期晋升工作，12月完成全省员额法官工资套改并基本发放到位。江苏法院法官员额制改革迈出坚实的一步。

一 遴选工作基本情况

江苏法院首批员额法官按照试点先行、全省推开的基本思路，分步组织实施。2016年4~6月，省法官遴选工作办公室会同南京中院、苏州中院等8家试点法院，率先启动员额法官遴选工作，经考试、考核和法官遴选委员会审议，共遴选出493名员额法官。在认真总结试点经验的基础上，根据中央政法委和省委政法委的改革部署，2016年8~9月，省法院组织开展全省法院首批员额法官遴选工作，择优选出5710名员额法官（含8家试点法院增补87人）。在遴选过程中，各级法院注重将法官员额制改革的基本要求与江苏省法院人员结构及审判工作实际相结合，科学制定方案，严把选人标准，遴选工作规范有序，取得预期成效。

1. 制定工作意见

根据《江苏省司法体制改革试点方案》、《江苏省法官遴选办法（试行）》（以下简称《遴选办法》）和《江苏法院司法体制改革试点过渡期法官入额工作实施办法（试行）》（以下简称《实施办法》）等有关规定，2016年4月，省法院党组研究制定了《江苏法院司法改革试点过渡期法官入额考试、业绩考核与考评指导意见（试行）》（以下简称《指导意见》），用于指导试点法院员额遴选工作。8月，在总结试点法院遴选工作经验基础上，省法院党组研究制定《江苏法院司法体制改革试点过渡期法官、书记员、法官助理定岗定责指导意见》《江苏法院司法体制改革试点过渡期法官入额业绩考核实施办法》《江苏法院司法体制改革试点过渡期法官入额考评实施办法》三个指导文件，① 并召开由三级法院司法改革负责人参加的视频会议，由起草遴选工作文件的相关职能部门负责人就遴选工作文件精神及规范要求进行讲解，统一理解适用。各级法院根据省法院的改革意见制定具体的工作方案，报省法官遴选工作办公室审核同意后组织实施。

2. 确定员额比例

为科学确定首批员额比例，避免对审判工作造成影响，省法院对全省法院近3年受理案件数进行测算，以各法院现有政法编制状况为基础，统筹考虑案件权重及所在法院法官与辖区人口比例，以及法院现有符合遴选条件的法官数等因素，确定法院首批入额法官员额比例。4月，省法院按照全省法院不超过30%的比例测算，确定8家试点法院首批员额法官数为512名。根据2016年8月中央政法委在吉林召开的全国司法体制改革推进会议精神以及试点法院遴选工作情况，省法院经研究决定将全省法院首批员额法官比例按照36%来掌握，经测算，最终确定全省122家法院首批员额法官数为6609名（含8家试点法院已经入额493人及本次增补员额122人），约为全省中央政法编制数的35.74%。

3. 组织入额考试

为科学评估申请入额法官的经验与能力，在省委政法委和省法官遴选委员会的指导下，2016年4月24日，省法官遴选工作办公室在南京组织全省法院首批法官入额考试，考试对象为全省法院至2015年底前任职已满3年的助理审判员。全省法院共542名符合条件的助理审判员参加考试，495人考试合格，通过率为91.33%。为扩大遴选范围，让更多的人参与到遴选工作中，经省法院党组研究决定，8月25日，省法院再次组织全省法院助理

---

① 这三个文件进一步突出员额法官遴选严格遵循"定岗、定员、定责"原则，各级法院按照分配的员额数，根据审判任务需要，确定相应员额法官岗位并明确其工作职责和考核标准。同时在遴选范围上也作了适当调整，取消了《江苏法院司法体制改革试点过渡期法院入额考试、业绩考核与考评指导意见》中关于法院不分管审判业务部门和不在审判业务岗位上的审判委员会委员不参加首批员额法官遴选的限制。同时，根据审判调研指导及法官管理工作需要，在中高级法院研究室、审判管理办公室以及政治部法官管理岗位也少量配置员额法官岗位，但明确上述人员一旦遴选入额，除承担相应工作职责外，均需办理一定数量案件。

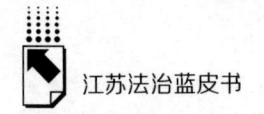

审判员人额考试，时间放宽至2016年9月30日任助理审判员满三年的同志，4月未报名及考试未通过的同志均可以报名参考。全省法院共有281名法官报名参考，251人通过考试，通过率为89%。通过考试的助理审判员与审判员同等条件竞争入额。

4. 岗位设定与考核

全省各级法院按照"定岗、定员、定责"的要求，根据省法院核定的员额数，制定本院员额法官岗位设置细则及考核考评办法，经省法官遴选工作办公室审核确认后组织实施。全省法院共设定6499个员额法官岗位（含上半年8家试点法院已经入额493个员额法官岗位），个别法院预留少量员额以备下一次遴选。经动员发动，全省法院共有7135人报名参加遴选（含上半年8家试点法院报名参加遴选的575人），并按照员额法官岗位要求作出岗位承诺。根据遴选工作有关文件规定，全省法院院长及中级法院副院长、审判委员会委员业绩考核由省法院统一组织，基层法院副院长、审判委员会委员的业绩考核由中级法院负责，其他人员由本院组织考核。经过严格的考核考评程序，全省法院共推荐6276名拟入额人选（含上半年8家试点法院推荐的496人），提请省法官遴选委员会审议。

5. 审议与决定

2016年6月21~22日，江苏省法官遴选委员会召开第一次会议，对江苏省8家试点法院提请审议的496人进行了集中审议。省法官遴选委员会由主任委员1人，省委政法委、省委组织部、省人大、省法院、省检察院和省人社厅各1名领导担任的常任委员6人，以及从人大代表、政协委员、审判业务专家、检察业务专家、法学专家和律师代表各界别人才库中随机抽选的委员8人共计15人组成。遴选委员会主要从专业素养和业务能力角度对拟入额法官进行审议，经投票表决，8家试点法院494人通过审议，2人因得票未达委员会半数票，委员会不同意其入额。通过审议494名拟入额法官经公示后，提交省法院党组研究，省法院党组于7月5日作出决定，同意8家试点法院493名法官入额。2016年9月18~25日，省法官遴选委员会召开第二次会议，对全省114家法院提出的5673名以及8家试点法院增补的90

名拟入额人选进行集中审议，经表决，5714 人通过审议，经公示和省法院党组研究决定，确定 5710 名法官入额，经过两批遴选，全省法院共计产生 6203 名员额法官。①

二 人员情况分析

首批入额的 6203 名员额法官，占目前全省法院法官总数（10118 人）的 61.31%，约为全省法院中央政法编制数（18570 人）的 33.40%，如果加上全省法院现有各类事业编制和行政附属编制（19822 人），这一比例约为 31.29%。

首批入额的 6203 名员额法官中，省法院 218 人，占全省首批入额人数的 3.51%，为其政法编制数（602 人）的 36.21%；全省 13 家中级法院 1197 人，占全省首批入额人数的 19.30%，为其政法编制数（3369 人）的 35.53%；108 家基层法院 4788 人，占全省首批入额人数的 77.19%（见图1）。

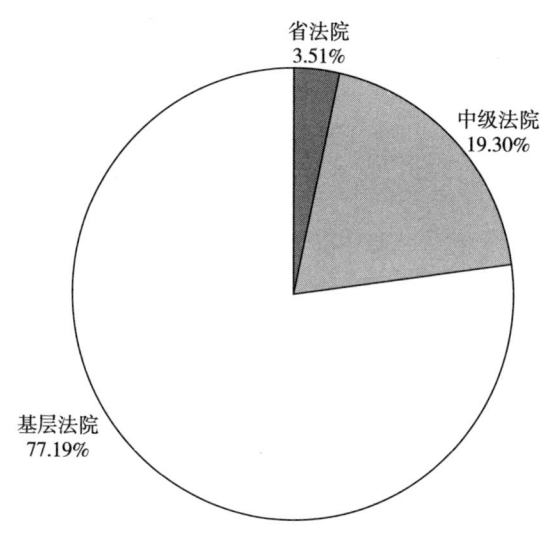

图1 江苏法院首批员额法官法院层级分布情况

---

① 在两次遴选中，报名参加全省法院首批员额法官遴选的 7135 名法官中，6203 人遴选入额，932 人因各种原因未能入额，遴选通过率为 86.94%。

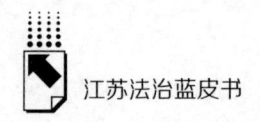

全省法院首批入额的 6203 人中,审判员 5705 人,占 91.97%;助理审判员 498 人,占 8.03%。从现任职务及岗位分布情况来看,院长 120 人,占 1.93%;副院长等院领导 704 人,占 11.35%;审判委员会委员(庭长及不担任庭长的部门负责人)1055 人,占 17.01%;审判、执行部门法官 4114 人,占 66.32%;综合审判部门(研究室、审管办)法官 111 人,占 1.79%;其他综合部门法官 99 人,占 1.60%(见图 2)。

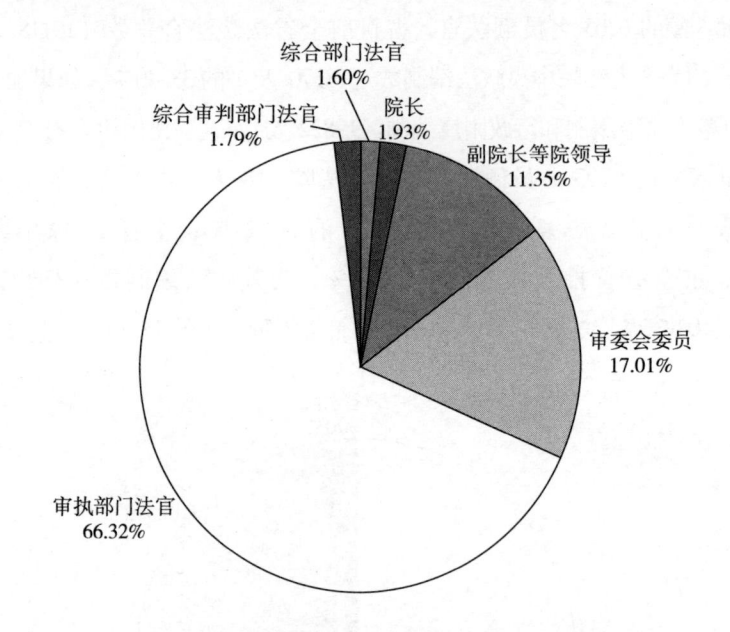

图 2 江苏法院首批员额法官职务岗位分布情况

从学历层次看,全省法院首批入额的 6203 人中,博士研究生学历的 37 人(省法院 17 人,中级法院 17 人,基层法院 3 人),占 0.60%;硕士研究生(含党校研究生及法律硕士)892 人(省法院 46 人,中级法院 257 人,基层法院 589 人),占 14.38%;本科学历 5205 人(省法院 154 人,中级法院 928 人,基层法院 4123 人),占 83.91%;专科及以下(均取得最高法院专项培训证书)69 人(省法院 1 人,中级法院 12 人,基层法院 56 人),占 1.11%(见图 3)。

从年龄分布看,全省法院首批入额的 6203 人中,35 周岁及以下 946 人(省法院 6 人,中级法院 152 人,基层法院 788 人),占 15.25%;36~45 周

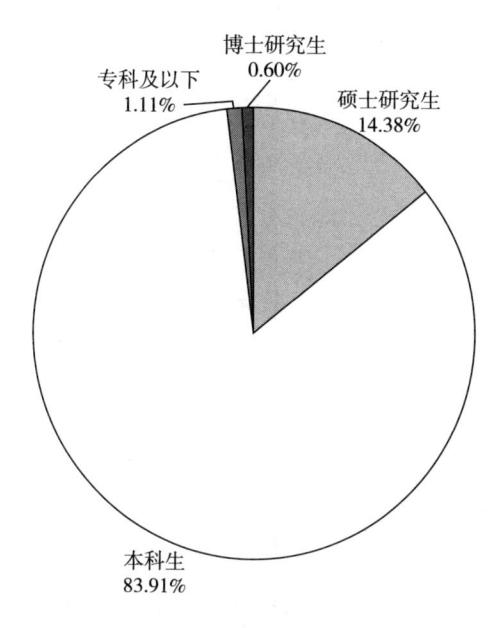

图3 江苏法院首批员额法官学历情况

岁 1826 人（省法院 101 人，中级法院 387 人，基层法院 1338 人），占 29.44%；46~50 周岁 1660 人（省法院 48 人，中级法院 294 人，基层法院 1318 人），占 26.76%；51~55 周岁 1516 人（省法院 45 人，中级法院 289 人，基层法院 1182 人），占 24.44%；56 周岁以上 255 人（省法院 18 人，中级法院 92 人，基层法院 145 人），占 4.11%（见图4）。

全省法院 6203 名首批入额法官中，拟任员额法官岗位为院长、副院长（审判委员会专职委员等院领导）岗位的有 795 人，占 12.82%；担任庭长（含执行局局长）的审判委员会委员 833 人，占 13.43%；不担任庭长职务（含副庭长、执行局副局长、研究室主任、审管办主任及其他领导岗位）的审判委员会委员 225 人，占 3.63%；不担任审判委员会委员的庭长 330 人，占 5.32%；副庭长 1186 人，占 19.10%；执行局副局长、处（科）长 235 人，占 3.79%；业务部门审判法官 2168 人，占 34.95%；立案庭裁判性岗位法官 95 人，占 1.53%；执行局裁判性岗位法官 210 人，占 3.39%；综合性审判业务岗位法官 116 人，占 1.87%；法官管理岗位法官 10 人，占 0.16%（见图5）。

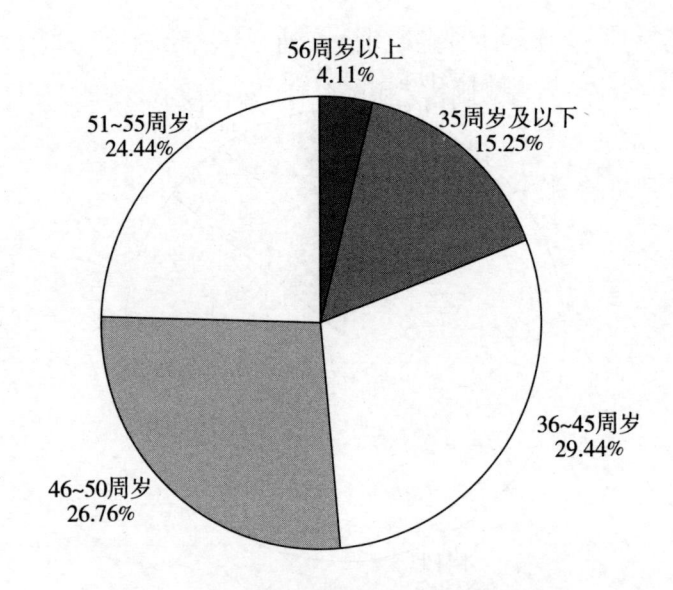

图4 江苏法院首批员额法官年龄分布情况

- 56周岁以上 4.11%
- 51~55周岁 24.44%
- 46~50周岁 26.76%
- 36~45周岁 29.44%
- 35周岁及以下 15.25%

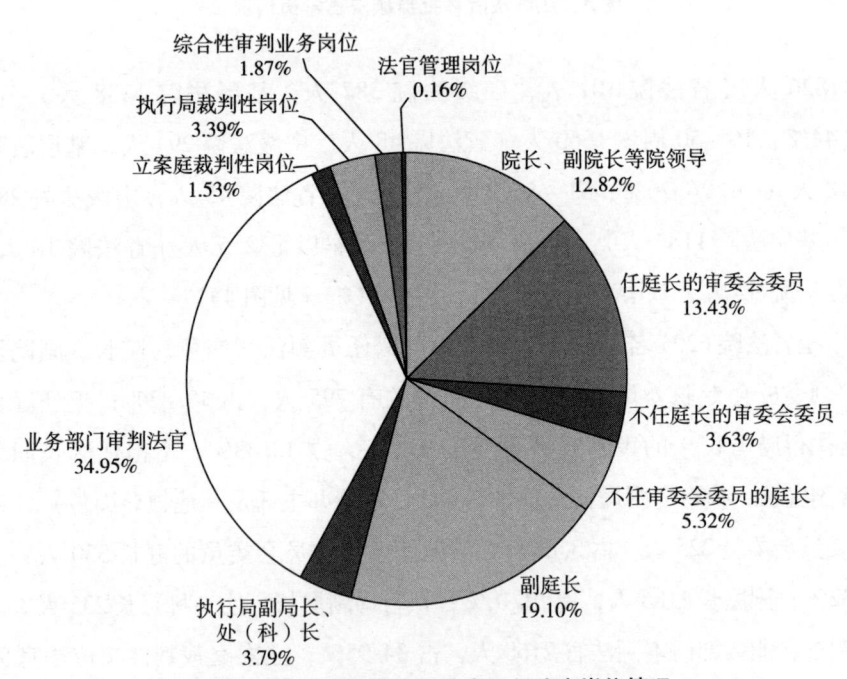

图5 江苏法院首批员额法官拟任法官岗位情况

- 综合性审判业务岗位 1.87%
- 法官管理岗位 0.16%
- 执行局裁判性岗位 3.39%
- 立案庭裁判性岗位 1.53%
- 院长、副院长等院领导 12.82%
- 任庭长的审委会委员 13.43%
- 不任庭长的审委会委员 3.63%
- 不任审委会委员的庭长 5.32%
- 副庭长 19.10%
- 执行局副局长、处（科）长 3.79%
- 业务部门审判法官 34.95%

截至 2016 年 9 月 30 日全省首批员额法官人选确定，全省法院尚有未入额法官共计 3915 人，其中院长、副院长 59 人，庭长、副庭长 207 人，审判员 2165 人，助理审判员 1484 人。从法院层级看，省法院 98 人，中级法院 684 人，基层法院 3133 人。

三 经验与问题

全省法院首批员额法官遴选前期经过充分的调研论证，制定了详细遴选方案和配套工作文件，在组织实施中坚持好中选优原则和突出实绩导向，遵循"定员、定岗、定责"原则，标准统一规范，程序公开透明，遴选工作得到省委政法委、省法官遴选委员会的高度评价，一些经验做法也得到最高人民法院及兄弟省市法院的肯定。

一是引入案件权重测算。省法院通过对江苏法院近年来审理的 200 余万件案件相关数据的采集和分析，形成了较为成熟的案件权重测算体系，打通了不同审级不同案由的案件测算壁垒，为客观评估不同法院以及不同业务部门的审判工作量打下了基础。[①] 案件权重测算体系在首批员额法官遴选工作中发挥了重要作用。在员额分配时，省法院通过对全省法院近三年案件的权重测算，结合各法院政法编制等客观因素，合理确定各家法院首批员额数，实现"以案定员"与"以编定员"相结合。在法官遴选中，通过对法官近三年办理案件的权重测算，可以更加客观地反映每位报名参加遴选法官的实际工作业绩，为择优遴选提供了重要依据。

[①] 省法院以全省法院已经审结的 15 类共 201 万余件案件为样本，以案件审理中的各项工作内容和工作环节为测量目标，将各类案件统一分为案件项、工作量项、时间项三部分，确定开庭、合议等 25 项要素，动态提取各要素的实际工作量值，没有工作即没有工作量，以此结合审理程序、案件性质等因素进行分析。同时组织一线法官进行经验矫正，最终计算出各类案件的权重分值，形成统一的案件权重指标体系。案件权重指标体系实现了无偏见地打通各类型、各审级案件的目标，贯通了刑事、民事、行政等不同类型案件以及一审、二审、再审等不同审级案件，使其均具有可比性，解决了过去不同法院、不同审判庭、法官与法官之间审判工作量无法比对的问题，也为法官业绩考评提供了科学依据。

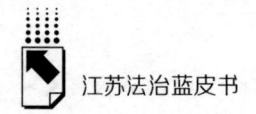

二是定岗、定员、定责相结合。省法院根据三级法院审判职能分工,确定不同层级法院员额法官岗位设置及岗位职责要求,全省各级法院根据相关改革意见,结合审判工作实际,确定具体的员额法官岗位及岗位职责。报名参加遴选的法官根据岗位设置及职责要求选择岗位并作出履职承诺。结合员额法官岗位分工,省法院遴选工作文件对报名参加遴选的法院院长、副院长、审判委员会委员,审判(执行)岗位的审判员、助理审判员以及非审判(执行)岗位的审判员、助理审判员分别确定了业绩考核的内容和标准,为客观公正地遴选员额法官打下了良好的制度基础。①

三是创新法官入额考试形式。在省法院组织的两次全省法院法官入额考试中,将参考人员限定为任职满三年的助理审判员,一方面考虑到入额法官必须具有一定的审判工作经历,另一方面也体现出对各级人大法官任命行为的尊重。同时,在考试方式上,法官入额考试突出入额考试特点,紧贴司法审判实际,组成由法学专家、高中级法院资深法官组成的专家命题小组,试题采取案件卷宗全真模拟形式,着重考查法官履行审判职责的专业素养和综合能力。考试结束后,省法官遴选工作办公室将本次考试的试卷、命题小组成员、阅卷要旨、优秀答卷点评等全部向社会公开发布,得到广泛好评。省法院还邀请命题组三位专家结合考试内容,就裁判方法、裁判思维和司法能力养成进行专题讲解,进一步放大法官入额考试的效应。

四是开发江苏法院法官遴选信息管理系统。考虑到全省法院首批员额法官遴选人数规模,为提高遴选委员会审议质量和效率,省法官遴选工作办公室委托上海北明软件股份有限公司专门开发了法官遴选工作软件,集成材料申报、委员审议、投票表决多个环节,以提高审议工作效率。委员们可以借助互联网实现对拟入额法官的个人信息及相关考核考评材料的审查、意见反

---

① 在员额遴选相关规定中,院长、副院长、审判委员会委员要求须担任审判长、独任法官或案件承办法官,参与审理(执行)案件;作为审判委员会委员,近3年每年度参加所在法院审判委员会次数不得低于该年度审判委员会总次数的2/3。严格审判员、助理审判员入额标准,要求近3年审(执)结案件权重值(执结数)须不低于其所在部门全体在岗法官3年案件权重值(执结数)的平均值(数);并综合考核审判质量与效率、裁判文书质量、庭审(听证)情况等。

馈。在集中审议和投票时，相关表决结果能够即时显示，在确保程序公开透明的同时，极大地提高了审议效率。这一系统得到遴选委员会的高度肯定。全省检察系统的员额检察官遴选也借用这一平台。

法官员额制改革是对现行法院人员管理体制的深刻调整。在全省首批员额法官遴选工作中，有以下一些困难和问题，需密切予以关注，认真研究解决。

首先是员额分配和使用不均衡的问题。虽然省法院在分配法官员额时引入案件权重测算，在全省员额比例总体控制的前提下，将员额分配向案件任务重的法院适当倾斜，但仍难以扭转法院之间法官员额分配不均衡的现象。一方面，现行法院人员编制是按照辖区面积、人口和经济总量来确定的。虽然 2008 年后中央在三次增编中对案件多的法院予以倾斜，但法院编制的地区差异仍十分明显，如南京市中级人民法院现有人员编制 542 人，而宿迁市中级人民法院仅为 170 人；基层法院中，苏州姑苏区法院现有编制 247 人，而南通开发区法院只有 48 人。尽管案件权重测算可以对员额分配作一定调整，但不同地区法院的人员编制差异无疑是影响员额分配的基础性因素。另一方面，受编制使用及干部政策的影响，各地法院以及不同层级法院的人员结构状况也存在很大差异，部分法院不同程度地存在结构断层现象，客观上影响法官员额分配及遴选工作。遴选过程中，在法官员额普遍紧张，不少长期在一线办案的法官由于员额限制无法入额的情况下，仍有部分法院分配的员额使用不满，提出预留部分员额供下次遴选使用。其主要原因是人员结构不合理，部分法院的青年法官承担了主要审判任务，但未达到员额法官最低任职年限而无法入额，一些年龄大的法官考虑到审判工作压力和身体状况，不愿意入额。[①] 这在客观上导致了部分法院员额紧张，入额矛盾异常突出，而部分法院则员额"宽松"、选不出人的现象。

[①] 全省法院首批员额法官遴选并未对法官年龄作统一规定，但操作中，部分法院对临近退休的法官通过做思想工作等方式，劝说他们放弃遴选。更多的是因为严格的定岗定责要求，一些年龄偏大的法官自愿放弃入额。在遴选审议环节，有相当数量的基层法院青年法官因担任法官未满三年而被遴选委员会否决，这也是基层法院入额比例偏低的重要原因之一。

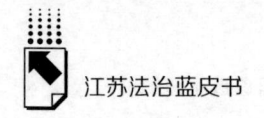

其次是员额法官遴选后的人案矛盾问题。在上半年8家试点法院遴选时，为落实中央严控员额比例的改革精神，省法院最初是按照全省首批员额法官比例不超过中央政法编制的30%来测算和分配各试点法院员额的。考虑到员额制改革后可能出现的人案矛盾以及人员分流的压力，省法院将这一比例调整为36%。根据这一比例，仍有相当数量的办案法官无法进入员额。江苏是案件大省，继2012年全省法院受理案件数突破百万件之后，案件数连续数年均呈现快速增长势头，2016年更是超过180万件。在此压力下，各级法院都在尽力将审判资源调往办案一线。全省10100余名法官中，除院领导及少量在综合部门工作的外，一线办案法官已达8200余人。法官遴选后，未入额的法官是否继续办案、如何办案，相关改革政策尚不明朗。为缓解员额制改革可能带来的人案矛盾冲击，自2013年起，江苏法院试行聘用制书记员改革探索，按照员额法官1∶1（最高不超过1∶1.5）的比例配备书记员，同时加强书记员专业技能培训，让法官从繁杂事务中解放出来，专心审判工作。目前，全省法院书记员已达7016人，与员额法官配比已经超过1∶1。增加审判辅助人员力量固然可以分担法官的部分工作压力，但审判核心事务仍需法官执掌，在案件增长态势难以逆转，法官人数相应减少的情况下，如何解决日益突出的人案矛盾仍是员额制改革面临的一大挑战。

最后是员额法官如何落实司法责任制的问题。法官员额制改革与司法责任制改革在本轮司法改革中犹如车之双轮、鸟之两翼，其核心是促进和保障审判权公正高效运行。继2013年最高人民法院启动审判权运行机制改革试点后，相关试点法院围绕"让审理者裁判，由裁判者负责"这一目标开展改革探索，取得了一些积极进展，但并未形成统一的规则和运行模式。因此，在开展员额法官遴选时，遴选的标准主要还是传统模式下法官办案的质效指标。在旧的办案标准下遴选出来的"新"法官，能否符合司法责任制改革的要求，还需要进一步观察。尽管法官申请入额时均按照岗位要求签署了岗位履职承诺，但主要内容还是传统的工作量要求，大多数入额法官对于进入员额后办案有何变化，还缺乏清醒的认识。为加强对员额法官的工作考核，2016年12月，省法院出台《绩效考核与奖金分配办法（试行）》，从绩效考核角度对员额法官办案的数量及质量要求作了初步明确，其后又出台专门的司法责任制改革文件，为员额法官履行审判职责提供指引。① 但是，落实司法责任，仅规定员额法官的工作职责是不够的，还需要相应的体制机制保障，如在审判中如何真正实现法官平等，消除行政化色彩；如何改革审判委员会工作机制，防止判者不审现象的出现；院庭长如何切分行政管理职责与案件监督职责，减少对审判的不当干预；等等。这些不仅要通过完善规则进一步明确管理权与审判权之间的权力边界，更有赖通过《法院组织法》《法官法》以及相关诉讼法规的修改，消除司法权行政化的土壤。员额法官遴选只是员额改革的第一步，实现法官平等、落实司法责任，确保审判权公正高效运行才是员额制改革的目标。

---

① 2017年3月1日，江苏省高级人民法院出台《江苏法院审判责任制改革实施细则（试行）》，包含《关于独任法官、合议庭办案机制的规定（试行）》《关于办案人员权力清单的规定（试行）》《专业法官会议工作规则（试行）》《关于院、庭长审判管理监督职责的规定（试行）》《关于案件质量的规定（试行）》等5个附件，初步架构了司法责任制规则体系。

B.7
以案件数据为切口探析非公经济领域法治保障之要义

戴梅芬　高佳*

摘　要： 非公有制经济作为长三角地区经济的重要组成部分，为长三角地区的经济发展建设提供了有力的支撑和保障。但近年来，该地区涉及非公经济领域的犯罪愈演愈烈，不仅严重影响了企业的健康发展，更扰乱了社会管理秩序。随着长三角地区产业创新的不断升级，对非公经济领域的法治保障显得尤为重要。本文以常熟市检察院2013~2016年审查起诉的涉及非公经济领域的案件为切入点，发现侵害非公有制企业犯罪既有企业外部原因，也有企业自身原因，有必要提高非公企业整体法治意识，完善企业内控制度和风险管理机制；检察机关有必要立足自身职能，严厉打击侵害非公有制企业犯罪，提升非公经济领域犯罪预防实效，建立外部协作机制，拓宽非公经济领域犯罪预防影响力。

关键词： 非公经济　风险点　检察职能

常熟作为全国百强县中的佼佼者，经济社会持续快速发展。非公有制经济作为常熟经济的重要组成部分，为常熟的发展建设提供了有力的支撑和保

---

* 戴梅芬，常熟市人民检察院预防职务犯罪检察科科长，法学硕士；高佳，常熟市人民检察院预防职务犯罪检察科科员，法学硕士。

障。但近年来，常熟涉及非公经济领域的犯罪愈来愈多，呈现犯罪主体集中、犯罪形式多样、犯罪后果恶劣的态势，严重影响了企业的健康发展，扰乱了社会管理秩序。因此，检察机关深入开展非公经济领域犯罪预防工作，严厉打击非公经济领域犯罪，对于促进常熟经济平稳健康发展具有重要意义。

一 涉及非公经济领域犯罪的范围及风险点

（一）涉及非公经济领域犯罪的范围

涉及非公经济领域的犯罪主要包括三类。第一类是指非公企业经营者、普通工作人员（主要是财务、采购、销售等）实施的与其职务挂钩或利用其职务便利实施的犯罪，如职务侵占罪、挪用资金罪、非国家工作人员受贿罪等。第二类是指非公企业为谋求不正当利益不惜作出违反法律的犯罪行为，这类犯罪也可分几种情形：腐蚀对象为国家公职人员的犯罪，如行贿罪、单位行贿罪；腐蚀对象为有业务往来的单位人员的犯罪，如对非国家工作人员行贿罪；为谋取不正当利益的企业违法行为，如非法吸收公众存款罪、非法经营罪、污染环境罪等。第三类是指外部企业、人员对非公企业实施的犯罪，如盗窃罪、合同诈骗罪等。为与第三类犯罪形式相区别，前两类我们称之为非公企业内部人员的犯罪，也是本文论述的重点。

（二）非公经济领域犯罪呈现的风险点

根据对涉及非公经济领域案件的归纳分析，可以得出防范非公企业内外部犯罪应从以下几个风险点入手，切实找准切入点，提高预防犯罪的实效。

1. 投资风险

能否有效地筹集投资款、找准投资方向、锁定投资项目关系到企业最终的盈利与否，甚至关系到一个企业的生死存亡。笔者认为非公企业要认清"用什么投资、投资什么、怎么投资"，进而最大程度地弱化投资风险。"用

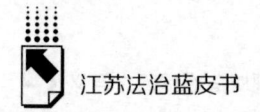

什么投资"指向的是投资资金的来源合法问题，这点掌握不好就有可能触犯非法吸收公众存款罪、集资诈骗罪、抽逃出资罪、拒不支付劳动报酬罪等；"投资什么"针对的是投资项目、经营范围合法问题，这点把握不准，可能触犯非法经营罪、生产销售有毒和有害食品罪、销售假冒注册商标的商品罪、污染环境罪等；"怎么投资"是指投资手段要合法，拿捏不准，可能触犯行贿罪、诈骗罪、虚开增值税专用发票罪等。2014~2016年常熟检察院共审查起诉非法吸收公众存款案9件、非法经营案10件、虚开增值税专用发票案26件、行贿案（包括行贿罪、单位行贿罪、对非国家工作人员行贿罪）11件、涉企诈骗案（包括诈骗罪，合同诈骗罪，保险诈骗罪，骗取贷款、票据承兑、金融票证罪）23件等，这些罪名都是企业经营过程中可能遇到的投资风险，非公企业主应尽量避免。

2. 管理风险

成规模的非公企业需要严格的内控管理制度、多样的管理方式来形成企业内部良好的工作秩序，营造良好的企业文化，以求得企业更好的发展。笔者认为要防范刑事犯罪，非公企业应着眼于三块内容的管理：对管理层人员的管理、对普通员工的管理以及对企业财物的管理。

首先，管理层人员有实施职务犯罪的天然条件，在企业中掌握着主管、管理或者经手本单位财物的权力，或者在企业运营中具有审批权或者决策权，包括企业法定代表人、总经理、项目经理、财务主管，实际生活中还包括会计、采购等。容易触犯的罪名涉及职务侵占罪、挪用资金罪、行受贿罪等，2014~2016年常熟检察院审查起诉职务侵占案31件、挪用资金案14件、拒不支付劳动报酬案20件、非国家工作人员受贿案13件，这些罪名的犯罪主体一般都具有相应的职务。

其次，对企业普通员工的管理，主要针对一些常见的犯罪，如故意伤害、寻衅滋事、盗窃等案件的犯罪嫌疑人具有共通的特征即文化程度偏低、思想道德教育缺失、法律意识淡薄、"哥们儿"义气重。同时，应注意普通员工利用自己工作的职务便利侵吞公司财物。2014~2016年的数据显示，非公企业中担任采购、仓库保管员、保安、客服等工作的人员也可能侵占公司财物，进而触犯职务侵占罪。如 2014 年常熟检察院审查起诉的陆某某职务侵占案。2013 年 4 月，陆某某进入隆力奇公司担任电子商务部客服，在其工作期间，发现隆力奇公司的电脑系统存在漏洞，其可利用自制订单的权限，制作虚假订单侵占公司货品。于是从 2013 年 12 月 18 日开始，陆某某利用职务之便，以上述方法制作虚假订单多次将隆力奇公司的各种蛇粉、冬虫夏草、钙片、华清丹等货品发往其控制的地址，或发往其个人客户处，以达到侵占上述货品的目的。经隆力奇公司统计，至 2014 年 7 月，陆某某采用上述方法共计侵占公司零售价格 91654.58 元的货品。

最后，除了对人的管理，也要重视对企业财物的管理，包括有形资产和无形资产。除了要避免企业账上的财物被职务侵占、挪用外，还要加强对企业生产设备、零部件、原材料以及宿舍财物安全的管理。此类财物关系到企业的生产经营、员工的切身利益，对企业的发展起着重要作用。2014~2016 年常熟检察院共审查起诉涉及常熟某电脑公司的盗窃案件 34 件。该数据足以显示，该电脑公司在财物安全管理上有所疏忽，这一非偶然的现象并未得到企业管理层的重视，特别是企业宿舍区的人员进出登记管理、门锁等设备更新管理都存在漏洞和隐患，导致此类案件频发。

企业加强对无形资产的管理，特别是对虚拟财产的密码管理、对产权凭证的保管，是为了应对现代社会计算机网络发达新形势下的侵犯企业无形资产的刑事犯罪。2016 年常熟检察院审查起诉一起非法获取计算机信息系统数据案。2015 年 10 月，被告人曹某某伙同他人通过收集苏州××服饰有限公司法定代表人龚某某身份信息、伪造龚某某身份证、伪造龚某某手持身份证的照片，在中国××网站上采用申诉的方式非法获取密码，擅自将被害人龚某某在××网注册的域名 www.6666.cn 绑定的手机号和邮箱及密码进行修改，控制该域名账户，并于 2015 年 10 月 20 日以人民币 60 万元的价格出售从中获利。该案件的发生暴露出企业对无形资产的失控，虽拥有但不经常使用、维护、保管，导致犯罪嫌疑人有可乘之机。

3. 安全风险

"生命价值大过一切"。据不完全统计，2013 年至 2016 年 8 月，常熟市

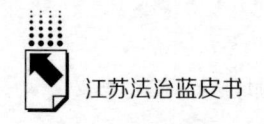

共发生安全生产事故150件左右,造成人员死亡和重大经济损失,严重危害经济社会健康发展。其中重大劳动安全事故罪、重大责任事故罪案发比例高,2014~2016年常熟检察院审查起诉重大劳动安全事故案12件、重大责任事故罪2件,多发于生产用房建设、起重吊装作业和生产线作业过程中,造成严重伤亡后果。在企业生产过程中,安全生产设施或者安全生产条件不符合国家规定,因而发生重大伤亡事故或者造成其他严重后果的,对直接负责的主管人员和其他直接责任人员要追究刑事责任。特别是在政府重视企业消防安全的当口,企业主更要承担起相应的责任,配备相应的人员和设备,并安排专人定时查看相关设备设施,培训企业操作人员安全知识,及时更新维护保养工具,最大限度地避免此类安全事故的发生。

二 涉及非公有制企业犯罪的发案原因分析

(一)企业自身原因

1. 利益至上主义盛行,道德观念弱化

改革开放以来,随着拜金主义、享乐主义思潮的涌入,追求经济利益逐渐成为个人或企业奋斗的目标。部分非公企业主为追求企业利益忽视了对自身及员工的道德教育,特别是职业道德教育缺失,导致人生观、价值观、世界观产生偏差,为了利益不惜践踏法律,不惜破坏环境,不惜损害社会公众利益。如2016年王某某污染环境罪,犯罪嫌疑人王某某(半文盲)2014年9月以来在其经营常熟市辛庄镇张桥集镇望虞河边无名印刷作坊期间,未经批准,私自开设电镀车间非法进行电镀加工,并将电镀作业过程中产生的废水在未经任何处理的情况下,通过私设的管道直接排放至外环境,对周边环境造成了严重的损害,最终常熟法院以污染环境罪判处王某某有期徒刑10个月,并处罚金。

又如刘某某生产、销售有毒有害食品案,2016年3月初至5月12日,犯罪嫌疑人刘某某在制作麻辣烫的原料内添加罂粟壳熬制汤料,并在常熟市支塘镇何市桂村大街自己经营的"××麻辣烫店"向顾客出售。2016年5月12日被当场查获。最终常熟法院以生产、销售有毒有害食品罪判处刘某某有期徒刑一年六个月，缓刑三年，并处罚金。

2. 缺乏法律认知，法律意识淡薄

某些非公企业主及员工自身文化水平不高，对法律的认知不深，对违法犯罪没有清晰的概念，缺乏辨别罪与非罪的能力。对自身触犯法律的行为毫无感知，甚至不认为是犯罪。如朱某某非法吸收公众存款案，2007~2012年，犯罪嫌疑人朱某某以购买设备、公司验资、生产经营、合伙经营房产、周转银行贷款等理由为名，通过他人以口口相传的方式介绍，并以年息10%甚至月息4.5%的高息为诱饵，先后向王某、李某某等17名社会不特定公众吸收存款达1.4966亿元。截至案发之日，犯罪嫌疑人朱某某造成上述17名报案人1.978亿元的经济损失。最终常熟法院以朱某某非法吸收公众存款罪判处其有期徒刑11年，并处罚金。其对罪与非罪的界限模糊不清，误将自己非法吸收公众存款的行为认为是普通的民间借贷行为，通过口口相传的方式向社会不特定对象而非特定的亲朋好友吸收巨额资金并造成投资人巨大损失，也扰乱了市场经济秩序。

又如陈某职务侵占案，犯罪嫌疑人陈某系某汽车技术公司法定代表人，名校研究生学历，亦有高校教师和上海名企汽车技术研发工作经历，属于技术型高知人才，陈某在2015年4~6月担任某汽车技术公司法定代表人、总经理期间，利用职务之便，分五次向中国石化销售有限公司浙江绍兴分公司购买汽油累计290吨，并由该汽车技术公司支付绍兴石化公司油款219.4万元人民币。陈某在购买汽油后即以低于购买价8%的价格通过绍兴市捷诚运输公司经营者谢某在外地销售，销售油款总计207.56万元，其中201.842万元资金分六次转账到达陈某的个人银行账户内，后由陈某用于个人各项开支。此举造成该汽车技术公司经济损失219.4万元人民币。通过案件可以发现，一方面该公司财务管理混乱，财务支出缺乏监督制约，个人账户和公司账户混为一体，给犯罪嫌疑人可乘之机；另一方面，该起案件凸显出汽车科技领域专门型技术人才法律意识淡薄，对公司法人的独立性包括财

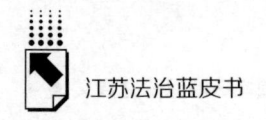

产的独立性、责任的独立性等基本法律知识缺乏认识，故而将个人与公司财产混为一谈。

3. 规章制度不健全、落实不到位，管理存在漏洞

因企业规模小、人员少，部分企业主学历较低，主要靠个人独立自主经营或家庭成员共同拼搏经营，企业主凭自己的意志做事，权力高度集中，因而中小个私企业忽略了内部制约制度的建立和完善。即使是有规章制度的大中型非公有制企业，也存在不按制度办事、随意性和滞后性明显等现象。如2016年常熟××电子有限公司（常熟××科技有限公司）5名员工受贿案件，发案集中在采购部门，犯罪表现均是利用自己负责采购的职务之便，借用他人的银行卡或支付宝收取供应商的贿赂款，犯罪数额自10多万元至40多万元不等。该企业的采购部门多人案发，体现出该企业在采购监管上的缺位和规章制度的缺失。

（二）社会外部原因

1. 体制机制不合理，给权力寻租提供了机会

行政管理手段与市场调节手段并存。市场经济活动本应由市场来调节，然而在实际生活中，存在过多行政审批环节，政府部门"简政放权"有待加强。市场资源有限，政府部门在市场经济中有太多的裁量权和决定权，选择性地分配资源，无形中增大了政府某些职能部门的权力和特权，为权力寻租打开了方便之门，故而行受贿现象屡禁不止。

2. 部分行业潜规则根深蒂固，行业协会监管疲软

在激烈的市场竞争中，由于企业的产品或服务同质化现象严重，部分行业形成了自己的"潜规则"。这些"潜规则"为本行业的企业主知晓，新进企业只得跟风以获取同行业其他企业主的认可，而这些"潜规则"大都建立在利益输送的基础上。行业协会本应向本行业企业灌输正确的价值导向，然而在实际生活中，行业协会重视行业经济利益的发展，忽视了道德、法律层面的规范和引导，更有甚者，仅有行业协会虚的名头，而无任何具体工作的开展，失去了存在的价值。

3. 缺乏必要的法律宣传手段，行政司法机关惩处力度不够

一方面，政府重视对国家工作人员职务犯罪的预防，而对预防非公企业常见犯罪的宣传力度不够，法治理念未在全社会盛行，企业主和普通就业群众缺乏对法律的重视。另一方面，行政司法机关惩处力度不够，不能起到应有的威慑作用。在办案中，重对受贿人的打击，轻对行贿人的查处，常常对提供证据的行贿人采取"放一马"的做法。这就造成许多企业主违法的成本不高，使之行贿无所顾忌。

三　预防非公企业内部人员犯罪的对策建议

1. 加强思想道德教育，提高非公企业整体法治意识

充分发挥行业协会或工商联的优势地位，组织非公企业主加强学习交流，借助此平台大力开展普法教育，让非公企业主及员工学法、懂法、守法、敬法，对自己的行为属性有正确的认识，提高运用法治思维和法治方式处理问题的能力。加强警示教育，坚持用身边的事教育身边的人，将典型案例作为反面教材开展警示教育，增强警示教育的说服力和震撼力，使其常怀敬畏之心。加强思想道德教育，特别是职业道德教育，规范并引导其树立正确的世界观、人生观和价值观，进而形成正确的权力观和利益观，自觉抵制拜金主义、享乐主义的侵蚀，从思想上筑起预防犯罪的坚固防线。同时，不能忽视对企业流水线上工作的普通员工的思想教育、法制宣传，只有平等对待企业员工，引导每一位员工身心健康发展，才能增强企业的凝聚力，提升员工的责任感，从而尽可能减少企业内部员工的犯罪概率。

2. 及时修复"破窗"，建立并完善企业内控制度，有效加强监管

"破窗理论"是由美国政治学家威尔逊和犯罪学家凯琳观察总结得出的，该理论主要说明两点，一是人都会有潜意识的模仿、跟从习惯，二是细节的重要性。非公有制企业要得到长足发展，一方面，加强监管，要坚持防范在先，对违纪违法的苗头性、倾向性问题，早打招呼，早提醒，涉及犯罪的要及时移送司法机关，杜绝企业其他人员的跟风行为，及时修复企业

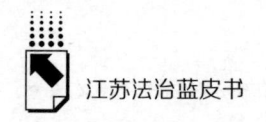

"破窗"，促进企业良性发展。另一方面，要重视细节，针对暴露出来的薄弱环节，在管理制度上查漏洞，在体制机制上找问题，围绕重点环节建章立制，在人员任用、物资、财物、仓管及销售方面建立严格的规章制度，形成用制度管权、按制度办事、靠制度管人的制度机制。

3. 加强企业风险管理，建立并完善风险控制措施，为企业规避日常风险提供保障

风险控制措施一般包括"不相容职务分离控制、授权审批控制、会计系统控制、财产保护控制、预算控制、运营分析控制和绩效考评控制"。不相容职务分离控制要求企业全面系统地分析、梳理业务流程中所涉及的不相容职务，实施相应的分离措施，形成各司其职、各负其责、相互制约的工作机制，并完善投诉渠道。非公企业可以参照《企业内部控制应用指引》创建符合本企业发展的风险管控运行模式，将风险降至最低。

4. 政府深化行政审批制度改革，坚决打击不法行为

非公有制经济的健康、有序发展有赖于政府的支持和引导。行政审批制度是腐败滋生的土壤，也是权力寻租的空间。政府要深化行政审批制度改革，最大限度地取消行政审批事项，对于市场机制能调节的经济活动，应取消审批，对于保留的行政审批事项要规范管理、明确监管主体、明晰权责，提高监管效率。对危害非公企业发展的不法行为（如假冒伪劣、不正当竞争等）要专项治理、坚决打击，以维护正常的市场经济秩序，依法保护企业正当的生产经营行为不受侵害。

5. 社会要创造良好的服务环境和经营环境，引导良性市场竞争秩序的形成

对于遵纪守法、诚信经营、符合政策导向的中小企业，从税收政策、政府采购、项目发包等多方面给予支持。可以借鉴国际上通行的根据企业财务、经营等状况将企业分为若干等级的做法，考虑由政府出面与银行业协商，在金融系统现有"个人征信系统"基础上，将中小企业、企业主的信用录入相应系统，对信用等级高的企业、企业主在融资、税收、招投标等活动中优先考虑，对有违法犯罪行为的企业，要从资格准入、信用资质等方面予以限制，在市场竞争中真正实现奖优罚劣，引导良性市场竞争秩序的形成。

四 检察机关立足职能，服务和保障非公有制经济发展

作为守卫公平正义最后一道防线的司法机关，检察机关不断拓展在非公有制经济领域的检察职能，创新方法方式，为更好地服务和保障非公有制经济发展不断努力。

（一）立足检察机关职能，严厉打击侵害非公有制企业犯罪

检察机关应充分发挥诉讼监督、职务犯罪侦查等各项职能，通过严厉打击合同诈骗、职务侵占、非法经营等破坏市场秩序的刑事犯罪，加大对严重侵犯知识产权犯罪的打击力度，惩治破坏创新创业的经济犯罪，查处国家工作人员利用职务之便向企业索贿、受贿等危害市场经济管理的职务犯罪等手段，提高非公企业职务犯罪、侵害非公企业犯罪成本，震慑意图违法者的侥幸心理，从而营造稳定、诚信、清廉的经济发展环境。

在坚决打击犯罪的同时，认真落实办案风险预警机制，坚持贯彻落实"三个慎重"原则。"三个慎重"原则即慎重采取拘留、逮捕等人身强制措施，慎重查封、扣押、冻结涉案非公企业财产，慎重发布涉及非公企业案件的新闻信息，最大程度地保护非公企业正常的经营活动。如2016年常熟检察院办理的徐某某行贿一案，按照信息公开规定进行案件信息公开发布时应当公开犯罪嫌疑人身份职务信息，考虑到徐某虽然身为某企业法人代表，但其行贿的犯罪事实为个人犯罪行为，最终将企业名称隐去，将办案工作对非公企业的影响降到最低。

（二）扩展预防检察职能，提升非公经济领域犯罪预防实效

检察机关在打击、预防传统职务犯罪的同时，应加强对预防非公经济领域职务犯罪的宣传教育工作，在服务和支持非公经济发展的过程中真正实现"职务犯罪预防也出生产力"。检察机关预防部门延伸预防触角，借助熟悉法律、掌握案件特点及规律的天然优势，通过加强与公诉部门的沟通联系，

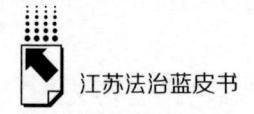

畅通案件信息交流渠道，及时获取非公经济领域犯罪的最新特点、趋势，在非公经济领域开展专业化、制度化、系统化以及有针对性的犯罪预防工作。特别要重视对企业管理人员、重点岗位人员的犯罪预防宣传，将宣传落到实处，使宣传取得实效，在非公有制经济领域建立不想犯罪的思想防线、不愿犯罪的职业道德防线、不敢犯罪的守法防线，从源头上遏制和预防非公有制经济领域职务犯罪的发生。

（三）建立外部协作机制，拓宽非公经济领域犯罪预防影响力

通过建立与工商联、科技局等政府部门以及当地高校、各商会和行业协会等社会组织的外部协作机制，加强沟通合作，利用座谈会、联席会议、案例剖析会、讲座等形式，及时了解全市企业发展情况，精准把握各行业各类司法需求，有针对性地开展普法宣传和预防宣传活动。同时，通过设立检企合作领导小组、出台检企合作实施办法等方式加大检企合作深度和广度，将法治理念逐渐渗透至企业内部。同时利用检察机关派驻检察室，采用一对多的模式，由检察官为当地非公企业提供免费的法律服务，指导企业预防工作开展，从而扩大非公经济领域犯罪预防影响力。

B.8
苏南国家自主创新示范区
科技创新法治保障状况

焦克 杨亮*

摘　要： 加强苏南国家自主创新示范区建设是推动苏南经济发展转型升级的重要举措，在中央和地方政府的有效规划下，科技创新立法、执法和司法发挥了积极的法治保障作用，苏南国家自主创新示范区的自主创新能力、创新创业能力和区域统筹能力都得到了进一步增强。但仍存在法规建设滞后、执法主体缺失、执法责任意识不强和执法人员法治素养欠缺等问题。有必要加强苏南"自创区"法规建设，创新执法机制体制，提升执法人员法治素养。

关键词： 苏南"自创区"　科技创新　法治保障

2014年10月，国务院批准南京、苏州、无锡、常州、昆山、江阴、武进、镇江等8个高新技术产业开发区和苏州工业园区建设苏南国家自主创新示范区（以下简称苏南"自创区"），总规划面积140.24平方公里。苏南"自创区"的战略目标定位为：创新驱动发展引领区、深化科技体制改革试验区、区域创新一体化先行区和具有国际竞争力的创新型经济发展高地，到2020年成为世界一流的高科技园区，引领其他国家高新区和区域经济社会

---

* 焦克，无锡市人民政府法制办公室调研员，法学硕士；杨亮，无锡市人民政府法制办公室处长，法学硕士。

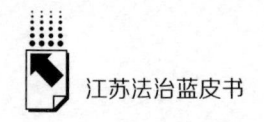

的发展。加快推进苏南"自创区"建设,是适应我国经济发展新常态、推进创新驱动发展战略的客观要求,也是推动苏南经济发展转型升级的必然选择。本文以苏南"自创区"建设发展为切入点,以无锡苏南"自创区"科技创新为着力点,研究分析苏南"自创区"的科技创新法治保障问题,助推苏南"自创区"建设发展。

一 苏南"自创区"科技创新特色与成效

为加快推进苏南"自创区"建设,2015 年初,国家科技部制定出台《苏南国家自主创新示范区发展规划纲要(2015 – 2020 年)》。为贯彻落实国务院加快推进苏南"自创区"建设的战略部署,2015 年底,江苏省政府制定出台《关于建设苏南国家自主创新示范区的实施意见》,重点组织实施提升自主创新能力"六大行动"、推进深化改革"五项试点"和统筹推进区域创新一体化"六项举措"。2016 年苏南"自创区"全社会研发投入占地区生产总值的比重达 2.81%,每万人发明专利拥有量超过 30 件,科技进步贡献率达到 62%;2016 年,苏南 8 个国家级高新技术开发区和苏州工业园区实现营业收入 2.8 万亿元,固定资产投资额达 5375 亿元,工业企业实现利税 2755 亿元,同比增长 19.9%;实现财政收入 2976 亿元,同比增长 40%;实现高新技术产业产值 3.7 万亿元,规模以上工业产值超过 45%,苏南"自创区"建设初见成效。

(一)自主创新能力进一步提升

着力建设创新核心区,推进创新资源集聚,建设形成了独墅湖科教创新区、苏州科技城、无锡太湖国际科技园、常州科教城、宜兴环科园、江宁高新园等一批集知识创造、技术创新和新兴产业培育为一体的创新核心区,苏州工业园区纳入"世界一流高科技园区"建设试点,国家创新型科技园区和创新型特色园区达 8 家;着力培育创新型企业集群,实施科技企业"小升高"计划和科技企业上市培育计划,引导和支持中小企业开展技术、商业模式和管理创新,推动科技中小企业向高成长、新模式和新业态转型,高新技术企业达7723家,占全省的71%,在境内上市或在"新三板"挂牌企业总数达856家,企业研发机构建有率超过88%。着力发展高附加值创新型产业,实施产业前瞻技术创新和重大科技成果转化专项,培育纳米等7个国家创新型产业集群试点,高新技术产业产值占规模以上工业的比重达45%。着力推进大众创业、万众创新,采取政府购买服务等方式,引导社会力量新建155家众创空间,建立2500人的创业导师队伍,搭建江苏科技创业大赛、苏南全球创客马拉松赛等平台,科技企业孵化器达395家,孵化面积达2064万平方米,在孵科技企业超过2万家。

(二)创新创业能力进一步增强

抢抓苏南"自创区"先行先试红利,重点推进了一批改革试点。建设江苏省产业技术研究院,江苏省政府出台《关于支持省产业技术研究院改革发展若干政策措施》,试行"科技成果转化收益可自行处置""允许教师、科研人员来院兼职""研发专项资金可用于人才基本薪酬"等10条突破性政策,实施一所两制、合同科研、项目经理、股权激励等改革举措,28家会员研究所累计实现技术成果转移转化1000余项,合同科研金额近6亿元,衍生孵化科技型企业260家。推动中关村"6+4"政策在苏南尽快落实落地,在苏南"自创区"率先开展"千人万企"专项服务行动,近1000名技术人员享受到中关村税收试点政策,2016年苏南"自创区"内近万家企业享受科技税收减免达210亿元。开展区域创新试点,启动实施"创业中国"苏南创新创业示范工程,苏州工业园区开放创新综合试验获国务院批复,无锡、苏州高新区和苏州工业园区的3个示范工程成为国家高新区创新驱动发展示范工程,苏州、江阴、武进等5个高新区入围国家科技服务业区域试点,南京国家科技体制综合改革试点城市建设加快推进,启动常熟市县域创新体制综合改革试点工作。推进苏南人才管理改革试验区建设,出台21条苏南人才新政。新增国家"千人计划"人才112人,其中创业类人才占全国的27.6%。推进苏南科技金融合作示范区建设,江苏省政府与苏南宁、

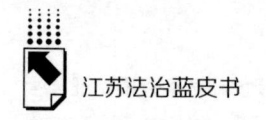

镇、苏、锡、常五市共建科技金融风险补偿资金池,新建一批科技金融机构,创投机构管理资金规模达1800亿元。

(三)区域统筹能力进一步推进

江苏省委、省政府制定出台《关于加快建设具有全球影响力的产业科技创新中心的意见》,加强苏南"自创区"建设一体化部署。统筹重大科技基础设施建设,启动建设未来网络小型试验网、纳米真空互联实验站、国家超算无锡中心等一批重大科技创新平台和苏南国家技术转移中心等跨地区科技服务平台。统筹区域产业发展,立足比较优势和发展基础,明确高新区"一区一战略产业"的特色定位,加强统筹布局和协同发展,重点支持每个高新区培育发展一个特色战略产业,构建分工协作、优势互补的产业链条,南京未来网络、无锡物联网、常州智能装备、苏州纳米技术、镇江战略新材料等形成先发引领优势。建设纳米技术、智能装备等6个产业技术创新中心,积极构建产业技术创新共享平台,加强产业技术创新协同联动。统筹工作组织推进,江苏省政府与苏南宁、镇、苏、锡、常五市和8个国家高新区均成立了领导小组及"一站式服务中心",形成了上下联动、有机衔接的工作推进机制。

二 无锡苏南"自创区"科技创新的法治保障特点

近年来,无锡市委、市政府认真贯彻落实国家和江苏省委、省政府加快推进苏南"自创区"建设决策部署,紧紧围绕苏南国家自主创新示范区建设的总体目标,深入实施创新驱动发展战略,全面提升科技、人才和产业的核心竞争力,加快形成"一区三核多特"("一区"指国家传感网创新示范区,"三核"指无锡国家高新技术产业开发区、江阴国家高新技术产业开发区和宜兴环保科技工业园,"多特"指辐射到各市(县)区的特色高科技产业园区基地)的创新发展新格局。截至2016年底,无锡苏南"自创区"全社会研发费用占地区生产总值的比重达到2.82%、科技进步贡献率达到

63%；高新技术产业产值占规模以上工业总产值的比重达到43.4%；每万人有效发明专利拥有量达到31件；创新工程水平保持全省第二，全市共获得国家科学技术奖励4项，国家专利奖9项，省科学技术奖励33项，省国际科学技术合作奖1项，无锡苏南"自创区"在推动无锡市自主创新、调整经济结构、转变发展方式等方面发挥了示范和引领作用。

（一）科技创新制度不断完善

无锡市政府制定出台《无锡市"十三五"科技创新规划》、《关于深入实施创新驱动发展战略建设苏南国家自主创新示范区三年行动计划（2015—2017年)》和《无锡苏南国家自主创新示范区建设工作要点》，无锡市科技局配套出台技术研发、技术创新、成果转化、创新能力等各项管理制度，制定出台《无锡市企业院士工作站实施细则》《无锡市新兴产业创业领军人才实施细则》，统筹谋划推进无锡苏南"自创区"的培育发展战略性新兴产业、培育引进科技创新创业人才、重大科技创新成果转化、科技创新投融资政策保障等重大举措，为推进无锡"自创区"建设发展提供制度支撑。

（二）企业创新能力不断增强

无锡苏南"自创区"加强培育企业科技创新能力建设，创新成果不断涌现，在2016年国家创新大会上，与无锡市企业贝瑞森公司合作的杨森教授获得国家国际科学技术合作奖；无锡市第三人民医院获国家科技进步一等奖；兴澄特钢公司与东南大学联合开发"高品质特殊钢大断面连铸关键技术和装备"，打破国际垄断，荣获国家科技进步二等奖。无锡苏南"自创区"企业专利创造能力进一步提升，2016年企业专利申请量和授权量分别达到71673件和29865件，企业专利申请和授权占比分别达77.58%和70.27%；发明专利申请量达到32610件，同比增长34.77%；万人有效发明专利拥有量达31.43件，同比增长23.89%；PCT专利申请量371件，同比增长40.53%；评出第九届无锡市专利奖20项，累计新增销售近80亿元；企业自主创新能力进一步增强，企业新承担国家和省各类科技项目382项，到位国家和省专项科技资金5.67亿元,实施科技计划项目320项;积极落实各项科技政策,年度减免各类税收超过44.46亿元,涉及企业2662家,其中,775家高新技术企业享受所得税减免额27.75亿元,1354家企业获研发费用加计扣除减免额8.58亿元,515家软件或集成电路企业减免税7.92亿元;无锡苏南"自创区"鼓励企业加快研发机构建设,2014~2016年累计建成国家级企业工程技术研究中心10家,大中型企业研发机构有效建有率达到84.7%,全社会研发投入达到246亿元,同比增长4%,企业研发经费占销售收入的比重达到1.62%。高新产业实现产值6548.72亿元,占规模以上工业产值的比重达到43.4%;无锡苏南"自创区"深入实施高新技术企业培育计划,高新技术企业达到1638家,省级民营科技企业3119家。建设大数据、物流装备与物联制造、数字影视等产业技术创新战略联盟,支持企业成为科研组织管理的主体。无锡苏南"自创区"通过实施成果转化和产业化项目,先后涌现出博一光电、先导智能、路通视讯、信捷电气、派克重型、宁寿医疗、华东重机、银邦铝业等一批科技"小巨人"企业。2016年,无锡苏南"自创区"14家企业跻身首批江苏省百强创新型企业,无锡顶点医疗器械有限公司获第四届江苏科技创业大赛一等奖。

(三)科技创新人才不断集聚

为集聚更多科技人才加快推进无锡苏南"自创区"建设发展,无锡市政府出台《关于实施"太湖人才计划"打造现代产业新高地的意见》,鼓励无锡苏南"自创区"企业引进国内外顶尖人才。远景、羿飞、元亮、第六元素、飞而康等400余家高层次创业人才企业引领并推动了所在地区现代装备、光电制造、新材料、3D技术、文化产业、干细胞研究等新兴产业的集聚和发展。2016年无锡苏南"自创区"科技创业领军人才企业实现销售收入260.7亿元,同比增长9.2%;缴纳税收15.7亿元,同比增长42.7%;销售收入超亿元企业22家,超千万元企业171家。科技创业领军人才企业创新研发能力日益增强,近年来,346家科技创业领军人才企业共获各类市级科技计划项目715项。无锡苏南"自创区"鼓励无锡市各类科技园区、产业基地围绕特色战略产业的培育和发展，打造产业创新中心，加快国家超级计算中心、传感网工程技术研究中心、宜兴环保产业技术研究院、江阴新型功能材料产业研究院等重大创新载体建设，引领区域产业创新发展。建设国家生态工业示范园区，锡山高新区经省政府批复启动筹建，宜兴官林、滨湖山水城申报省高新区获受理，全市共有国家知识产权试点园区3个，省知识产权示范园区12个。除无锡太湖国际科技园、宜兴环科园和江阴滨江科技城等3个核心区之外，将超大规模集成电路产业园、新能源电动车产业园、数字信息产业园区等25个特色园区纳入规划，示范区面积扩充到113平方公里，实现无锡市各区域的全面覆盖。建成国家超级计算无锡中心，"神威·太湖之光"蝉联世界最快超级计算机并获得超级计算领域的诺贝尔奖——戈登贝尔奖，无锡苏南"自创区"累计建设国家级特色产业基地21个，涵盖物联网、新材料、环保装备、生物医药、特种冶金、集成电路等高新产业领域。

（四）科技执法力度不断加大

近年来，无锡苏南"自创区"积极开展科技创新执法维权"护航"行动，共开展知识产权执法维权"护航"专项执法检查29次，其中联合执法10次，检查流通领域卖场43家，检查商品6747件。假冒专利立案量578件，结案率达到100%，行政处罚11件。专利侵权纠纷案立案31件，同比增长55%，结案29件，结案率93.5%；网上巡查电子商务企业17家，共巡查电商企业的相关商品125件，涉及小家电、五金电工、日用品、健身器材等，其中发现存在涉嫌销售、许诺销售假冒专利的商家4家、相关商品46件，其中立案查处28件，行政警示5件；完善商标行政执法与司法的衔接机制，加大涉嫌犯罪案件移交工作力度，无锡苏南"自创区"先后与无锡市中级人民法院知识产权庭、无锡市人民检察院召开商标疑难案件研讨会，通过沟通协商，明晰了商标侵权的法律原则，统一了案件认定标准；集中开展了出版物市场集中整治行动，共出动检查执法人员15568人次，查缴侵权盗版等非法出版物7000余册，音像制品949张（盘）；加强执法联动，

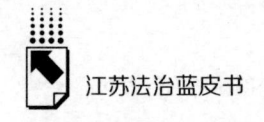

通过媒体网站等平台公布案件投诉电话、电子信箱及联系人等投诉举报方式，不断完善"12390""12318"投诉机制和健全著作权侵权投诉举报受理机制，实现反盗版快速反应工作态势。

（五）科技创新司法保护不断加强

近年来，无锡苏南"自创区"不断加大企业自主创新知识产权的司法保护力度，无锡公安机关持续严打侵犯知识产权和制售伪劣商品犯罪。通过追源头、毁网络，先后破获一批大要案件，摧毁一批犯罪团伙，捣毁一批犯罪窝点。全市共立侵权假冒案件135起，破获92起，抓获犯罪嫌疑人234名，移送起诉126名，捣毁假冒伪劣犯罪窝点43个；构建知识产权立体保护检察模式。无锡检察机关共监督行政机关移送3件，监督公安机关立案2件，批准逮捕知识产权犯罪案件14件17人，提起公诉16件40人；无锡法院全面加大知识产权司法保护力度。共受理各类知识产权案件1371件，同比上升27.18%；审结1177件，结收案率达85.84%。

三 无锡苏南"自创区"科技创新法治保障的主要问题

虽然无锡苏南"自创区"科技创新创业取得了一些成绩，但与苏南"自创区"目标要求相比，还存在一些问题，主要表现为如下方面。一是法规建设滞后。苏南"自创区"法律地位不明确，对引领推动苏南"自创区"建设发展的支撑力度不够。二是执法主体缺失。无锡苏南"自创区"内的高新技术开发园区系市、市（县）区政府的派出机构，随着"自创区"的规模提升、面积扩大、人口增多，很多高新园区的工作职能和任务已基本与市（县）区相当，逐渐形成"小马拉大车"的局面，同时高新园区的管理体制机制一直不够清晰，行政执法权限较为缺失，直接影响高新园区的开发建设。三是执法责任意识淡薄。目前部门延伸到无锡苏南"自创区"高新园区的执法方式，一般采取委托或派驻，其中委托执法方式导致被委托执法人会认为执法和自己关系不大，缺乏责任感；而派驻执法方式，各部门相互之间缺乏配合，出现"单打独斗",无法形成执法合力,容易导致执法人员推诿扯皮、乱作为、不作为。四是无锡苏南"自创区"部分领导干部科技法治素养不高,科技法治队伍力量不足,直接影响科技创新执法水平的提升。这些问题严重制约了苏南"自创区"的科技创新和建设发展,需要认真加以解决。

四 加强苏南"自创区"科技创新法治保障的对策建议

苏南"自创区"的科技创新法治保障,关系到苏南"自创区"建设发展的成败。为此,我们要紧紧围绕江苏省委、省政府提出的"聚焦富民、聚力创新,高水平全面建成小康社会"奋斗目标,加快实施科技创新驱动战略,加快推动经济发展转型升级,引领推动江苏经济发展新常态,为苏南"自创区"科技创新创业提供有力的法治保障。

(一)加强苏南"自创区"法规建设

加强制度建设是推进苏南"自创区"建设发展的重要保障。一是要加快制定地方性法规。建议江苏省人大常委会加快制定《江苏省苏南自主创新示范区条例》,明确苏南"自创区"的法律地位,建立健全自主创新的体制机制,突出企业创新主体地位,加强科技人才队伍建设,促进政产学研相结合,推动科技成果转化和产业化,为苏南"自创区"建设提供法制保障。二是要加快完善配套制度建设。南京、镇江、常州、无锡、苏州等五个设区的市的人大常委会和政府要充分运用法律赋予的地方立法权,结合本地实际,分别制定有关苏南"自创区"科技创新创业的配套地方性法规、政府规章和规范性文件,形成以地方性法规为支撑、以政府规章为配套、以规范性文件为补充的苏南"自创区"科技创新创业制度体系,引领推动苏南"自创区"建设发展。三是要加强立法协调。南京、镇江、常州、无锡、苏州五市的人大常委会和政府在制定苏南"自创区"科技创新创业的相关地方性法规、政府规章和规范性文件过程中,要加强立法协调,及时沟通立法信息,相互了解立法动态和立法情况,互相借鉴立法成果。四是要加强备案

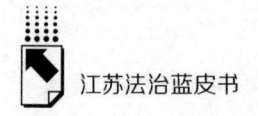

审查。江苏省人大常委会和省政府要加强对南京、镇江、常州、无锡、苏州等五市相关苏南"自创区"科技创新创业的地方性法规、政府规章和规范性文件的备案审查,防止地方保护、互相抄袭和重复立法,维护法制统一。五是要加强法规清理。要尽快组织开展对涉及苏南"自创区"科技创新创业的地方性法规、政府规章和规范性文件的清理,破除苏南"自创区"科技创新创业的体制机制障碍,使制度建设与苏南"自创区"建设发展相适应。

(二)加强科技创新法治保障

苏南"自创区"涉及江苏省内5个市8个高新技术开发区,理顺科技创新执法体制机制尤为重要。一是要推进简政放权。要加快对苏南"自创区"行政权力事项进行全面清理,严格落实行政权力清单、负面清单、投资管理负面清单制度,加快推进"放管服"改革和相对集中行政许可权改革,实行"一枚图章管审批",规范权力运行,提升服务效能。二是要创新执法体制机制。要适应苏南"自创区"管理区域和管理内涵变化的新形势,对高新园区的机构设置、功能定位、体制机制等方面进行优化整合,进一步明确高新园区管委会的法律地位,赋予管委会机构行政执法权限,依法规范管理苏南"自创区"内各类主体的行为。三是要推进综合执法。加强顶层设计,推进苏南"自创区"执法队伍建设,优化整合高新园区内的执法力量,形成省、市、高新园区三级行政执法网络;加快推进园区知识产权领域的综合执法改革,下移行政执法重心,推进苏南"自创区"跨领域、跨地区、跨行业的综合执法改革,全面提升行政执法效能。四是要创新执法方式。要在苏南"自创区"行政执法中,积极推行"随机抽取检查对象、随机选派执法检查人员和抽查情况及查处结果及时向社会公开"的"双随机一公开"的执法公开制度,推进苏南"自创区"严格规范公正文明执法。五是要推动执法改革。要在苏南"自创区"先行先试"行政执法责任制度、全过程记录制度、重大行政执法法制审核制度"三项行政执法制度改革,形成可复制可推广的执法经验,打造公开、公正、公平的良好执法环境。六是要加强执法联动。要加快打造苏南"自创区"信息化执法平台，充分利用执法大数据，实现信息共享互通、执法联合联动，形成执法合力。七是要推进交叉执法。苏南"自创区"要定期组织开展交叉执法检查，遏制行政执法中的地方保护主义倾向，优化执法环境，维护公平正义。八是要加强专项执法。在苏南"自创区"内要定期组织开展保护知识产权的联合执法检查，严厉打击侵犯专利、商标、著作权等知识产权的各种违法犯罪行为，依法保护科技创新创业。九是要强化司法保障。建议将苏州中级人民法院的知识产权法庭升格为苏南自主创新示范区知识产权法院，跨地区受理管辖知识产权纠纷，加大对苏南"自创区"科技创新创业的司法保护力度。

（三）提升领导干部科技法治素养

提升苏南"自创区"各级领导干部的科技法治素养是推进苏南"自创区"法治化建设的关键。为此，要抓住领导干部这个关键少数，积极提升科技法治素养和依法行政能力。一是要加强科技学法用法。要紧扣苏南"自创区"建设实际，组织领导干部开展对《科技进步法》《促进科技成果转化法》等科技法规政策的学习，全面提升领导干部运用法治思维和法治方式推进苏南"自创区"建设发展和科技创新的能力。二是要完善科技法规测试制度。要对苏南"自创区"的领导干部开展任职前科技法规政策测试，测试不合格不得上岗任职，提高领导干部的依法行政和依法办事能力。三是要完善科技学法方式。要将科普和普法相结合，采取请进来、走出去的方式，定期邀请科技、法律专家学者为苏南"自创区"领导干部举办科技法律知识讲座，交流科技学法经验，开展科技纠纷以案释法等，进一步拓宽领导干部学法用法的视野和思路，全面提升领导干部的科技法治素养。

（四）加强科技法治队伍建设

推进苏南"自创区"科技法治化建设，队伍是基础，人才是关键，需要打造一支精通科技及其法规政策的高素质复合型人才队伍。为此，一是要加强科技人才培育。要整合江苏高等院校资源，建立知识产权学院，通过系

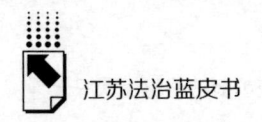

统学习科技和法律专业知识，为苏南"自创区"输送大批既懂科技又懂法律的高端复合型人才。二是要加强科技法治队伍建设。要加强苏南"自创区"科技法治队伍的正规化、专业化、职业化建设，严格落实科技执法人员的资格准入和持证上岗制度，增强队伍的科技法治素养，推进苏南"自创区"的严格规范公正文明执法。三是要提升科技法治化管理水平。要在苏南"自创区"全面推行法律顾问、公职律师和公司律师制度，充分发挥法律工作者在科技创新创业中的"法律智囊"和参谋助手作用，防范法律风险，为科技创新创业保驾护航。

法治调查报告

Rule of Law Investigation Reports

B.9
江苏省司法公正满意度法治调查报告

南京师范大学法学院课题组[*]

摘 要： 经问卷调查，2016年江苏省公民对司法公正的满意度总体情况良好，但是仍然有20%左右的受访者处于中间的摇摆状态；性别差异对于司法公正满意度总体上没有明显的影响；成年组对司法公正的满意度稍低于青少年组，充分信任度明显低于老年组；文化水平与司法信任度正相关，文化水平越高，司法信任度也越高；苏南地区对于法院审判活动持比较信任态度的人群占比最低，苏北次之，苏中地区最高；在影响我国司法公正的主要因素调查中，受访人群中认为"人情关系"是影响司法公正最主要因素的占比最大，其次是"法官素质"和"领导干预"，认为"社会

---

[*] 本文数据来源于南京师范大学法学院暑期课题调研小组的调查。

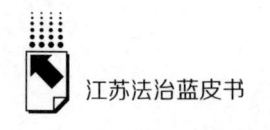

舆论影响"是主要因素的最少。

关键词： 司法公正　满意度　影响因素

2016年暑假期间，南京师范大学法学院组织在校生200人，就江苏省公民对司法公正的满意度问题进行了问卷调查。本次调查的对象为居住在江苏省内12～70岁的公民，个体总数近6000万人，分布在全省100个县（市、区）。① 为避免抽样过程中的人为误差，保证样本的代表性，本次调查采取概率抽样的方法；同时，针对总体规模特别大、分布范围特别广的特点，采用多段抽样的方式进行，共抽取20000人构成本次调查的样本。② 本次调查共发放问卷20000份，每个县（市、区）发放200份，回收问卷19723份，有效回收率98.6%。全部调查问卷资料由调查员核实后进行编码，由录入员输入计算机，运用SPSS软件进行统计分析。分析类型主要为单变量的描述统计和双变量的交互分类统计。

本次调查采用问卷法收集资料。问卷由12个问题构成。除了个人基本信息问题外，共设置了8个问题，试图了解受访对象对司法公正满意程度、对司法审判的信任程度、对司法审判的需求程度、对法律的认识程度，以及对司法审判的看法等问题。在对问卷进行统计分析的基础上，我们就江苏省公民司法公正满意度问题提交分析报告如下。

---

① 其中苏南地区包括南京市、苏州市、无锡市、常州市和镇江市，共41个县（市、区），苏中地区包括南通市、泰州市、扬州市，共20个县（市、区），苏北地区包括徐州市、连云港市、盐城市、宿迁市、淮安市，共39个县（市、区）。
② 抽样的具体步骤为：第一阶段，以100个县（市、区）为基础构成大群，每个大群分配200个样本；第二阶段，根据每个县（市、区）当地的城乡人口比例的统计数据，确定200个样本的城乡比例，并采取分层抽样的方式，将大群分为乡镇和街道两组单位，各组单位根据一定的特征或标志划分为若干类型，在各个类型中采取简单随机抽样的方法抽取10个次一级单位；第三阶段，在乡镇或街道中以简单随机抽样的方式各抽取4个行政村或社区；第四阶段，在各行政村或社区中采用简单随机抽样的方式各抽取5个样本。

一 司法公正总体满意度

问卷设置了"您对我国法院审判活动的基本评价"问题,共有5个回答选项:"绝大多数是公正的""多数是公正的""一半是公正的,一半是不公正的""多数是不公正的""绝大多数是不公正的"。5个选项对应的司法公正满意度为:"绝大多数是公正的",很满意;"多数是公正的",比较满意;"一半是公正的,一半是不公正的",基本肯定或不否定;"多数是不公正的",不满意;"绝大多数是不公正的",非常不满意或彻底否定。

从问卷统计看,41.0%的人选择了"绝大多数是公正的",39.2%的人选择了"多数是公正的",14.0%的人选择了"一半是公正的,一半是不公正的",4.3%的人选择了"多数是不公正的",1.5%的人选择了"绝大多数是不公正的"(见图1)。

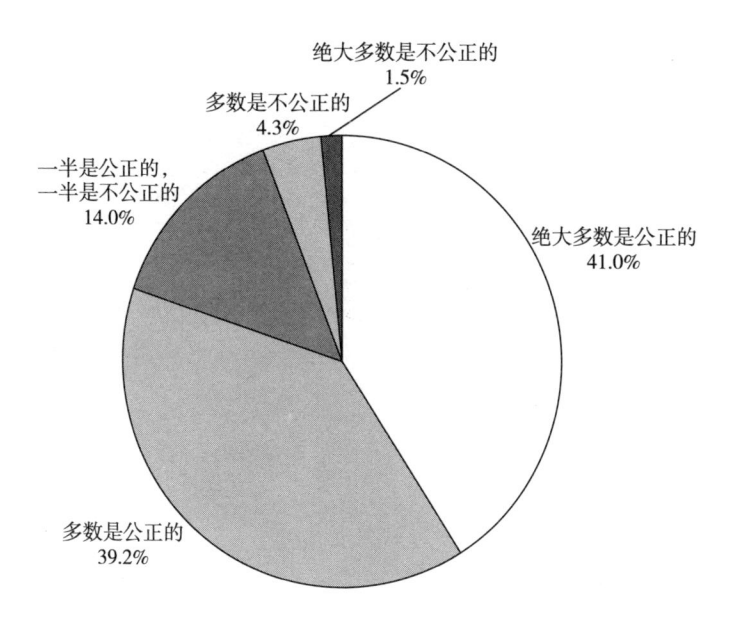

图1 司法公正满意度

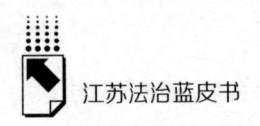

选择"绝大多数是公正的"和"多数是公正的"两个选项的人数相加，占全部被调查人数的80.2%，表明江苏省的受访人群中有超过2/3的人对司法公正程度是比较满意的。如果再加上选择"一半是公正的，一半是不公正的"选项的14.0%，受访者对司法公正程度持基本肯定态度的人数占到被调查总人数的94.2%。

通过对比2015年调查问卷中同一问题的数据发现：2015年受访者对司法公正程度持基本肯定态度的人数占到被调查总人数的90.89%，而2016年的受访者对司法公正程度持基本肯定态度的人数占到被调查总人数的94.2%，由此可见，经过一年，江苏省内公民对司法公正程度持基本肯定态度的人数还在上升。

对司法审判的信任度调查结果支持了上述结论。问卷设置了"对于法院的审判活动，您的态度是"问题，测试受访者对司法审判的信任程度。共有4个答案选项："充分信任""比较信任""一般""不信任"（见图2）。

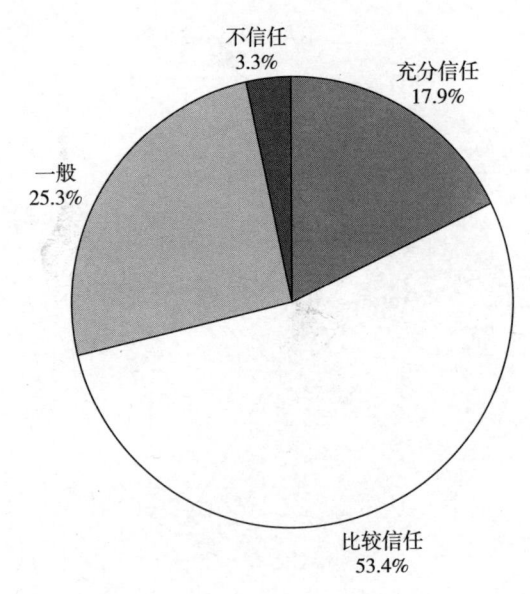

图2 司法信任度

统计结果：17.9%的人选择了"充分信任"，53.4%的人选择了"比较信任"，25.3%的人选择了"一般"，3.3%的人选择了"不信任"。

选择"充分信任"和"比较信任"的人数占被调查总人数的71.3%，表明受访人群对法院的审判活动多数是持信任态度的，如果再加上选择"一般"选项的25.3%，对法院审判活动持基本信任态度的人数占到受访总人数的96.6%。

通过对比2015年调查问卷中同一问题的数据发现：2015年受访者对法院审判活动持基本信任态度的人数占到受访总人数的95.87%，而2016年的受访者对法院审判活动持基本信任态度的人数占到受访总人数的96.6%，由此可见，经过一年，江苏省内公民对法院审判活动持基本信任态度的人数没有太大变化，但是，选择"充分信任"和"比较信任"的人数占被调查总人数的比例在上升，2016年是71.3%，2015年是62.04%，说明受访者选择"一般"的比例在减少，受访者对法院审判活动更加信任。

值得注意的是，在回答"您对我国法院审判活动的基本评价"问题时，选择"一半是公正的，一半是不公正的"选项的受访者达14%，这部分人游离于满意与不满意之间，成为影响公民司法公正满意度的最重要因素。如果将这部分人中的一半归入倾向于基本满意，另一半归入倾向于基本不满意的话，对司法公正持基本满意态度的受访者占比将下降至87.2%，而持不满意态度的受访者占比将上升至12.8%。同样，在回答"对于法院的审判活动，您的态度是"问题时，选择"一般"选项的受访者达到25.3%，这部分受访者的态度也处在两可之间。考虑到对这一问题答案的区分设置不够细，在选择这一选项的人当中可能还会包括不够信任或比较不信任的人群，细分以后对司法审判持基本信任态度的受访者占比估计在10%～15%，如果取12%为基本信任占比的话，那么，对司法审判持基本态度的受访者在样本总数中的占比为83.3%，而持不信任态度的受访者的占比将上升至16.6%左右。

可见，从总体上看，虽然受访公民的司法公正满意度是令人满意的，但是仍然有20%左右的受访者处于中间的摇摆状态。从某种意义上说，这一

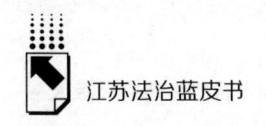

部分人群的司法公正满意度今后的走向将成为影响整个社会司法公正满意度的决定性因素。减少这部分人群的占比，并且使之向比较满意的方向转化，应当成为制度政策的重要目标。

二 性别差异与司法公正满意度分析

我们就受访者的性别与司法公正满意度的关系做了交叉分析，结果表明性别差异对于司法公正满意度总体上没有明显的影响。

在被问及对我国法院审判活动的基本评价时，41.9%的男性受访者选择了"绝大多数是公正的"，而女性受访者的占比是40.0%；选择"多数是公正的"男性受访者的占比为38.3%，女性受访者占比为40.1%；13.8%的男性受访者选择了"一半是公正的，一半是不公正的"，女性受访者的占比是14.2%；选择"多数是不公正的"男性受访者的占比为4.3%，女性受访者的占比为4.4%；1.7%的男性受访者选择了"绝大多数是不公正的"，女性受访者的占比是1.3%。数据表明在这一问题上男女差异很小，基本可以忽略不计（见图3）。

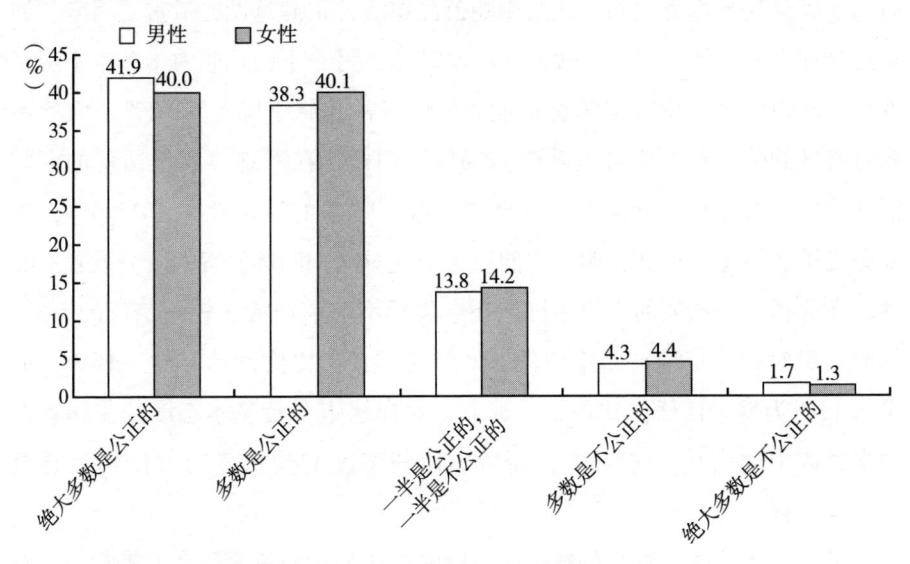

图3 司法公正满意度的性别差异

在被问及对于法院审判活动的信任度时，19.9%的男性受访者选择了"充分信任"，女性受访者的占比是16.0%；51.5%的男性受访者选择了"比较信任"，女性受访者的占比是55.2%；25.1%的男性受访者选择了"一般"，女性受访者的占比是25.6%；3.5%的男性受访者选择了"不信任"，女性受访者的占比是3.2%。数据表明男女受访者在这一问题上的差异虽然比司法公正满意度所显示的差异略大，尤其是女性受访者在充分信任和不信任两端选择的占比均小于男性受访者，但这种差异并不显著，或许与女性不愿意作出过于极端选择的心理特征有关（见图4）。

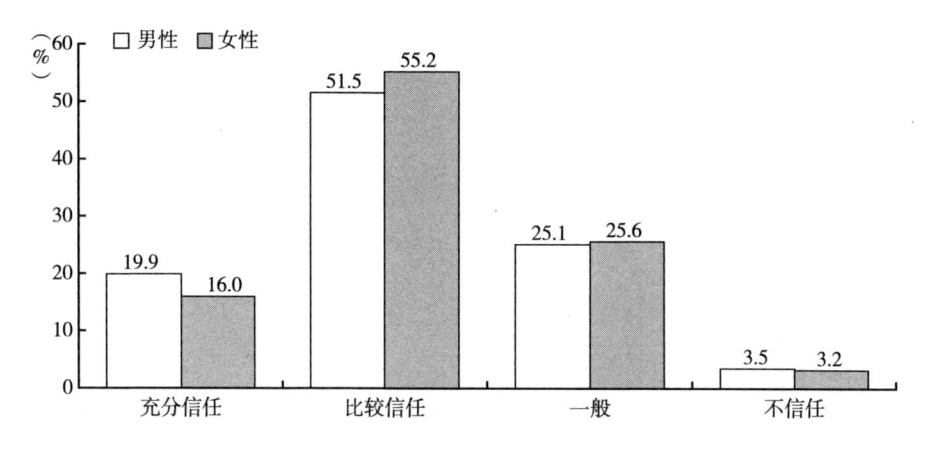

图4　司法信任度的性别差异

三　年龄差异与司法公正满意度分析

调查将受访者的年龄区分为青少年组（12~18岁）、成年组（19~60岁）和老年组（61~80岁），其中青少年组受访人数占样本总数的8.3%，成年组占87.8%，老年组占3.9%，成年组中，19~30岁组占34.9%，31~45岁组占34.5%，46~60岁组占18.4%。

在被问及对我国法院审判活动的基本评价时，选择"绝大多数是公正的"受访者占样本总数的41%，其中青少年组为47.9%，成年组为

37.3%，老年组为44.4%；选择"多数是公正的"受访者占样本总数的39.2%，其中青少年组为35.5%，成年组为44.2%，老年组为27.8%；选择"一半是公正的，一半是不公正的"受访者占样本总数的14.0%，其中青少年组为10.7%，成年组为10.8%，老年组为22.2%；选择"多数是不公正的"受访者占样本总数的4.3%，其中青少年组为4.5%，成年组为5.3%，老年组为4.6%；选择"绝大多数是不公正的"受访者占样本总数的1.5%，其中青少年组为1.4%，成年组为1.4%，老年组为1.0%（见图5）。

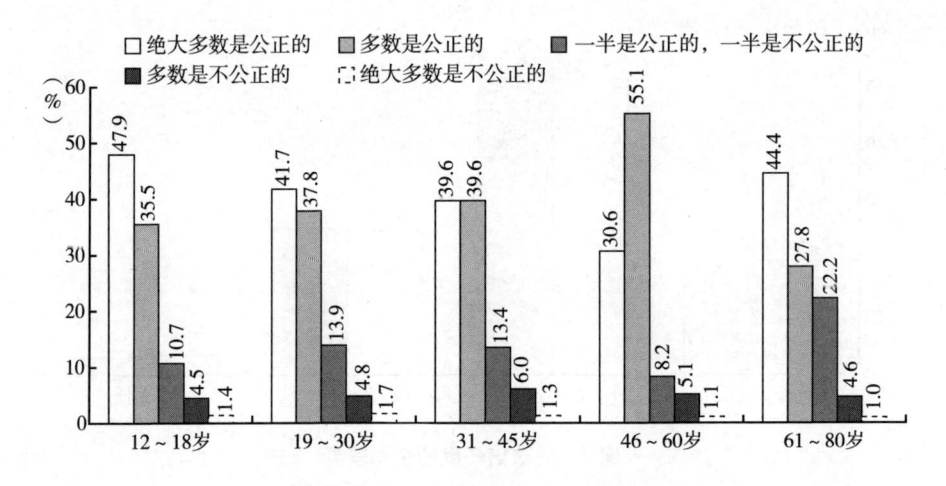

图5 司法公正满意度的年龄差异

总体上看，青少年组对司法公正的满意度高于成年组。这或许与青少年直接或间接地接触司法活动较少有关，其对司法公正的认识主要来自教育或宣传，而非来自经验。而成年人则处于参与社会活动的主要时期，其对司法公正的认识或多或少地与其直接或间接地接触和经验有关。从这个意义上说，成年人群体的看法或许更接近于司法公正的现实。特别是19~45岁年龄段的社会群体对司法公正的感受，我们将在后面专门进行讨论。

对于司法审判的信任度也表现出与司法公正满意度相同的特征趋势。在被问及对于法院审判活动的信任度时，选择"充分信任"的受访者占样本总数的17.9%，其中青少年组为17.3%，成年组为18.9%，老年组为27.8%；选择"比较信任"的受访者占样本总数的53.4%，其中青少年组为51.1%，成年组为51.0%，老年组为44.4%；选择"一般"的受访者占样本总数的25.3%，其中青少年组为30.2%，成年组为28.0%，老年组为22.2%；选择"不信任"的受访者占样本总数的3.3%，其中青少年组为1.4%，成年组为2.0%，老年组为5.6%（见图6）。

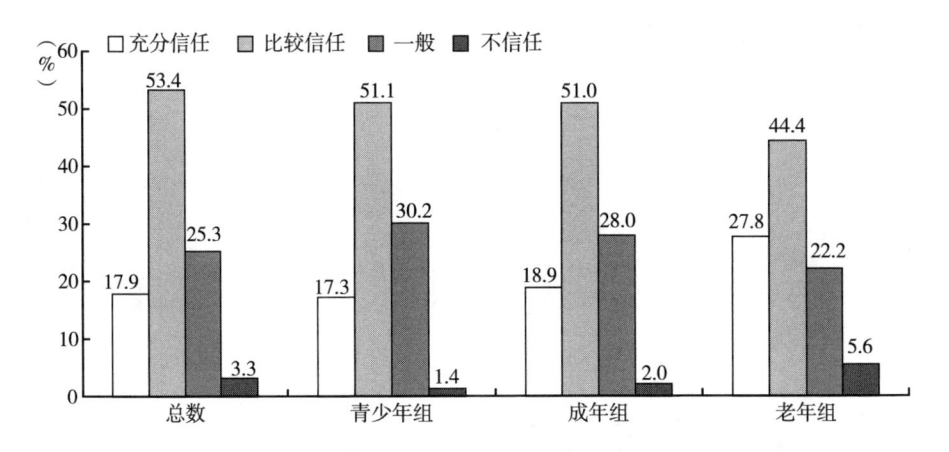

图6 司法信任度的年龄差异

我们把选择"充分信任"的受访者看作是对法院审判活动非常信任的群体，这一群体在成年组中的占比低于老年组近9个百分点。同样，我们把选择"充分信任"和"比较信任"的受访者看作是对法院审判活动比较信任的群体，其在成年组的占比为69.9%，低于老年组的占比（72.2%）约3个百分点，和青少年组的占比相当。显然，对法院审判活动的信任度表现出了与司法公正满意度相同的特征趋势，尤其是在充分信任度中，成年组与老年组的差距甚至达到了近10个百分点。

四 文化水平差异与司法公正满意度分析

问卷将受访者的文化水平区分为小学及以下、初中、高中及中专、大专、本科及以上等5组。其中小学及以下文化水平组在样本总数中的占比为5.6%，初中文化水平组占比为19.8%，高中及中专文化水平组占比24.7%，大专文化水平组占比为19.5%，本科及以上文化水平组占比为30.3%。将5个文化水平组与满意度问题交叉分析的结果显示，受访者的文化程度与司法公正满意度之间存在一定的关联。

在被问及对我国法院审判活动的基本评价时，不同文化水平组的选项占比见图7。

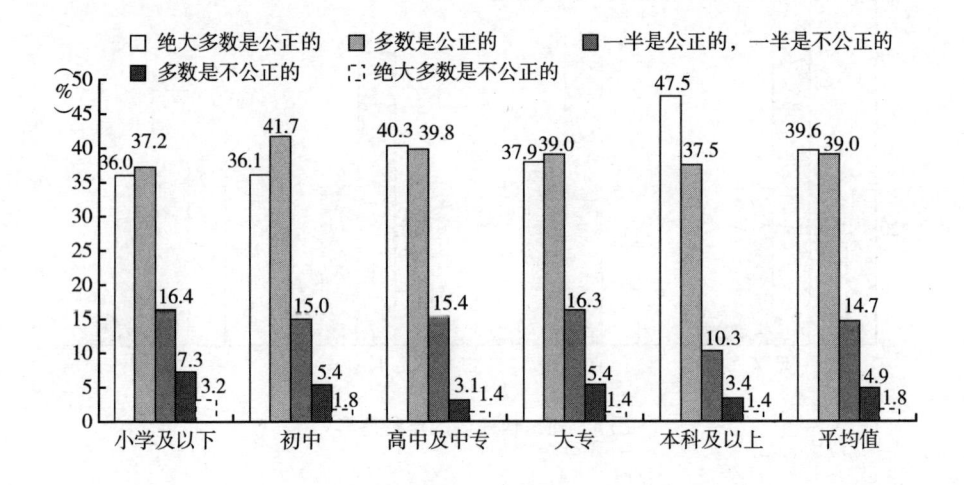

图7 司法公正满意度的文化水平差异

选择"绝大多数是公正的"受访者占样本总数的39.6%，不同文化水平组的偏离在36%~47.5%，其中小学及以下文化水平组的占比最低，为36%，本科及以上文化水平组最高，为47.5%；选择"多数是公正的"受访者占样本总数的39%，不同文化水平组的偏离在37.2%~41.7%，其中小学及以下文化水平组的占比最低，为37.2%，初中文化水平组最高，为41.7%；选择"一半是公正的，一半是不公正的"受访者占样本总数的14.7%，不同文化水平组的偏离在10.3%~16.4%，其中本科及以上文化水平组的占比最低，为10.3%，小学及以下文化水平组的占比最高，为16.4%；选择"多数是不公正的"受访者占样本总数的4.9%，不同文化水平组的偏离在3.1%~7.3%，其中高中及中专文化水平组的占比最低，为3.1%，小学及以下文化水平组的占比最高，为7.3%；选择"绝大多数是不公正的"受访者占样本总数的1.8%，不同文化水平组的偏离在1.4%~3.2%，其中高中及中专、大专、本科及以上文化水平组的占比最低，为1.4%，小学文化水平组的占比最高，为3.2%。

将"绝大多数是公正的"和"多数是公正的"两个选项的占比相加，本科及以上组的占比最高，为85%，高于平均值78.6%6.4个百分点，高中及中专组为80.1%，高于平均值78.6%1.5个百分点，初中组为77.8%，大专组为76.9%，小学及以下组为73.2%，均低于平均值，小学及以下组与平均值的偏差是最大的，达到5.4个百分点，比本科及以上组低了11.8个百分点。可见，文化水平与司法公正的比较满意度有着较强的相关性，并且呈正相关的趋势，即文化水平越高，其对司法公正的比较满意度也越高。

然而，值得注意的是，2016年的问卷数据分析中选择"绝大多数是公正的"各组，本科及以上组的占比也最高，但是，2015年的问卷数据分析中选择"绝大多数是公正的"各组，本科及以上组的占比并非最高，并且各组的差异不明显。这表明整个受访群体中，不同文化水平与司法公正的充分满意度之间也有一定的关联。

将前三个选项占比相加，平均值为93.3%，本科及以上组为95.3%，大专组为93.2%，高中及中专为95.5%，初中组为92.8%，小学及以下组为89.6%，本科及以上组高出平均值2个百分点，小学及以下组低于平均值3.7个百分点，低于本科及以上组5.7个百分点，另外，初中组略低于平均值。这一数据表明，就对司法公正的基本满意度而言，不同文化水平组之间虽然也基本上呈现出受访者的文化水平与其司法公正满意度正相关的状态，但是，不同文化水平组之间的差异与比较满意度相比，已经不很明显。

图8是在被问及对法院审判活动的信任度时，不同文化水平组的选项占比。

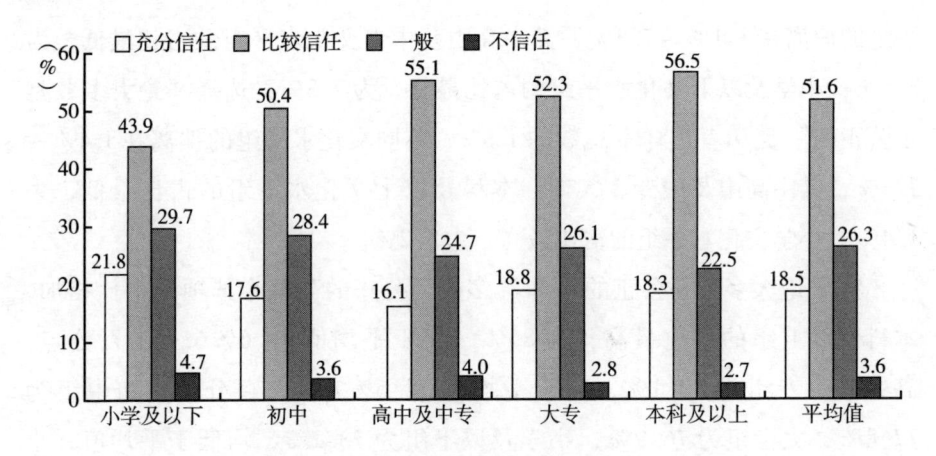

图8 司法信任度的文化水平差异

选择"充分信任"的受访者占样本总数的18.5%，不同文化水平组的偏离在16.1%~21.8%，其中高中及中专文化水平组的占比最低，为16.1%，小学及以下文化水平组最高，为21.8%；选择"比较信任"的受访者占样本总数的51.6%，不同文化水平组的偏离在43.9%~56.5%，其中小学及以下文化水平组的占比最低，为43.9%，本科及以上文化水平组最高，为56.5%；选择"一般"的受访者占样本总数的26.3%，不同文化水平组的偏离在22.5%~29.7%，其中本科及以上文化水平组的占比最低，为22.5%，小学及以下文化水平组的占比最高，为29.7%；选择"不信任"的受访者占样本总数的3.6%，不同文化水平组的偏离在2.7%~4.7%，其中本科及以上文化水平组的占比最低，为2.7%，小学及以下文化水平组的占比最高，为4.7%。

与司法公正满意度的情况不同，本科及以上组在"充分信任"选项中并非占比最高，甚至还低于平均占比，而占比最高的是小学及以下文化水平组，其次是大专文化水平组。这种情况在"比较信任"选项中却表现出完全相反的状况：在"充分信任"选项中占比最高的小学及以下文化水平组在"比较信任"选项中占比却是最低的，而本科及以上组在"充分信任"选项中占比比较低，在"比较信任"选项中占比却是最高的。

将"充分信任"和"比较信任"两个选项相加,平均值为70.1%,本科及以上组为74.8%,小学及以下组为65.7%,初中组为68.0%,高中及中专组为71.2%,大专组为71.1%,呈现出与司法公正满意度相同的趋势,即文化水平与司法信任度正相关,文化水平越高,比较信任度也越高。

五 地区差异与司法公正满意度分析

由于江苏省内苏南、苏中、苏北地区之间存在经济发展水平,经济发展次序,地区文化,周边地区政治、经济、文化影响等多方面的差异,我们试图将上述三类地区的数据加以区分和比较,比较的结果显示,苏南、苏中和苏北地区的受访者对司法公正满意度表现出一定的差异(见图9)。

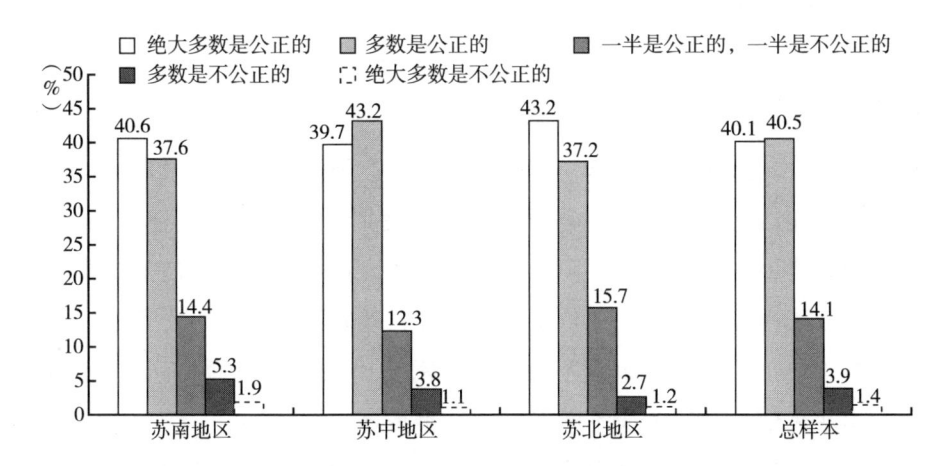

图9 司法公正满意度的地区差异

在被问及对法院审判活动的基本评价时,选择"绝大多数是公正的"选项的占比,苏南地区为40.6%,苏中地区为39.7%,苏北地区为43.2%。与总样本的占比40.1%相比,最大偏离值为3.1个百分点,其中苏北地区

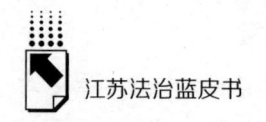

最高，苏中地区最低，两者相差3.5个百分点。选择"多数是公正的"选项的占比，苏南地区为37.6%，苏中地区为43.2%，苏北地区为37.2%，总样本的占比为40.5%，呈现出苏中地区明显高于苏南地区和苏北地区的状况。

将选择"绝大多数是公正的"和"多数是公正的"两个选项相加，总样本的占比为80.6%，其中苏南地区的占比为78.2%，苏中地区的占比为82.9%，苏北地区的占比为80.4%。数据表明对于司法公正的比较满意度苏中地区最高，但总体相差不大。

选择"一半是公正的，一半是不公正的"选项的，苏南地区为14.4%，苏中地区为12.3%，苏北地区为15.7%，总样本的占比为14.1%。如果将前三个选项的占比累加，苏南地区为92.6%，苏中地区为95.2%，苏北地区为96.1%。

从总体上看，2016年江苏省司法公正满意度呈现出苏南、苏中向苏北依次提高的状况。这与2015年的状况相反，2015年是自苏南、苏中向苏北依次递减。苏南地区选择"绝大多数是公正的"选项的占比高于苏中地区，但是低于苏北地区近3个百分点。这与2015年的情况也相反。但是苏中地区选择"多数是公正的"选项的占比明显高于苏南地区和苏北地区。这种情况可能与苏中地区的社会经济也在不断发展有关系，这也使得司法在更广阔、更复杂的领域中发挥了作用，相应地实现司法公正的难度也在不断增大，而公众对于司法公正也有相对更高的期望值，因而难以给出非常满意的评价。换句话说，随着社会经济、文化的发展，公民对于公正的期望值也在不断提高，需要司法机关不断提高其司法能力和司法公信力，以适应不断发展的社会需要。

选择"多数是不公正的"选项的，苏南地区为5.3%，苏中地区为3.8%，苏北地区为2.7%，总样本占比为3.9%，这一选项的占比在各地区还是有一定差距的，自苏南向苏中、苏北地区依次递减。而选择"绝大多数是不公正的"选项的，苏南地区占比为1.9%，苏中地区占比为1.1%，苏北地区占比为1.2%，总样本的占比为1.4%。这一选项的占比，三个地区相差也不大。

关于司法审判信任度的问题也呈现出相同的状况。在被问及对于法院审判活动的态度时，选择"充分信任"选项的，苏南地区的占比为18.5%，苏中地区的占比为16.1%，苏北地区的占比为19.5%，总样本的占比为18.0%；选择"比较信任"选项的，苏南地区的占比为49.3%，苏中地区的占比为58.4%，苏北地区的占比为55.5%，总样本的占比为54.4%；选择"一般"选项的，苏南地区的占比为26.9%，苏中地区的占比为23.3%，苏北地区的占比为23.7%，总样本的占比为24.6%；选择"不信任"选项的，苏南地区的占比为5.3%，苏中地区的占比为2.2%，苏北地区的占比为1.3%，总样本的占比为3.0%（见图10）。

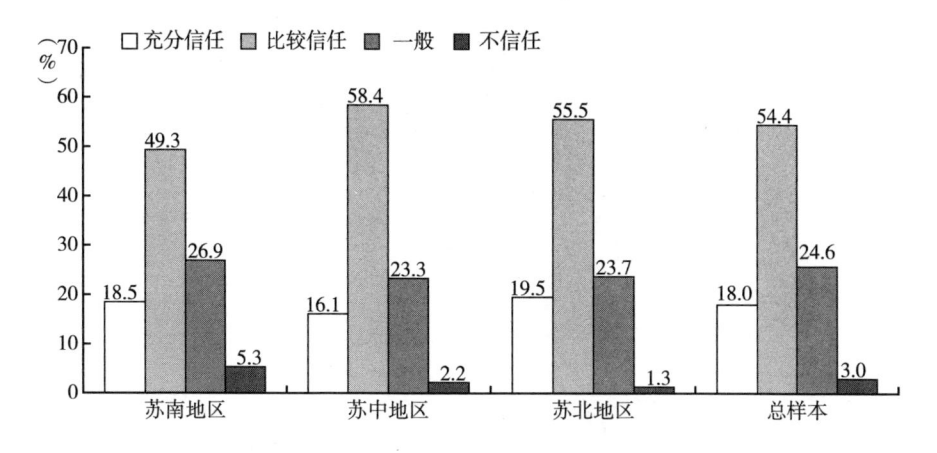

图10 司法信任度的地区差异

从总体上看，对司法的信任度所呈现出来的整体状况与司法公正满意度所呈现出来的情况也比较接近。苏南地区对于法院审判活动持比较信任态度的人群占比最低，苏北次之，苏中地区最高，苏中地区比占比最低的苏南地区高出9.1个百分点；如果将持充分信任态度和持比较信任态度的人群占比相加，苏南地区的占比为67.8%，苏中地区的占比为74.5%，苏北地区的占比为75.0%。苏北地区高出占比最低的苏南地区7.2个百分点。

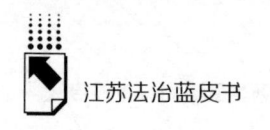

六 职业差异与司法公正满意度分析

问卷将受访者的职业区分为机关公务员，教师、医生、媒体等专业人员，企业管理人员，企业员工，外来务工人员，在校学生，农民，其他人员等8组（见图11）。将这8个职业组与司法公正满意度问题交叉分析的结果显示，受访者的职业对司法公正满意度有着重要的影响，二者之间存在着相当大的关联性。

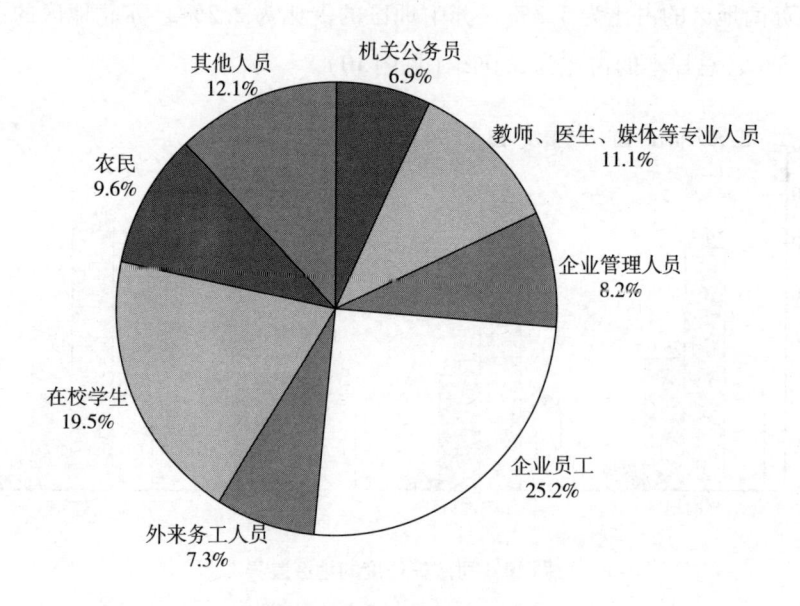

图 11　样本总体的职业构成

图 12 是在被问及对我国法院审判活动的基本评价时，不同职业组的选项占比。

选择"绝大多数是公正的"受访者占样本总数的 41.3%，不同职业组偏离在 29.9% ~ 60.7%，其中机关公务员组的占比最高，为 60.7%，次高的为教师、医生、媒体等专业人员组，占比为 46.8%，农民组的占比最低，为 29.9%，其次为外来务工人员组，占比为 33.7%。

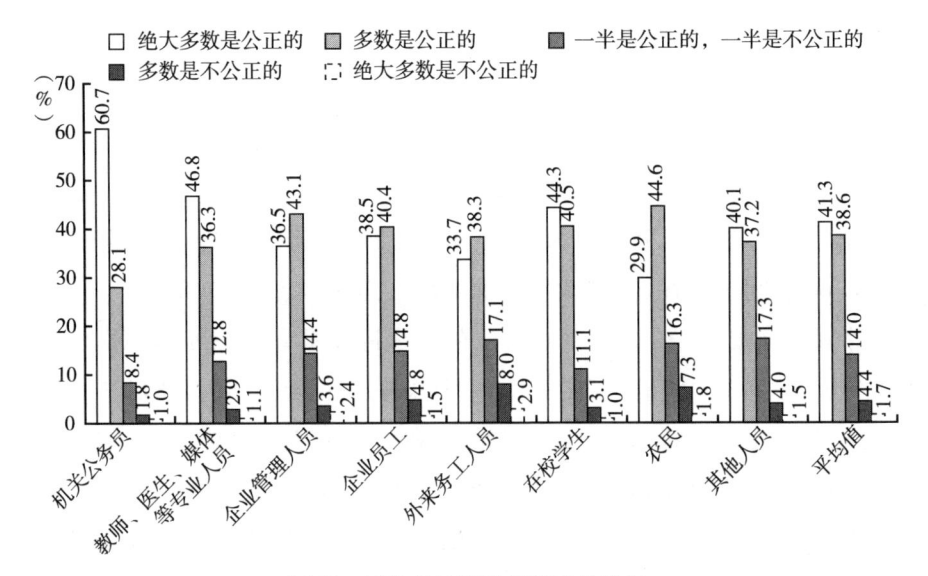

图 12 司法公正满意度的职业差异

选择"多数是公正的"受访者占样本总数的38.6%，不同职业组偏离在28.1%~44.6%，其中农民组的占比最高，为44.6%，次高的为企业管理人员组，占比为43.1%，机关公务员组的占比最低，为28.1%，次低的为教师、医生、媒体等专业人员组，占比为36.3%。

选择"一半是公正的，一半是不公正的"受访者占样本总数的14.0%，不同职业组偏离在8.4%~17.3%，其中其他人员组的占比最高，为17.3%，次高的为外来务工人员组，占比为17.1%，机关公务员组的占比最低，为8.4%，次低的为在校学生组，占比为11.1%。

选择"多数是不公正的"受访者占样本总数的4.4%，不同职业组偏离在1.8%~8%，其中外来务工人员组的占比最高，为8.0%，次高的为农民组，占比为7.3%，机关公务员组的占比最低，为1.8%，次低的为教师、医生、媒体等专业人员组，占比为2.9%。

选择"绝大多数是不公正的"受访者占样本总数的1.7%，不同职业组偏离在1%~2.9%，其中外来务工人员组的占比最高，为2.9%，次高的为企业管理人员组，占比为2.4%，机关公务员组和在校学生组的占比都最低，

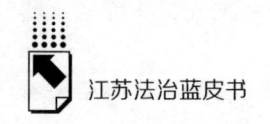

为 1.0%，次低的为教师、医生、媒体等专业人员组，占比为 1.1%。

在"绝大多数是公正的"选项中，不同职业组的占比差异还是很大的，占比最高的机关公务员组比占比最低的农民组高出 30.8 个百分点，表明对于司法公正的满意度，不同职业的受访人群分歧很大，尤其值得注意的是，农民组不仅对"绝大多数是公正的"选项的认同度最低，而且对于"多数是不公正的"选项的认同度也相当高，表明这一群体对司法公正的满意度相对不高。

将前三项相加，受访人群对司法公正是持基本肯定态度的，平均值为 93.9%，机关公务员组最高，为 97.2%，外来务工人员组最低，为 89.1%，其他依次为教师、医生、媒体等专业人员组 95.9%，在校学生组 95.9%，其他人员组 94.6%，企业管理人员组 94%，企业员工组 93.7%，农民组 90.8%。

图 13 是在被问及对法院审判活动的信任度时，不同职业组的选项占比。

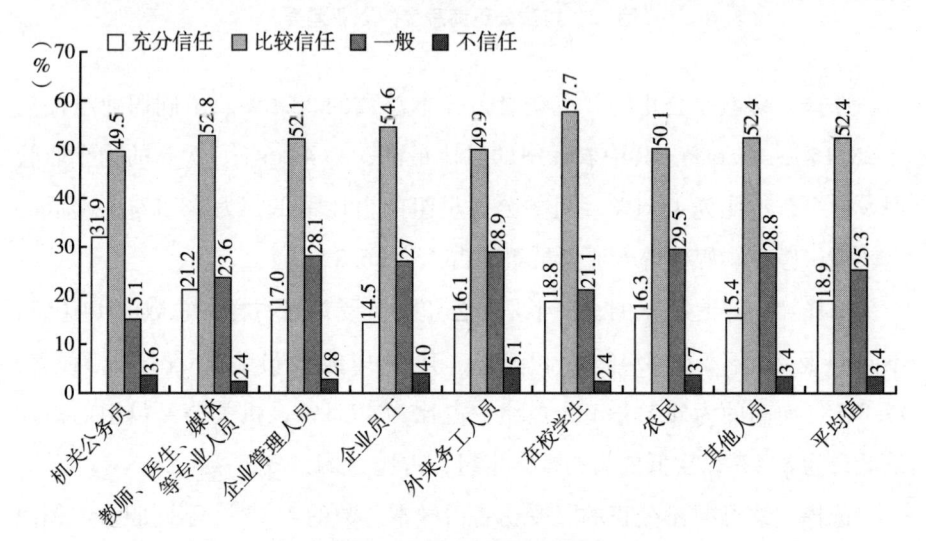

图 13　司法信任度的职业差异

选择"充分信任"的受访者占样本总数的 18.9%，不同职业组偏离在 14.5%~31.9%，其中机关公务员组的占比最高，为 31.9%，次高的为教师、医生、媒体等专业人员组，占比为 21.2%，企业员工组的占比最低，为 14.5%，次低的为其他人员组，占比为 15.4%。

选择"比较信任"的受访者占样本总数的 52.4%，不同职业组偏离在

49.5%~57.7%，其中在校学生组的占比最高，为57.7%，次高的为企业员工组，占比为54.6%，机关公务员组的占比最低，为49.5%，次低的为外来务工人员组，占比为49.9%。

选择"一般信任"的受访者占样本总数的25.3%，不同职业组偏离在15.1%~29.5%，其中农民组的占比最高，为29.5%，次高的为外来务工人员组，占比为28.9%，机关公务员组的占比最低，为15.1%，次低的为在校学生组，占比为21.1%。

选择"不信任"的受访者占样本总数的3.4%，不同职业组偏离在2.4%~5.1%，其中外来务工人员组的占比最高，为5.1%，次高的为企业员工组，占比为4.0%，教师、医生、媒体等专业人员组和在校学生组的占比最低，为2.4%，次低的为企业管理人员组，占比为2.8%。

将前三项相加，受访人群对法院审判活动是持基本信任态度的，其中教师、医生、媒体等专业人员组和在校学生最高，为97.6%，外来务工人员组最低，为94.9%，其他依次为企业管理人员组97.2%，其他人员组96.6%，机关公务员组96.5%，农民组95.9%，企业员工组96.1%。

总体上看，机关公务员对司法公正满意度（充分信任度与比较信任度比值之和）最高，同时，职业相对稳定、社会地位相对较高的人群对司法公正满意度也相对较高，同样，对于司法审判的信任度也支持了这种趋势。而企业管理人员、企业员工和外来务工人员在被问及对法院审判活动的信任度时，其选项的占比均低于平均值。

七 法律意识与司法公正满意度分析

我们在问卷中设置了"如果要打官司，您首先想到的是"的问题，相应地设置"找律师""找法官疏通关系""找媒体""做好证据收集等准备工作""其他"5个选项，主要测试受访人群对于影响诉讼的基本因素的考量，希望能对受访人群的法律意识作出一定的区分。"做好证据收集等准备工作"选项表明对于事实的重视，明确地表明了受访者的法律意识；"找律师"选项表明对获得法律帮助的重视，明确地表明了受访者的法律意识；"找法官疏通关系"表明受访者重视法官在审判中的地位和作用；而"找媒体"则表明受访者认为法律以外的其他因素更为重要。

样本总体中5个选项的占比分别是：选择"找律师"的占7.7%；选择"找法官疏通关系"的占50.8%；选择"找媒体"的占24.2%；选择"做好证据收集等准备工作"的占12.3%；选择"其他"的占5%。根据我们对问题的设计，不具有明确的法律意识的受访者约占样本总数的1/5；认为需要法律帮助的受访者约占样本总数的1/10；而认识到法官的作用占样本总数的1/2（见图14）。

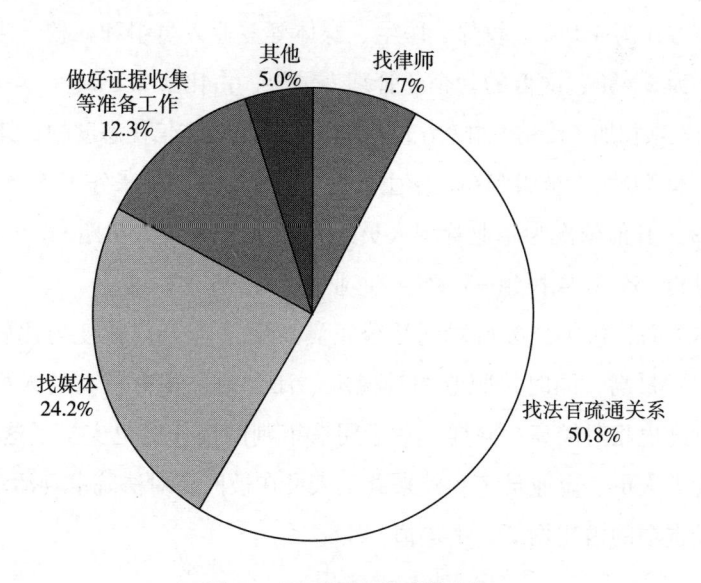

图14 面对诉讼的对策选择

我们还设置了另一个问题测试受访者对影响法官形象的因素的看法。问题为"您认为影响法官形象的最大因素是"，设置了6个选项："存在法官违法违纪现象""法官对当事人态度不好""律师说法官坏话""新闻媒体报道与法院判决不同""败诉当事人对法官不满""其他因素"。6个选项中，"存在法官违法违纪现象"和"法官对当事人态度不好"是损害法官形象的自身因素，其他因素均可归结为法官自身因素以外的外部因素（见图15）。

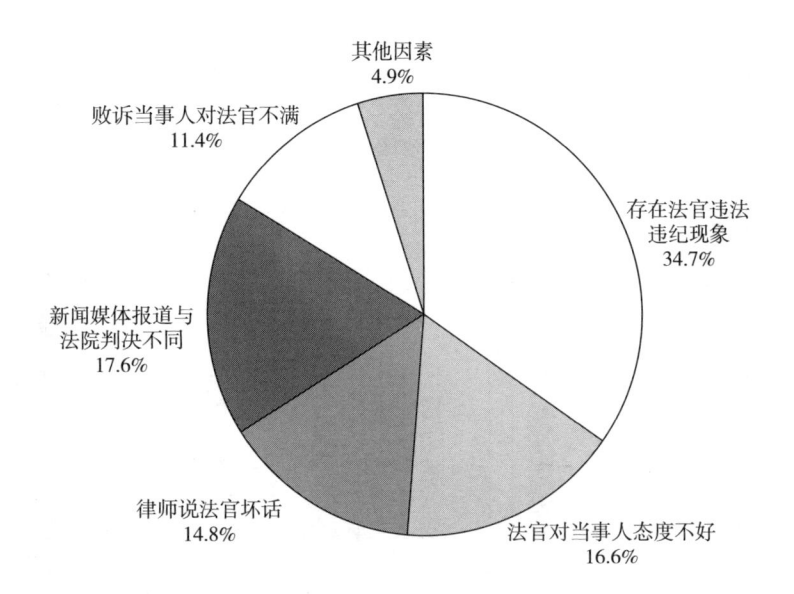

图 15　影响法官形象的因素

其选择分布情况为：选择"存在法官违法违纪现象"的受访者占比为34.7%；选择"法官对当事人态度不好"的受访者占比为16.6%；选择"律师说法官坏话"的受访者占比为14.8%；选择"新闻媒体报道与法院判决不同"的受访者占比为17.6%；选择"败诉当事人对法官不满"的受访者占比为11.4%；选择"其他因素"的受访者占比为4.9%。总体上看，受访人群中大约一半人（51.3%）认为影响法官形象的是其自身因素，另外一半人（48.7%）认为外部因素影响了法官形象。

将对这一问题的不同选项选择与对"如果打官司，您首先想到的是"问题的不同选项选择交叉分析，结果表明受访人群对于"如果打官司，您首先想到的是"问题答案的选择的确与其法律意识相关（见图16）。

认为存在法官违法违纪现象是影响法官形象的主要原因的人群对于找法官疏通关系和找媒体有明显高于其他人群的偏好，却是最不愿意找律师的。这表明这一人群认为存在法官违法违纪的现象，在遇到官司时却也更倾向于以找法官疏通关系作为胜诉的手段，而不是注重证据的收集和法律的帮助。这一结论

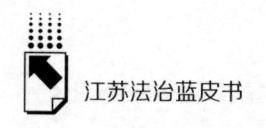

与 2015 年的调查结论完全不同。在 2015 年的这一交叉分析中，对于律师和证据有明显的倾向性，却不太愿意找法官疏通关系，更注重证据的收集和法律的帮助。

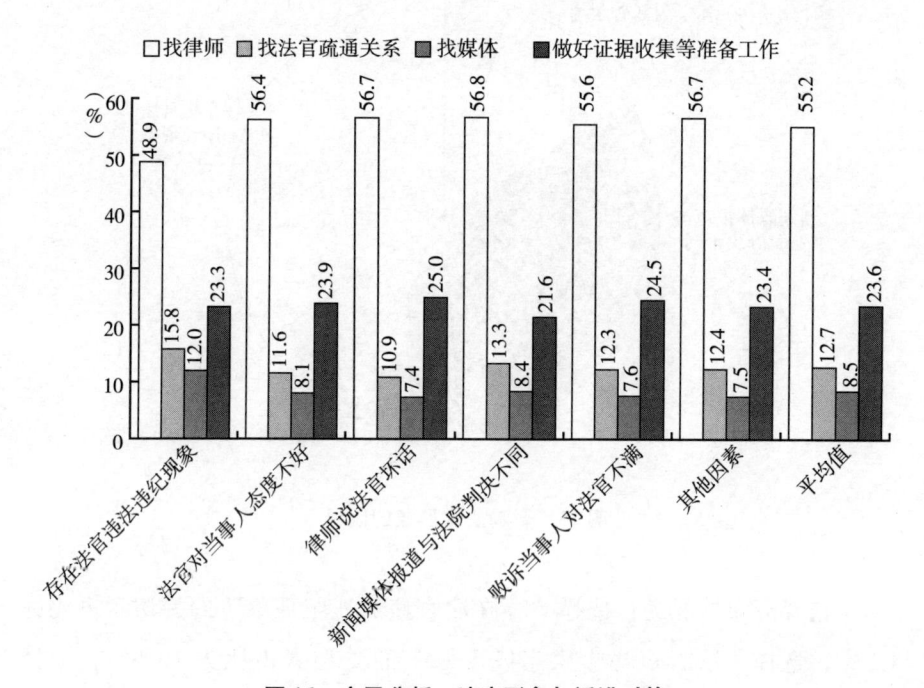

图16　交叉分析：法官形象与诉讼对策

认为法官对当事人态度不好是影响法官形象的主要原因的人群对于收集证据有较高程度的认同，同时对找媒体有较高认同。这种组合看似矛盾，但是基于这一人群认为影响法官形象的主要原因是法官对当事人态度不好，因而可以理解其找媒体的目的是借助于媒体这一社会力量，对法官及其判决进行社会监督。同时这一人群对律师也很重视，表现出其对法律的看法。

认为律师说法官坏话是影响法官形象的主要原因的人群，对于找法官疏通关系和找媒体的认同度明显低于其他人群，但是对律师却有很高的认同度，看似矛盾的组合，其实并不矛盾。因为在真的遇到打官司的情况时，人们还是相信律师的专业性的。

总体上看，对于这两个问题的交叉分析验证了受访人群对于"如果打官司，您首先想到的是"这一问题的选择的确与其法律意识相关，而非仅仅是处于功利的考量。

将司法公正满意度问题测试结果与上述法律意识问题测试结果进行交叉分析，可以看到不同司法公正满意度人群在法律意识方面的差异。在"找律师"选项中，表现出占比从司法公正满意度高的人群向司法公正满意度低的人群递减的趋势；相反，在"找法官疏通关系"和"找媒体"两个选项中，则表现出占比从司法公正满意度高的人群向司法公正满意度低的人群依次递增的趋势；而"做好证据收集等准备工作"选项的人群分布比较平均。

在司法公正满意度最高的人群中，面对可能的诉讼，首先想到的是"找律师"，这一选项的占比为65.3%，其次是"做好证据收集等准备工作"，占23.9%，两项相加占89.2%，只有7.3%的人首先想到的是要去"找法官疏通关系"，3.5%的人会首先选择"找媒体"；而在司法公正满意度最低的人群中，占比最高的选项是"找媒体"，为30.2%，是最满意人群占比的8倍以上，首先想到"找律师"的占比只有22.1%，而首先考虑"做好证据收集等准备工作"的占比也只有25.6%（见图17）。

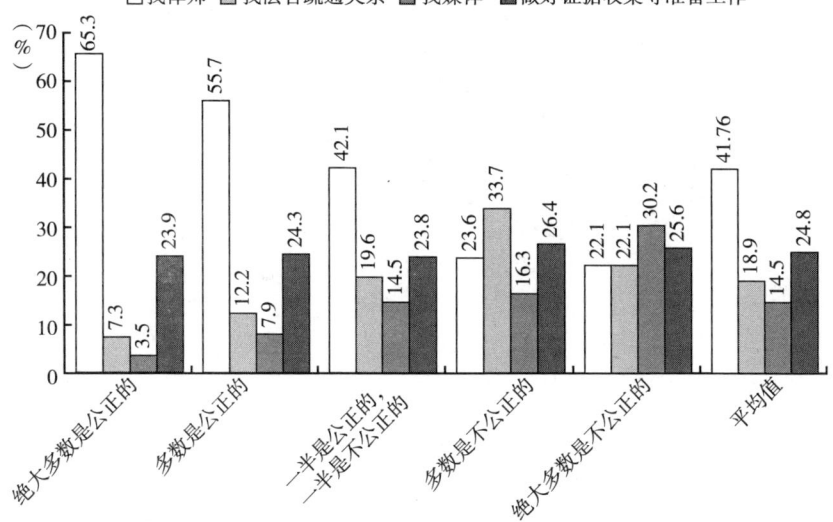

图17 交叉分析：司法公正满意度与法律意识

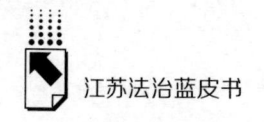

问卷分析表明,司法公正满意度高的人群具有较强的法律意识。我们认为在司法公正满意度与法律意识测试两个问题之间表现出了相互支撑的关系:一方面,法律意识较强的人群对于司法公正满意度作出的判断更理性,另一方面,对于司法公正的满意度也相应地表现出受访者自身的法律意识。

八 司法需求与司法公正满意度分析

基于受访者的司法公正满意度和信任度,受访者对司法也表现出较高的需求度。在被问及"您认为在当前社会解决纠纷最有效的途径"时,68.7%的人选择了"求助于法律",11.0%的人选择了"求助于政府",8.9%的人选择了"求助于民间调解",11.3%的人选择了"当事人私了"(见图18)。

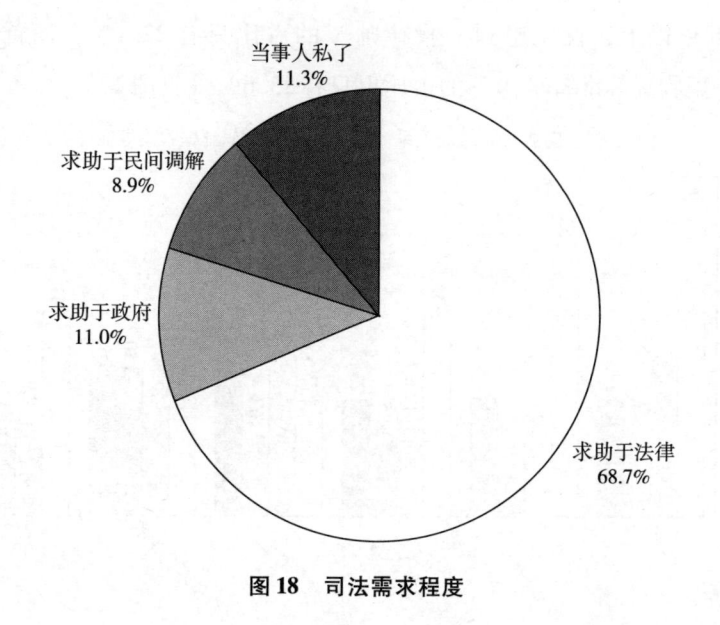

图18 司法需求程度

选择通过法律途径解决纠纷的人群占到受访总人数的68.7%,这一方面表明了大多数人对于司法的信任和依赖程度,另一方面也表明了受访人群对于司法的需求度。考虑到受访者可能会对问题中的"纠纷"有不同的理解,① 我们认为受访人群对于通过司法途径解决纠纷的实际需求还会高于调查所显示的数据。

将对司法公正满意度问题的不同选择与对司法需求度的不同选择进行交叉分析,可以观察具有不同司法公正满意度的人群对于司法需求度的变化(见图19)。

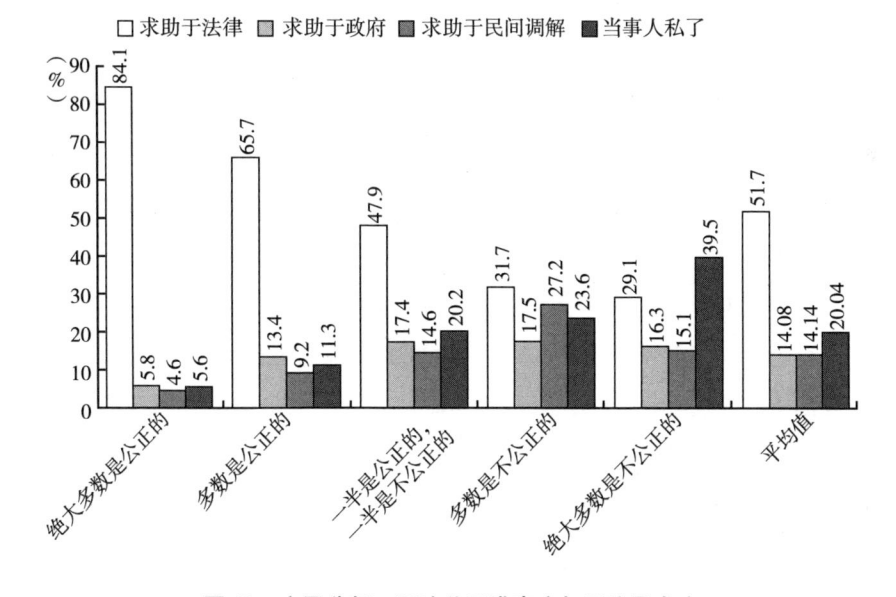

图19 交叉分析:司法公正满意度与司法需求度

交叉分析的结果是,在"求助于法律"和"当事人私了"两个选项上,不同司法公正满意度人群表现出了明显的差异。选择"求助于法律"选项的占比,从司法公正满意度最高到司法公正满意度最低的不同人群之间不仅表现出从高向低的正相关关系,而且梯次明显,占比最高的84.1%和最低的29.1%相差近3倍;选择"当事人私了"选项的占比也同样表现出从低到高的负相关关系,并且表现出一定的梯次,尤其是在司法公正满意度最低

---

① 例如,可能理解为邻里矛盾,也可能理解为家庭纠纷,等等。

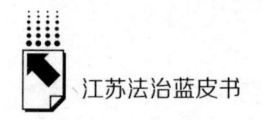

的人群中，选择"当事人私了"选项的占比高达39.5%，高出司法公正满意度次低人群的相应占比近1倍，是司法公正满意度最高人群占比的7倍多。可见，司法公正满意度与司法需求度的关联十分明显，而且相关度很高。

数据分析表明，性别与司法需求度的关联性不强。在被问及"您认为在当前社会解决纠纷最有效的途径"时，52.9%的男性受访者选择了"求助于法律"，女性受访者的占比是56.5%；17.3%的男性受访者选择了"求助于政府"，女性受访者的占比是15.3%；14.2%的男性受访者选择了"求助于民间调解"，女性受访者的占比是14.4%；15.6%的男性受访者选择了"当事人私了"，女性受访者的占比是13.8%。总体上看，在司法需求度问题上男女性别的差异很小，但是女性对于通过司法途径解决纠纷的需求略高于男性。

年龄因素对于司法需求度有着比较明显的影响。在被问及"您认为在当前社会解决纠纷最有效的途径"时，选择"求助于法律"的受访者占样本总数的68.7%，其中青少年组为81.4%，成年组为67.4%，老年组为56.4%；选择"求助于政府"的受访者占样本总数的11%，其中青少年组为7.4%，成年组为11.7%，老年组为14.1%；选择"求助于民间调解"的受访者占样本总数的9%，其中青少年组为6.1%，成年组为9.2%，老年组为10.9%；选择"当事人私了"的受访者占样本总数的11.3%，其中青少年组为5.1%，成年组为11.6%，老年组为18.6%。三个年龄组对于选择"求助于法律"的需求度都超过了55%，但是青少年组最高，其次是成年组，老年组最低，其与青少年组相差25个百分点，在2015年的调查中，青少年组与老年组仅相差8.4个百分点，经过一年时间差距更大了，这是个值得我们思考的问题；"求助于政府"的占比，成年组与老年组相差不大，而青少年组最低；"求助于民间调解"的占比老年组最高，其次是成年组，青少年组最低，其与老年组相差4.8个百分点；而"当事人私了"的占比，也是老年组最高，其次是成年组，青少年组最低。总体上看，与2015年的占比情况相差不大。

文化水平与司法需求度之间表现出比较强的相关性。在被问及"您认为在当前社会解决纠纷最有效的途径"时，选择"求助于法律"的受访者占样本总数的64.7%，不同文化组的偏离在46.1%~75.7%，其中小学及以下文化水平组的占比最低，为46.1%，本科及以上文化水平组最高，为75.7%；选择"求助于政府"的受访者占样本总数的12.3%，不同文化水平组的偏离在7.7%~17.8%，其中本科及以上文化水平组占比最低，为7.7%，小学及以下文化水平组最高，为17.8%；选择"求助于民间调解"的受访者占样本总数的9.8%，不同文化水平组的偏离在6.3%~12.8%，其中本科及以上文化水平组占比最低，为6.3%，小学及以下文化水平组最高，为12.8%；选择"当事人私了"的受访者占样本总数的13.2%，不同文化水平组的偏离在10.2%~23.4%，其中本科及以上文化水平组占比最低，为10.2%，小学及以下文化水平组最高，为23.4%。

地区差异与司法需求之间的关系似乎并不确定。在被问及"您认为在当前社会解决纠纷最有效的途径"时，选择"求助于法律"选项的，苏南地区为58.3%，苏中地区为56.8%，苏北地区为55.8%，总样本占比为57.0%；选择"求助于政府"选项的，苏南地区为15.0%，苏中地区为17.5%，苏北地区为16.2%，总样本占比为16.2%；选择"求助于民间调解"选项的，苏南地区为15.8%，苏中地区为14.4%，苏北地区为13.4%，总样本占比为14.5%；选择"当事人私了"选项的，苏南地区为11.0%，苏中地区为11.4%，苏北地区为14.7%，总样本占比为12.4%。

苏南、苏中、苏北之间的地区差异并没有表现出趋势性的特征。从总体上看，不同地区对于司法、行政、民间调解与和解等不同的纠纷解决方式的需求大体上相差不大，均有一半以上的受访者选择求助于法律解决纠纷，选择其他解决方式的大体上在10%~18%（见图20）。

受访者的职业与其对司法的需求之间的交叉分析向我们提供了更多的信息。在被问及"您认为在当前社会解决纠纷最有效的途径"时，选择"求助于法律"的受访者占样本总数的68.1%，不同职业偏离在53.6%~80.1%，其中农民组的占比最低，为53.6%，次低的是外来务工人员组的占比，为

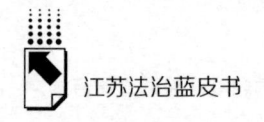

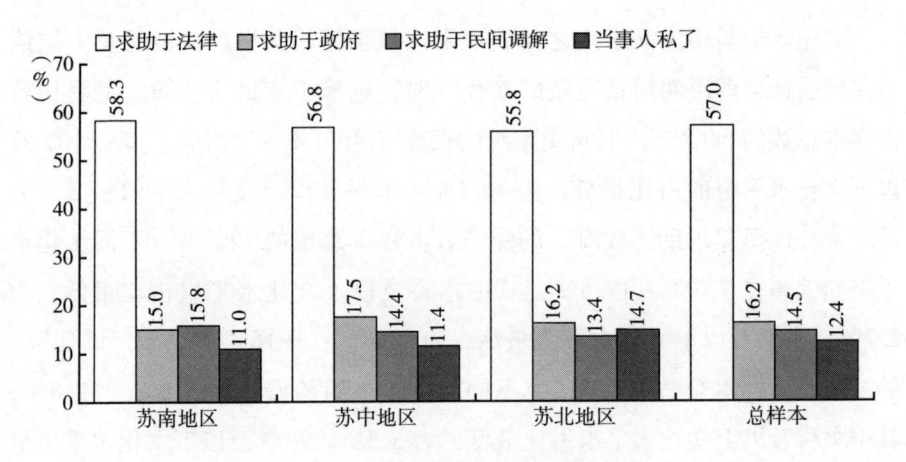

图20 司法需求度的地区差异

55.9%，机关公务员组最高，为80.1%，次高的是教师、医生、媒体等专业人员组，占比为75.4%；选择"求助于政府"的受访者占样本总数的11.4%，不同职业偏离在7.3%~16.9%，其中在校学生组的占比最低，为7.3%，次低的是机关公务员组，为9.1%，农民组占比最高为16.9%；选择"求助于民间调解"的受访者占样本总数的9.1%，不同职业偏离在3.8%~13.5%，其中机关公务员组占比最低，为3.8%，外来务工人员组占比最高，为13.5%，次高的是农民组，为12.7%；选择"当事人私了"的受访者占样本总数的11.3%，不同职业偏离在7.1%~16.9%，其中机关公务员组占比最低，为7.1%，农民组占比最高，为16.9%（见图21）。

机关公务员组对于司法需求度最高，其在"求助于法律"选项中的占比高出占比最低的农民组近27个百分点，高出占比第二的在校学生组近5个百分点；此外，教师、医生、媒体等专业人员组校学生组和企业管理人员组对于司法也有着很高的需求；农民组在"求助于政府"选项中占比最高，表明这个群体对依靠政府解决纠纷有着明显高于其他人群的需求，这一方面是因为农民所面对的纠纷较为单一，能够较多地在政府层面解决问题，另一方面也表明司法对农民权益保护不力，不能够有效地让他们感受到司法的公正和便捷。但是，农民对"当事人私了"表现出明显高于其他职业的需求

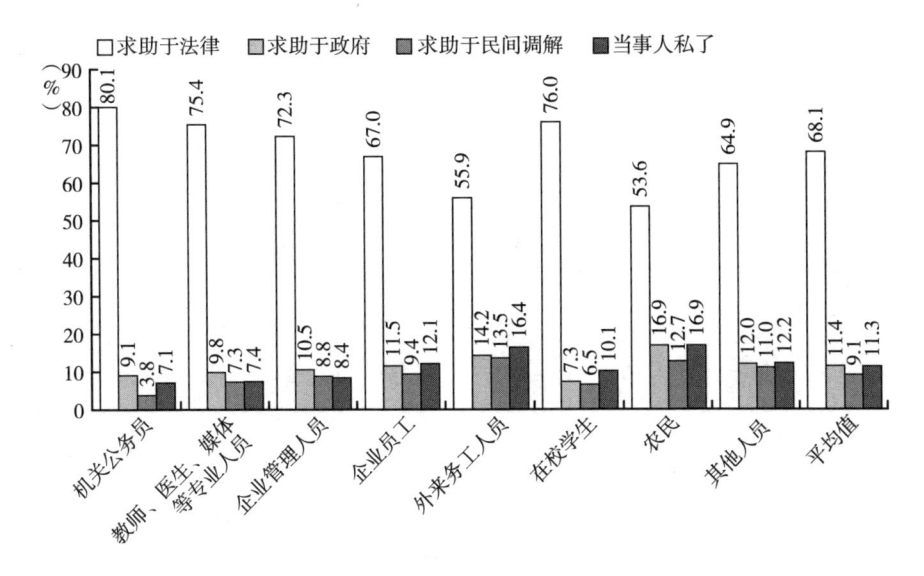

图21　在被问及当前社会解决纠纷最有效的途径时，不同职业组的选项占比

度。这一方面表明农民对于传统的纠纷解决方式还有很大的依赖性，另一方面也表明他们还没有很好地融入现代社会。

将对影响法官形象的因素的认知问题与对司法需求度问题的选择进行交叉分析，可以观察到对诸影响因素的不同认识与司法需求度的关联。

交叉分析的结果表明对影响法官形象的因素的认知与司法需求度之间的关联性不明显。在"求助于法律"选项中，除了认为影响法官形象的主要因素是"法官对当事人态度不好"的人群表现出高于其他人群的需求，认为主要因素是"存在法官的违法违纪现象"的人群明显低于其他人群外，其他人群的占比相差不明显，且与平均值偏离不大；在"求助于政府"选项中，除了认为主要因素是"存在法官的违法违纪现象"的人群占比略高，为14.9%外，其他各人群的占比在10.6%～11.7%；在"求助于民间调解"选项中，选项占比在8.4～11.6%；在"当事人私了"选项中，除了认为主要因素是"存在法官违法违纪现象"的人群占比略高，为12.9%外，其他各人群的占比在10.7%～11.7%。可见，对于影响法官形象的主要因素的认识对人们对于司法的需求没有明显的影响（见图22）。

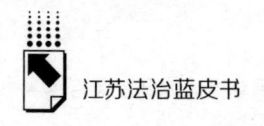

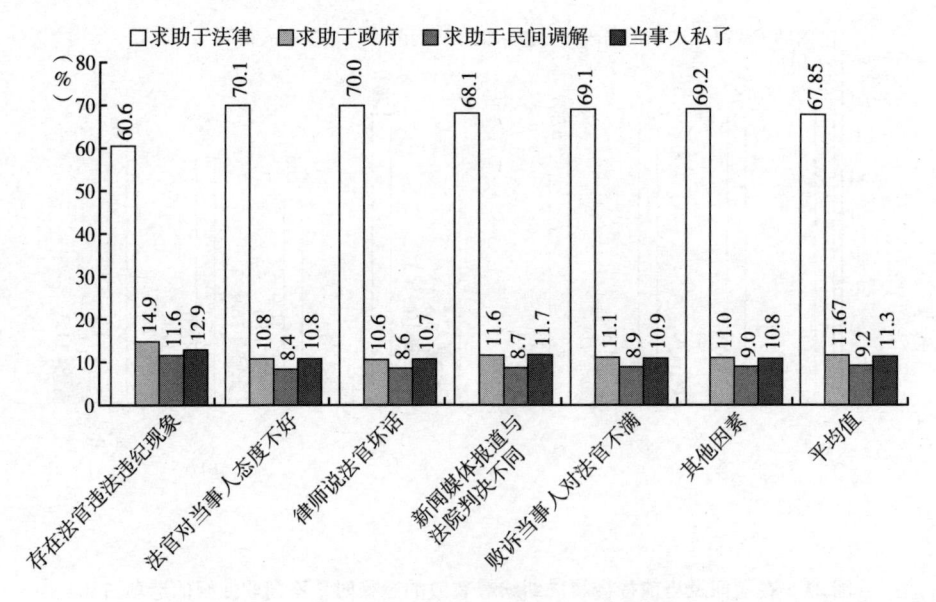

图22　交叉分析：司法需求度与法官形象认知

九　司法问题与司法公正满意度分析

我们设置了"您认为影响我国司法公正的主要因素是"的问题，这是一个事实判断题，以测试受访者对于一些影响司法公正因素的感受程度。回答选项设置为"人情关系""法官素质""领导干预""社会舆论影响"。受访者对四个选项的选择占比分别为：选择"人情关系"选项的占比为44.7%，选择"法官素质"选项的占比为24%，选择"领导干预"选项的占比为18.8%，选择"社会舆论影响"选项的占比为12.5%。从调查结果看，受访人群中认为人情关系是影响司法公正最主要因素的占比最大，其次是"法官素质"和"领导干预"，认为"社会舆论影响"是主要因素的最少（见图23）。

另外，我们还设置了"对于打官司，您最不愿意看到的情形是"的问题，测试受访者对于司法审判的时间成本、费用成本和审判结果的看法，其选项为："花钱太多""拖得时间太长""审判不公正""其他"。调查结果显示，绝大多数受访者都在前三个选项中做了选择，只有4.1%的人选择了"其

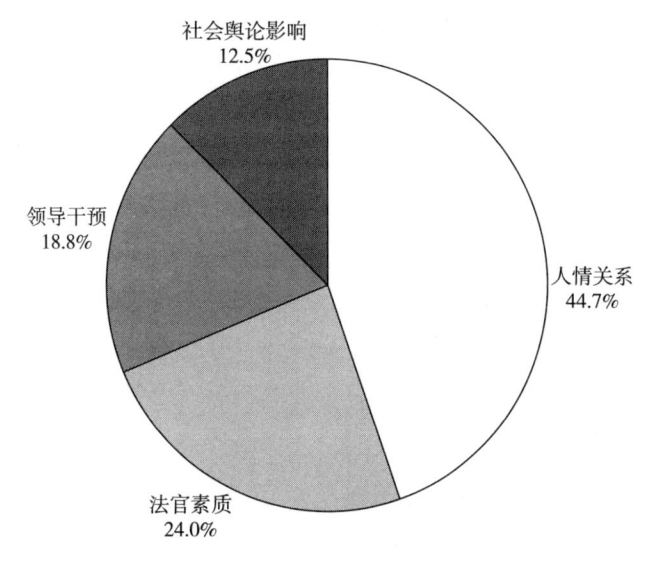

图23 对影响司法公正因素的认知

他"选项;占比最高的选项是"审判不公正",为42.8%,其次是"拖得时间太长",为31.2%,再次是"花钱太多",为21.9%(见图24)。

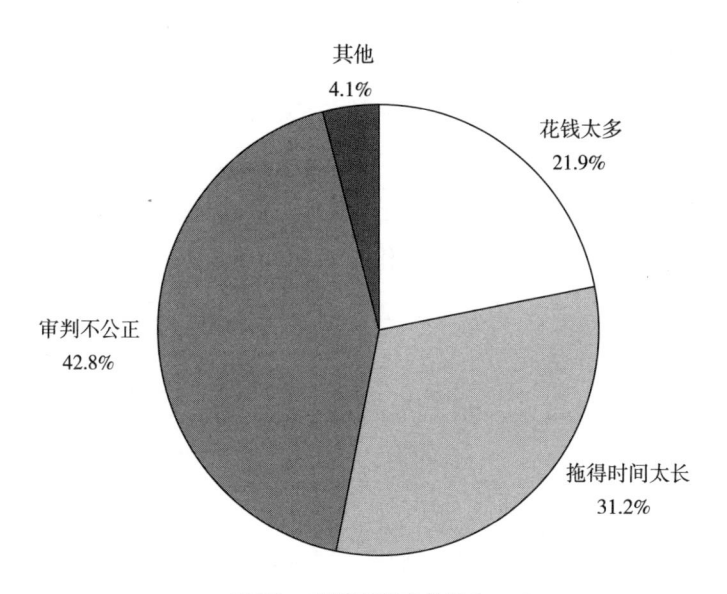

图24 对诉讼困难的认知

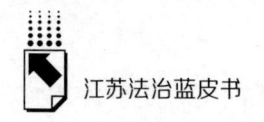

图 25 是将"您对我国法院审判活动的基本评价是"与"您认为影响我国司法公正的最主要因素是"两个问题进行交叉分析的结果。

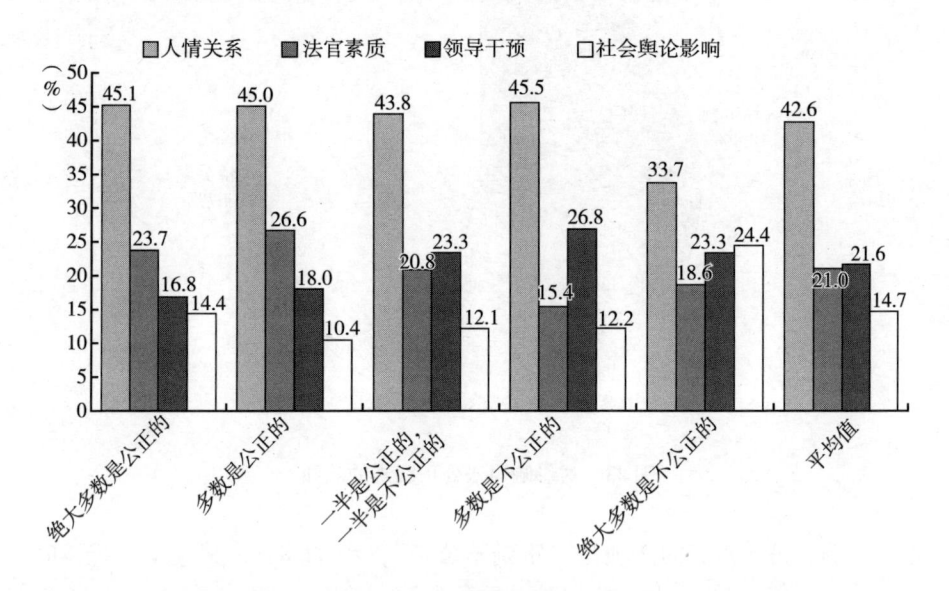

图 25 交叉分析：司法公正满意度与影响司法公正因素的认知

总体上看，不同司法公正满意度的人群对于影响司法公正的最主要因素的判断相差不大。但是也有一些值得注意的地方。司法公正满意度最低、对司法公正持否定态度的人群中虽然也有 33.7% 的占比认为"人情关系"是影响司法公正最重要的因素，这一点与其他人群所表现的趋势是一致的，但是，其占比在所有人群中最低的，比认为司法公正满意度最高的人群占比（45.1%）低 11.4 个百分点；而司法公正满意度最低的人群选择"社会舆论影响"是影响司法公正最主要因素的占比却最高（24.4%），高出占比其次的司法公正满意度最高人群（14.4%）10 个百分点；此外，司法公正满意度次低的人群认为"法官素质"对于司法公正的影响最大的占比（15.4%）也是明显低于其他人群，比最高的司法公正满意度最高人群占比（23.7）低了 8.3 个百分点，比次低的对司法公正基本肯定人群（26.6%）也低了 11.2 个百分点。对于这种情况的原因还需要进一步的研究和解释。最后，司法公正满意度最高的人群认为"领导干预"对于司法公正影响最大的占比（16.8%）明显低于其他人群。

图26是"您对我国法院审判活动的基本评价是"与"对于打官司，您最不愿意看到的情形是"两个问题进行交叉分析的结果。

与前一个交叉分析相类似，不同司法公正满意度的人群对于诉讼中最不希望看到的情形的认知亦无太大差别。从总体上看，司法公正满意度高的人群更关注司法公正的实现，而对诉讼费用或时间耗费的关注相对较少；而司法公正满意度较低的人群尽管对于司法公正的实现也有较高的关注，但是对于诉讼费用或时间耗费的关注度也相对较高。

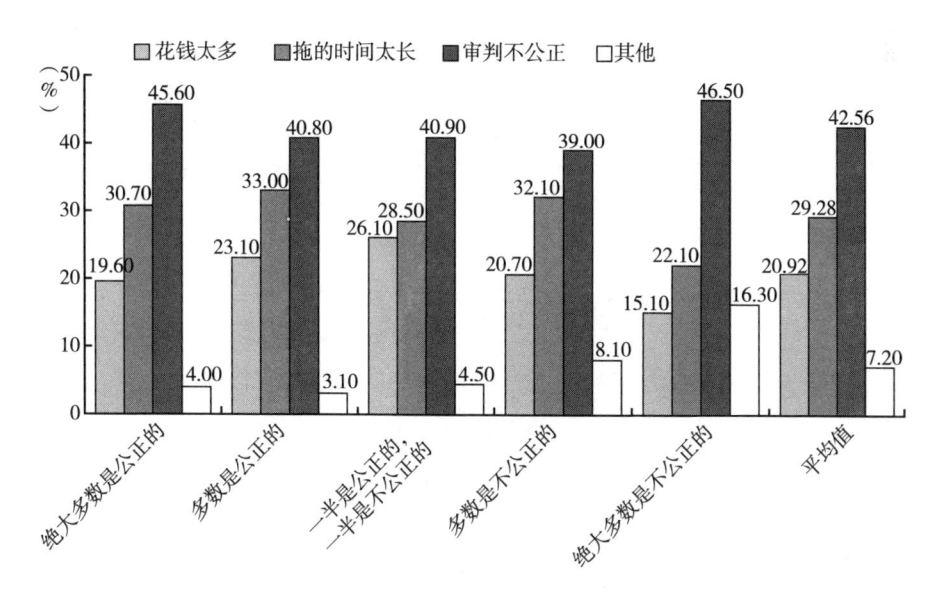

图26 交叉分析：司法公正满意度与诉讼困难认知

十 敏感人群分析

我们将司法公正满意度问题测试中持"一半是公正的，一半是不公正的"态度受访人群和在司法信任度问题测试中持"一般"态度的受访人群归为敏感人群，他们对于司法公正的看法处于中间状态，因而极易受到来自

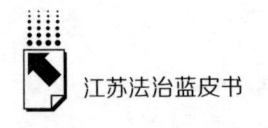

两方面的影响而发生态度的转变。

图27是受访人群总体年龄结构。不同年龄段的受访者对于司法公正的满意度表现出了一定的差异。在图5中，12~18岁和46~60岁受访者中持中间态度的占比均较低，分别为10.7%和8.2%，其中19~30岁的受访者占比最高，为13.9%，31~45岁的受访者次之，为13.4%。从图27可见，成年组中持中间状态的受访者较多，尤其是19~30岁的受访者。而19~30岁和31~45岁两个年龄段恰恰是在受访者总样本中占比最高的两个年龄段，分别为34.9%和34.5%，合计占比为69.4%。

从文化程度分布看，小学及以下文化程度和大专文化程度的人群占比较高，分别为16.4%和16.3%，其次是高中文化组，占比为15.4%。总体上看，对于司法公正持中间态度的人群与文化程度的关联性似乎没有规律性，但是本科及以上受访者占比最低，为10.3%（见图7）。

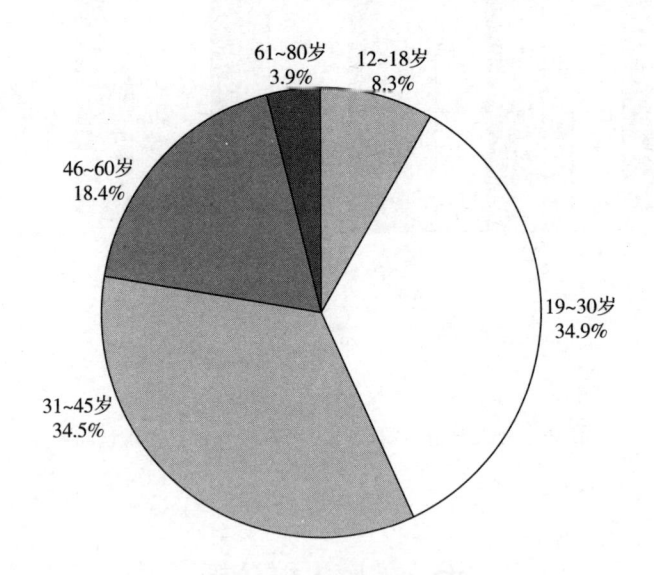

图27　总样本的年龄结构

从职业分布看，对司法公正持中间态度的，其他人员和外来务工人员占比较高，分别为17.3%和17.1%，农民次之，为16.3%，机关公务人员最低，仅为8.3%。对职业人群的分析或许能解释文化程度分类所表现出的不规律性，在本科及以上文化程度与机关公务人员之间或许存在某种重合的情况。同时，我们也注意到农民和外来务工人员在司法满意度问题中持满意态度的占比最低，分别是29.9%和33.7%，持满意态度和比较满意态度的占比，外来务工人员为72%，农民占比为74.5%，其他人员占比为77.3%，均处在较低的水平，其中外来务工人员的占比最低。可见在农民、外来务工人员中，不仅司法满意度相对较低，而且有较多的人处在司法满意度的中间状态（见图28）。

综合以上因素，我们判断，敏感人群较多聚集在年龄19~45岁，小学及以下文化程度和大专文化程度的农民和外来务工人员中，这些人群应当成为社会关注的对象。

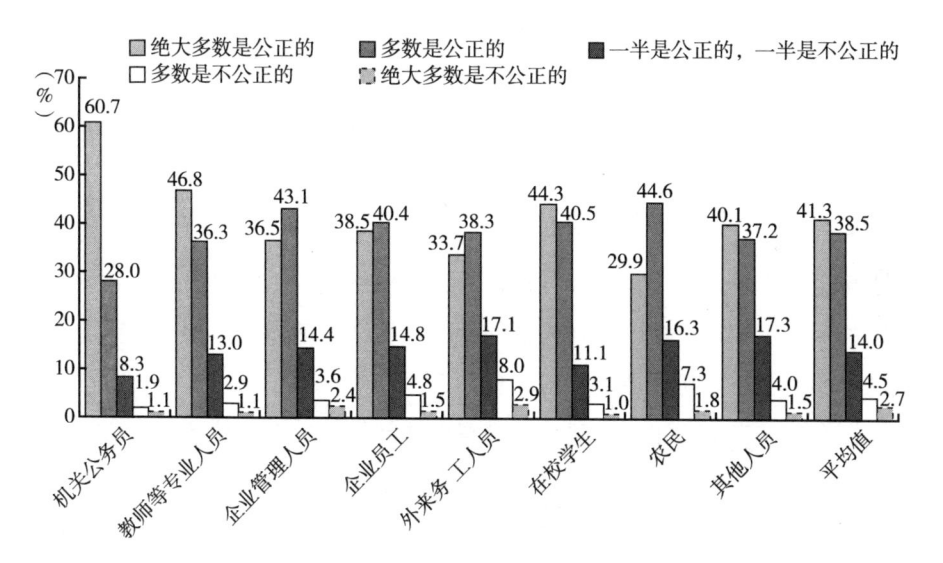

图 28 敏感人群的职业分布

十一 综合分析

从总体上看，江苏公民的司法公正满意度处在较高的水平，这不仅表现在对司法公正持比较满意和基本满意态度的公民的较高占比上，而且表现在

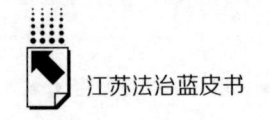

即使是农民、外来务工人员等社会群体,对司法公正持基本满意态度的占比也都在85%以上,其中外来务工人员的占比为89.1%,其他人员为94.6%,企业员工为93.7%,农民为90.8%。

文化水平差异与司法满意度之间的关联性虽然不明显,但是对于我们修正调查数据所显示的结果仍然有一定的参考意义。总体上看,小学及以下文化水平组对司法满意度的评价最低,不仅在选择"绝大多数是公正的"选项的各组中占比最低,而且在选择"绝大多数是不公正的"选项的各组中占比最高。相应地,本科及以上文化水平组在选择"绝大多数是公正的"选项的各组中占比是最高的,为47.5%,在选择"绝大多数是不公正的"选项的各组中占比最低。能看出,小学及以下文化水平组在"绝大多数是公正的"和"绝大多数是不公正的"的选项选择上,与本科及以上文化水平组的选择完全相反。考虑到小学及以下文化水平组的人群通过文字接收信息的能力和对各种信息的理解能力有限这一因素,可以认为其比较容易受到周围环境和人群情绪的影响,而本科及以上文化水平组的人群具有从多种途径获取信息和较好地分析、理解所获取的信息的能力,其对司法满意度的选择更接近于真实状态。因此,我们认为,数据所表现出的司法公正满意度与实际的满意度相比,应当处在偏低的状态,社会的整体氛围和舆论影响是造成这种偏低状态的主要原因。

社会经济发展水平与司法公正满意度之间的相关性不是绝对的。随着全省经济发展水平的进一步均衡发展和司法改革的不断深入,苏南、苏中和苏北的公民的司法公正满意度都在进一步提高。但是值得注意的是,在江苏省社会经济发展水平最高的苏南地区,尽管其司法公正满意度的整体水平高于其他地区,但是其"非常满意度"的占比却并不高于其他地区。因此,即使是经济发展水平高的地区,司法公正满意度的提升仍面临新的挑战。

就特定群体的司法公正满意度而言,特定年龄段和特定职业的受访者群体的司法公正满意度值得我们给予特别的关注。首先,19~45岁受访者群体的司法公正满意度明显低于其他年龄段的受访者。尽管在这一年龄段的社会成员中,有相当一部分刚刚进入社会,也有相当一部分并不具有丰富的社会阅历，更有一部分承受着最重的生活压力，这些都有可能成为影响其司法公正满意度的因素，但是这一年龄段的社会成员恰恰是社会活动的主要群体，其对司法公正的满意度不仅对当下，而且对未来有着重要的意义，其司法满意度相对较低的状况需要给予特别的关注。其次，在特定的职业群体中，外来务工人员、农民、企业员工的司法公正满意度相对较低。尽管这种情况与外来务工人员和农民融入现代法治社会环境的能力有关，与这些群体中相当一部分成员的文化水平有关，但是，社会应当给予这些群体更多的司法关怀，为其提供更好的法律支撑，提供更多、更方便、更有效的纠纷解决途径，让其对司法公正有更多的切身感受是我们需要特别关注的。

敏感人群的状况是改善司法公正满意度需要特别注意的问题。这一群体大约占样本总数的20%，年龄分布主要在19~45岁，文化水平偏低，在外来务工人员和企业员工中有较多的分布。这部分人群不仅对当下的司法公正满意度有着重要的影响，而且在很大程度上决定着司法公正满意度未来的走向。无论是司法活动主体，还是政策制定者，抑或舆论传播者和其他社会组织，都应对这一人群与司法的关系的改善给予必要的关注。

B.10
司法所长生存状态实证研究

——以江苏省Z市31名乡镇司法所长为分析样本

汤 帅*

摘　要： 通过以江苏省Z市31名乡镇司法所长为分析样本，对司法所长这一职业群体在学历专业、编制职级、培训考核、工作满意度等方面的生存状态进行实证观察，发现司法所长在法律实践中面临职业风险越来越高、角色扮演越来越难的困境，建议在管理体制上采取垂直化管理模式，让司法所长集中精力和时间研究与实践基层司法行政工作，统筹调配司法所长的调动和晋升，通过上级司法行政部门列专项拨付的形式保障乡镇司法所的办公经费。

关键词： 乡镇司法所长　职业群体　生存状态　管理模式

司法所是中国司法行政系统的最基层单位，直接承担着向基层社会和广大人民群众提供法律保障、法律服务、法制宣传教育等多项重要任务，解决了基层的大多数纠纷，是"社会稳定第一道防线"。然而，理论研究者和政府部门管理者对处在司法行政系统权力最末梢，人员数量却又最庞大、接触群众最直接的司法所长这一职业群体的关注度明显不够，对其生存状态比较系统的理论研究很少，客观真实的实证调查更是十分缺乏。

为深入了解司法所长职业群体的生存状态，笔者运用实证研究的方法，

---

* 汤帅，南京师范大学法学院2014级法律硕士研究生。

对江苏省 Z 市 31 个乡镇的全部司法所长进行了不记名问卷调查和为期一个月的实地调研访谈。本文拟对问卷调查结果和实地调研访谈笔录进行样本分析，先阐述 31 名乡镇司法所长的生存状态，然后分析其在法律实践中的角色扮演状况，进而揭示司法所长生存状态存在的问题和面临的困境，最后提出改善司法所长生存状态的思路和对策建议。

一 实证观察：31名乡镇司法所长样本分析

主要从性别、年龄、政治面貌、学历、编制职级、从事法律工作时间、健康、收入、家庭负担、职业满意度、工作压力、经济以外的待遇、培训及考核、司法所队伍、司法所经费等方面对 31 名乡镇司法所长进行样本统计，目的在于客观、真实地反映 Z 市乡镇司法所长队伍的生存状态现状。按照实证研究的惯例，本文对 31 名乡镇司法所长的姓名进行了技术性处理，按 1~31 号进行了排序。具体统计结果如下。

（一）性别状况

由图 1 可知，31 名司法所长中，男性所长有 27 人，占比为 87.1%，女性所长有 4 人，占比为 12.9%。可见，Z 市男性司法所长明显多于女性司法所长。

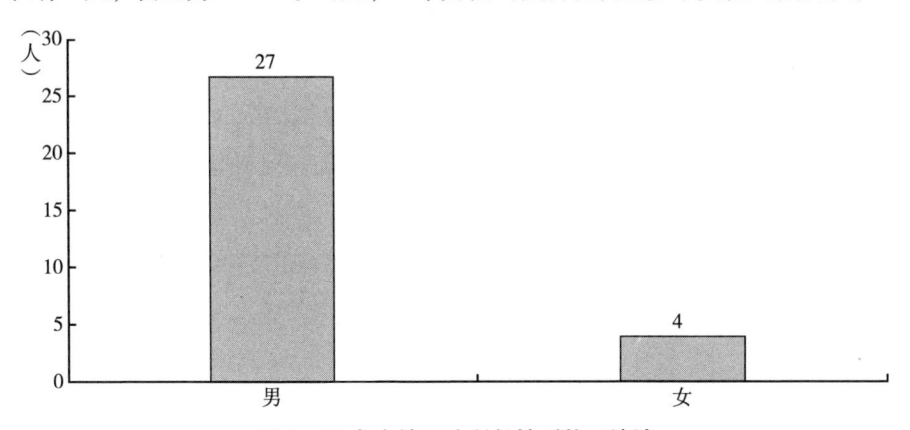

图 1 31 名乡镇司法所长性别状况统计

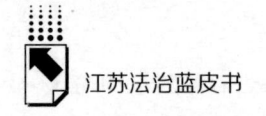

（二）年龄状况

由图2可知，31名司法所长年龄在31~40岁的有4人，占比为12.9%，41~50岁的有13人，占比为41.9%，51岁以上的有14人，占比为45.2%。31名司法所长的年龄基本处于41岁及以上，经统计，他们的平均年龄为47.9岁。可见，Z市乡镇司法所长的年龄普遍偏大。

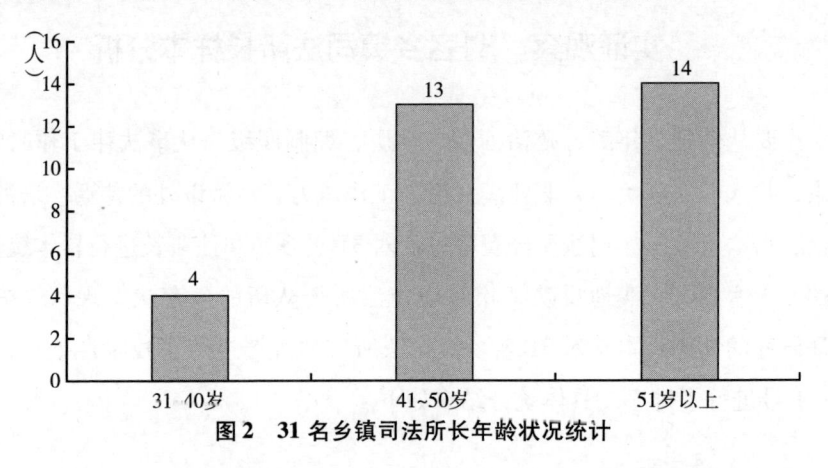

图2　31名乡镇司法所长年龄状况统计

（三）政治面貌状况

由图3可知，31名司法所长除1名司法所长的政治身份为群众外，其余30名司法所长都是中共党员。

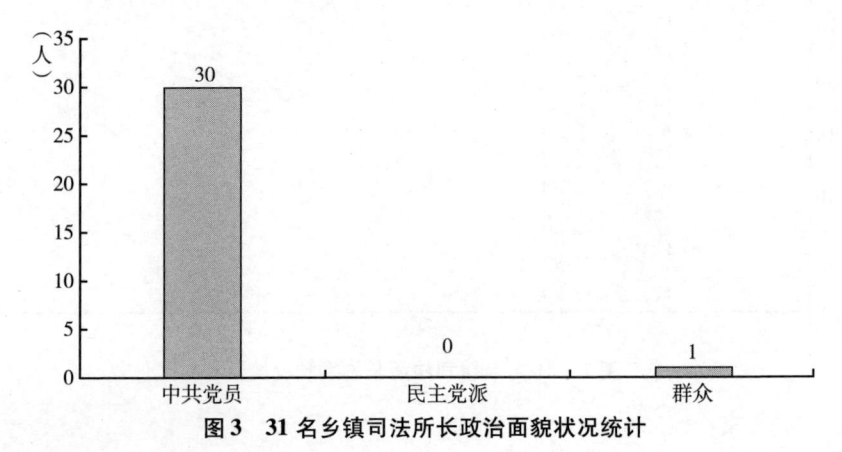

图3　31名乡镇司法所长政治面貌状况统计

（四）学历状况

由图4可知，31名司法所长中，没有具有研究生学历的人，具有大学本科学历的有13人，占比为41.9%，具有大学专科及以下学历的有18人，占比为58.1%。大学专科及以下学历的所长中还包括高中学历的3人、初中学历的1人。从访谈中得知，具有大学本科学历的13人中，是全日制大学本科学历的仅有4人，其余9人为工作后获得的学历。从专业上看，有25人来自农艺学、土壤学、经济管理、财务会计、武警内务、消防等非法律专业，法律专业科班出身的仅有6人，占比为19.4%；通过国家统一司法考试①的仅有2人，占比为6.5%；具有法律工作者证的仅有8人，占比为25.8%。

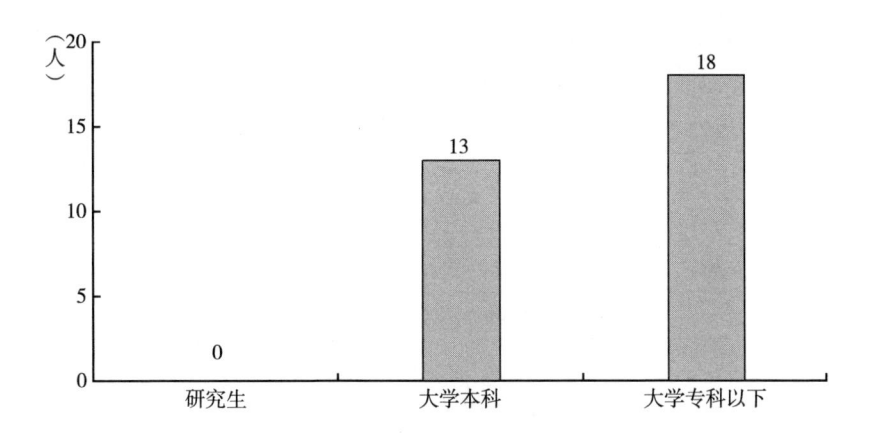

图4　31名乡镇司法所长学历状况统计

可见，Z市乡镇司法所长的学历和专业素养与司法部"司法所所长应当具有大专以上法律专业学历""熟练掌握基层司法行政工作业务知识和工作技能"等要求差距较大，学历水平和法律专业素养普遍不高。

---

① 国家统一司法考试前身为律师资格考试，自2002年后，增加了检察官考试和法官考试两类系统内职业资格考试考核，统称为国家统一司法考试。初任法官、初任检察官和取得律师资格必须通过国家统一司法考试。江苏省Z市31名乡镇司法所长中，通过司法考试的有2名，其中1人通过的是律师资格考试，另一人通过的是国家统一司法考试。

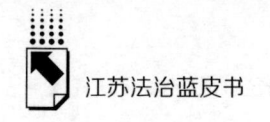

(五) 编制职级状况

由表1可知，31名司法所长的职务除"乡镇人民政府司法所长"外，基本上都有兼职，大多数兼职都与基层政法工作有关，如乡镇政法综治中心副主任、乡镇矛盾纠纷调处中心主任、乡镇政府法律顾问等，但也有个别所长兼任审计、人武、残联、党务等工作。可见，Z市乡镇司法所长兼职化情况比较严重。

表1 31名乡镇司法所长编制职级状况统计

序号	编制	职务	级别
1	事业	镇政法综治中心副主任、司法所长	正股级
2	事业	镇政法综治中心副主任、司法所长	正股级
3	公务员	镇政法综治中心副主任、信访办主任、司法所长	正股级
4	公务员	镇政法和社会管理办公室主任、司法信访科科长[①]	副科级
5	公务员	镇政法综治中心副主任、司法所长	正股级
6	公务员	镇政法综治中心副主任、司法所长	正股级
7	公务员	镇政法综治中心副主任、司法所长	副科级
8	事业	镇矛盾纠纷调处中心主任、司法所长	正股级
9	公务员	镇矛盾纠纷调处中心主任、司法所长	正股级
10	公务员	镇政法综治中心副主任、司法所长	正股级
11	事业	镇矛盾纠纷调处中心主任、司法所长	正股级
12	公务员	镇矛盾纠纷调处中心主任、司法所长	副科级
13	公务员	镇矛盾纠纷调处中心主任、司法所长	正股级
14	公务员	镇矛盾纠纷调处中心主任、综治办主任、司法所长	正股级
15	事业	镇矛盾纠纷调处中心主任、司法所长	正股级

---

① 4号司法所长的实际职务之所以是镇政法和社会管理办公室主任、司法信访科科长，是因为其所在的乡镇属于国家"强镇扩权"试点镇，下设政法和社会管理办公室的工作职能中包含乡镇司法所职能，为副科级建制。

续表

序号	编制	职务	级别
16	事业	镇综治办主任、信访办主任、司法所长	正股级
17	公务员	镇矛盾纠纷调处中心主任、司法所长	正股级
18	公务员	镇司法所长	正股级
19	公务员	镇矛盾纠纷调处中心主任、司法所长	正股级
20	公务员	镇矛盾纠纷调处中心主任、法制办主任、司法所长	正股级
21	公务员	镇矛盾纠纷调处中心主任、司法所长	正股级
22	公务员	镇信访办主任、司法所长	正股级
23	事业	镇审计所副所长、司法所长	正股级
24	事业	镇政法综治中心常务副主任、残联理事长、机关第一支部党支部书记、司法所长	正股级
25	公务员	镇矛盾纠纷调处中心主任、司法所长	正股级
26	事业	镇矛盾纠纷调处中心主任、法律顾问、司法所长	正股级
27	事业	镇矛盾纠纷调处中心主任、法律顾问、司法所长	正股级
28	公务员	镇政府法律顾问、司法所长	正股级
29	公务员	镇综治办主任、人武干事、司法所长	正科级
30	社会化用工	镇信访办主任、司法所长	正股级
31	事业	镇矛盾纠纷调处中心主任、司法所长	正股级

从编制情况看，31名司法所长中编制为公务员身份且属于政法专编的有19人，尚为事业单位人员编制的有11人，另有乡镇社会化用工1人。可见，Z市乡镇司法所长的编制情况与司法部"司法所长应全部为政法专编公务员"的要求还有很大差距。

（六）从事法律工作时间状况

由图5可知，31名司法所长中从事法律工作时间在5年及以下的有11人，6~10年的有4人，11~20年的有11人，21年及以上的有5

人。从事法律工作6年及以上的有20人，占比为64.5%，可见大部分所长均具有一定的工作经验。从访谈中得知，从事法律工作年限5年及以下的11人中，有8人是"老乡镇"，因县（市、区）司法局要求司法所长的身份必须为公务员，近几年才调整到司法所长岗位上来；有3人是因工作表现优秀，被提拔为乡镇司法所长。从事法律工作年限在21年及以上的5人中，均属于长期扎根基层司法行政事业的情况，5名司法所长在乡镇司法所的工作年限分别为22年、22年、23年、31年、34年。

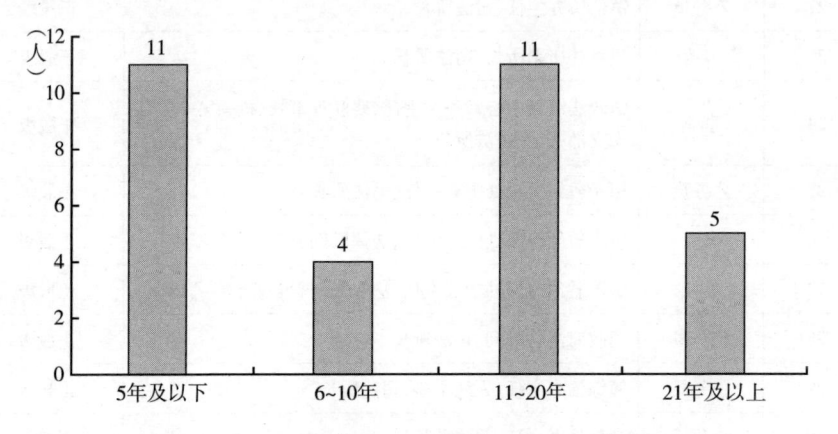

图5 31名乡镇司法所长从事法律工作时间状况统计

（七）健康状况

由图6可知，31名司法所长认为自己的身体处于健康状态的有8人，处于亚健康[①]状态的有21人，处于不健康状态的有2人，身体处于亚健康和不健康状态的占比为74.2%。访谈中了解到，认为自己处于亚健康状态的21名司法所长主要反映自己经常有诸如疲劳、头晕、失眠、烦躁不安等

---

① 世界卫生组织将机体无器质性病变，但是有一些功能改变的状态称为"第三状态"，我国称为"亚健康状态"。亚健康即指非病非健康状态，是介于健康与疾病之间的状态，实际上就是人们常说的"慢性疲劳综合征"。因为其表现复杂多样，国际上还没有一个具体的标准化诊断参数。

不舒服的感觉，理由有"长期处于超负荷工作状态""工作压力比较大""自己锻炼身体不够""不注意保养"等。处于不健康状态的 2 名司法所长称自己患有糖尿病、高血压等疾病。

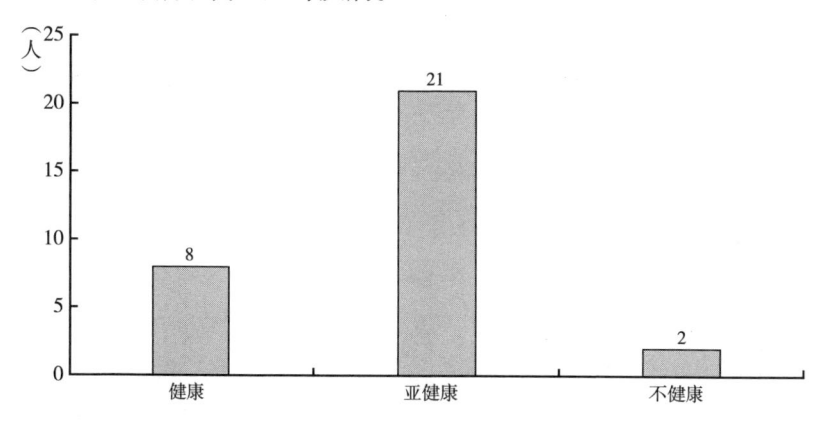

图 6　31 名乡镇司法所长健康状况统计

（八）收入状况

由图 7 可知，31 名司法所长对自己的收入很满意的有 4 人，满意的有 13 人，不满意的有 14 人。不满意的人数最多，占比为 45.2%。在访谈中得知，31 名乡镇司法所长的收入来源具体包括以下方面。第一，工资，由乡镇拨付。乡镇财政所会根据所长编制身份和级别，分别按照公务员、事业单位、社会化用工的标准按月进行发放，每月 2000~5000 元不等。第二，津补贴，由县（市）区司法局拨付。包括司法助理员津贴、人民调解卷宗补贴、审前调查补贴等，司法局根据实际工作量按年度进行发放，各乡镇司法所每年拿到 400~2000 元不等，绝大多数所长表示这部分津补贴会直接发给实际操作经手的办事人员，自己基本不拿。第三，奖金，由乡镇拨付。这部分收入根据所在乡镇年终绩效考核的等次，一次性进行发放，每人拿到 20000 元左右。第四，处理乡镇政府交办事项的工作补贴，由乡镇拨付。这部分收入根据司法所长实际参与情况而定，如参加一年两季秸秆禁烧的补贴有 1000~3000 元，每次参加征地拆迁的补贴有 3000~6000 元，等等。第五，特殊节日奖金，如端午节、中秋节等传统节日所发奖金。司法所长们普遍反映"中央八项规定"出台之后，这部分费用没有了。经测算，Z市乡镇司法所长每年收入在5万~8万元不等，基本处于江苏在岗职工年平均工资的平均数上下。在访谈中问及司法所长收入"不满意"的原因，主要理由有"工资基本用于还房贷""子女上学花钱比较多""家里老人生病等赡养费用比较高"等。

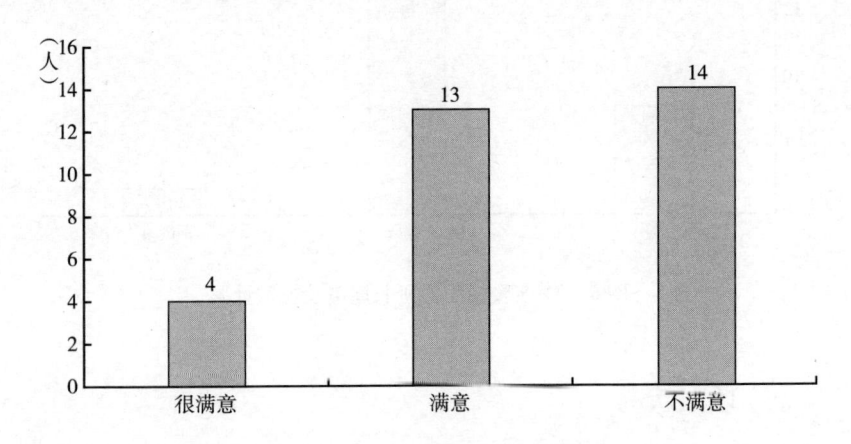

图7 31名乡镇司法所长收入满意度状况统计

（九）家庭负担状况

由图8可知，31名司法所长中，认为自己家庭负担很重的有7人，占比为22.6%，认为自己家庭负担一般的有16人，占比最多，为51.6%，认为自己家庭没有负担的有8人，占比为25.8%。从访谈中得知，认为负担很重的司法所长主要是因为"孩子太小""老人不在身边，没人帮衬""基本上不怎么回家，几乎没有节假日"等。认为负担一般的乡镇司法所长大多数表示平时很注重与家庭其他成员共同分担家务，主要是因为"平时不怎么在家""事情来了说走就走，都是急事""家属承担了一大半"等。认为没有负担的乡镇司法所长表示"家里没什么事""孩子不在家""家属基本上不指望我"等。可见，Z市的乡镇司法所长大部分家庭都有负担，但是因为工作的原因，承担的家庭负担都比较少。

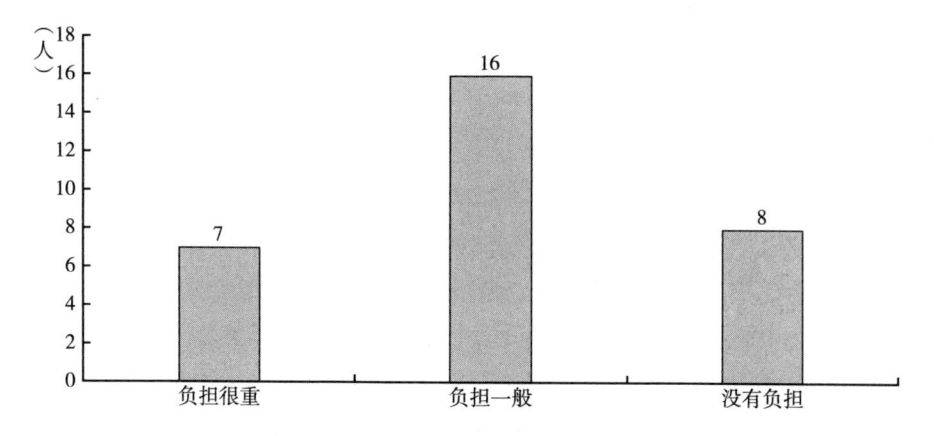

图8　31名乡镇司法所长家庭负担状况统计

（十）职业满意度状况

由图9可知，31名司法所长中，对自己的职业很满意的有5人，占比为16.1%，满意的有10人，占比为32.3%，不满意的有16人，占比为51.6%。不满意的人数超过半数。在访谈中得知，对自己职业很满意的主要

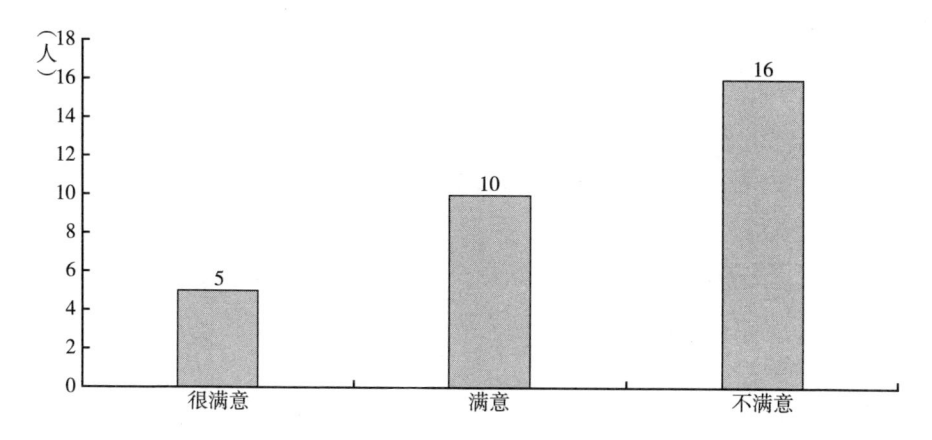

图9　31名乡镇司法所长职业满意度状况统计

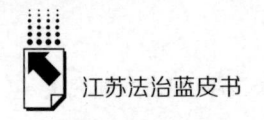

原因是虽然工作很忙，但是所在乡镇经济待遇比较好，领导和同事们很重视和认可司法所工作。对自己职业不满意的主要理由有"感觉工作太辛苦""没有时间陪家人""工作看不到希望，一干就是多少年""人少事多，都指望所长一人""乡镇是只要有矛盾都是指望着司法所长带走"等。可见，Z市超过半数的乡镇司法所长职业满意度不高。

（十一）工作压力状况

由图10可知，31名司法所长中，认为工作压力很大的有13人，占比为41.9%，认为工作有点压力的有11人，占比为35.5%，认为没有什么工作压力的有7人，占比为22.6%。从调查结果来看，Z市的大多数乡镇司法所长在工作中还是有不小的压力。在访谈中得知，认为工作压力很大的司法所长主要反映：第一，工作时间不定，任务说来就来，加班太多，不分白天晚上，24小时随时待命；第二，工作权责不对等，作为基层司法行政执法人员却没有执法强制力；第三，存在职业风险，接触的都是"负能量"，被伤害的危险随时存在；第四，受县（市）区司法局和所在乡镇双重领导，落实工作经常发生冲突导致分身乏术；第五，工作本领恐慌，当前基层的矛盾纠纷量大而且花样层出不穷，掌握的法律知识不够全面、不够专业；等等。

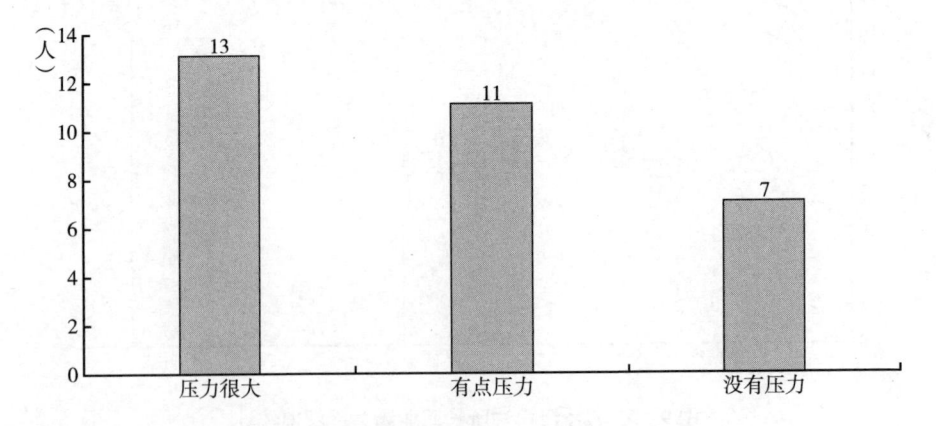

图10　31名乡镇司法所长工作压力状况统计

（十二）经济以外的待遇状况

经济以外的待遇，主要是指晋升机会、社会声名等方面。在访谈中，乡镇司法所长们普遍认为，晋升机会几乎没有，主要反映有"干上所长以后就遇到天花板效应，没有更好的发展了，几乎没有人转为乡镇党政领导""当了部门负责人就在正股级的岗位上转，一直到退休""有文件规定要求享受副主任科员待遇，但是仅限于公务员满一定年限的人"，等等。谈到社会声名地位，主要反映有"没什么地位""主要还是靠司法所长个人魅力，协调得好别人还是把司法所长当回事的""这个就看具体情况了，但是基本上属于边缘部门，乡镇主要领导都是有矛盾了才会想到司法所长"，等等。可见，Z市的31名乡镇司法所长中，大多数认为经济以外的待遇状况不是很好。

（十三）培训及考核状况

从问卷调查结果看，Z市司法局有组织县（市）区司法行政工作人员和司法所先进所长集中培训的举措，县（市）区司法局每年也会结合业务工作开展组织1~2次专项培训，除此之外，江苏省司法厅有专门的宣传教育网络为基层司法行政人员提供学习平台。但是在访谈中，不少司法所长反映，"培训效果不理想""作用不大""建议更有针对性些""建议还是多一些实务指导""操作层面的内容太少了"。有乡镇司法所长表示，自己的业务学习更多依靠互联网，但是"互联网信息太多，不知道哪个说的是对的"。可见，乡镇司法所长特别缺乏集中和系统的学习培训，提升自我业务水平的愿望比较强烈。

考核工作分年度考核和平时各类评奖评先，年度考核由县（市）区司法局组织开展，每年初根据年度重点工作，制定考核标准，年末组织实施，内容涉及人民调解、法律宣传、社区矫正、安置帮教等方面，在访谈中有司法所长谈到"考核主要以文字材料为准，对台账资料过于注重，对考核结果的影响力远大于工作实绩"。经统计，几乎所有司法所长都获得过各类先进表彰，如普法工作先进个人、法治建设先进个人、优秀人民调解员等。但是，获奖情况主要集中在县（市）区和乡镇层面，特别是在乡镇层面，每人都获得过，最高的达到30次之多。所长们省级以上荣誉获得很少，国家级荣誉只有3号所长获得过。

（十四）司法所队伍状况

由表2可知，31名司法所长所在的司法所人数在3~9人不等，平均有4.8人。但是，在访谈中，每个所长都谈到了人员构成问题，司法所人员主要由三部分构成：第一部分是退休返聘或者退居二线的人员，这部分人员均是"调解能手"，但是其他工作几乎不参与；第二部分是在编不在岗的"空挂"人员，主要也是近几年招录的公务员，因为各方面表现比较好，被上级机关部门或者乡镇政府借调去"跟班学习"，所长们对此十分无奈，均是"不能影响人家的发展前途""上级部门要人我们一点办法也没有"的回答；第三部分往往才是司法所工作开展的主力，但是基本上只有2~3人了，这其中还包括专门从事社区矫正工作的专职社工，可见司法所工作力量严重不足。

表2　31名乡镇司法所长所在司法所队伍状况统计

单位：人

序号	所在司法所人数	公务员	事业单位	社会化用工	专职社工
1	9	2	2	—	5
2	7	2	2	1	2
3	5	1	2	—	2
4	4	2	—	—	2
5	3	1	—	1	1
6	5	1	1	1	2
7	6	3	1	—	2
8	7	2	2	1	2
9	5	2	1	—	2
10	6	3	1	—	2
11	5	3	1	—	1
12	4	2	—	1	1

续表

序号	所在司法所人数	公务员	事业单位	社会化用工	专职社工
13	4	3	—	—	1
14	5	3	1	—	1
15	4	1	1	—	2
16	5	2	1	1	1
17	4	3	—	—	1
18	5	2	1	—	2
19	6	3	—	1	2
20	3	2	—	—	1
21	7	3	—	3	1
22	7	4	1	—	2
23	4	2	1	—	1
24	4	1	1	1	1
25	4	3	—	—	1
26	3	1	1	—	1
27	5	3	1	—	1
28	4	3	—	—	1
29	3	1	1	—	1
30	3	—	—	2	1
31	3	1	1	—	1

（十五）司法所经费状况

从问卷调查结果看，Z 市 31 名乡镇司法所长反映所在司法所的办公经费和日常开支在 2 万～20 万元不等，均由乡镇政府实报实销，可见这种实报实销"来去很大"。访谈中，所长们反映这主要取决于乡镇党委和政府对司法所长本人的认可程度、对司法所工作开展的重视程度。7 号所长表示"自己从来不烦经费开支，把钱花在刀刃上，领导都是全力支持"，据该所长所在的县（市）区司法局工作人员介绍，7 号所长协调能力特别强，"很讨领导喜欢"。而 29 号所长却直接在访谈中表示，"乡镇领导不把司法所当自己人，高兴就给些钱不高兴就让直接找司法局去，司法局更多时候是给布置任务不给经费，工作很难开展"。

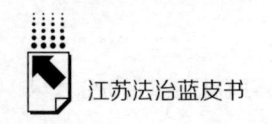

二　司法所长在法律实践中的角色扮演

在实证观察中发现，司法所长在其法律实践中扮演着多重角色，而这些角色扮演与司法所职能紧密相关。司法部明确规定，司法所主要拥有九项职能：（1）指导管理人民调解工作，参与调解疑难、复杂民间纠纷；（2）承担社区矫正日常工作，组织开展对非监禁服刑人员的管理、教育和帮助；（3）开展法律援助工作，指导管理基层法律服务工作；（4）协调有关部门和单位开展对刑释解教人员的安置帮教工作；（5）组织开展法制宣传教育工作；（6）组织开展基层依法治理工作，为乡镇人民政府（街道办事处）依法行政、依法管理提供法律意见和建议；（7）协助基层政府处理社会矛盾纠纷；（8）参与社会治安综合治理工作；（9）完成上级司法行政机关和乡镇人民政府（街道办事处）交办的维护社会稳定的有关工作。① 在调查研究中，司法所长扮演的角色主要有如下几种。

（一）人民调解员

访谈中了解到，Z市的31个乡镇司法所均已挂"乡镇人民调解委员会"的牌子，但往往是"两块牌子、一套人马"，由司法所长兼任乡镇人民调解委员会主任。31个乡镇所辖的所有村（居）调委会均已建立，但调委会成员基本上都是兼职。在调解程序上，31名乡镇司法所长遇到村（居）需要调解的事宜，一般是找村（居）主任或党组织书记，"兼职的调委会成员精力和能力都不够"，"有矛盾都是先找村主要领导"。随着乡土社会的解体，乡村纠纷不再由村社中的长者进行处理，而是由具备权力支撑的"村干部"进行调处。② 在调解内容上，主要来自村（居）、企业、医院学校，类型涉及土地房屋纠纷、债权债务纠纷、医患纠纷、婚姻继承纠纷等方面。在调解

---

① 《关于加强司法所规范化建设的意见》，司法部，2009年11月26日，司发〔2009〕19号。
② 参见费孝通《乡土中国》，北京出版社，2005，第92~99页。

工作量上，基本每年基层政府需要调解100~200件，个别较大的乡镇每年调解量达1000件。Z市司法局和县（市）区司法局的相关职能处（科）室会定期或不定期要求基层司法所上报"典型案例"，并且每年会有不同层面的"人民调解先进个人""优秀调解案例"等荣誉的评先评优，31名乡镇司法所长几乎全部获得过此类荣誉。在调解困境上，司法所长们表示，当前，司法所的人民调解工作都是按照"指导和帮助""协助基层政府"进行的，发挥着"人民调解员"的作用，但也基本上是居中教化、劝导式的调解，达成的协议虽然具有合同上的约束力，但不具有法律上的强制执行效力，调解工作经常反复，耗费精力过多。人民调解工作占据司法所工作总量的50%~70%，即使不是司法所最重要，也是司法所投入精力最多、耗时最多的部分。18号所长在访谈中谈道：

> 调解工作基本上占据了我的大部分工作精力。举个例子，2015年9月，陕西籍外出务工人员刘某在我镇一家苗圃公司工作时由于陈某操作装载机不当，过失致使刘某受伤，经抢救无效，死亡。事情发生后，刘某家人匆忙赶至我镇，但苗圃公司负责人匿而不见，致使索赔事宜陷入僵局。刘某家人无奈在苗圃内阻挠施工，要求苗圃公司进行赔偿。村委会多次组织双方就赔偿事宜进行调解，最终调解无效，便带着双方当事人到镇调委会寻求解决办法。在当事人申请调解后，镇人民调解委员会认定为工伤死亡赔偿产生的争议。刘某家人要求苗圃公司必须赔偿120万元整，苗圃公司不接受。我们为了迅速化解矛盾，积极与公安、劳保、信访等多部门联系，多次组织当事双方就赔偿事宜进行磋商。对涉及的法律相关规定及赔偿标准等问题，向双方进行了耐心的解释。最终在10月14日，双方才达成协议。苗圃公司向刘某家属支付丧葬费、供养所有亲属抚恤金、一次性工伤死亡补助金，交通费、误工费等各项费用共计人民币70万元。我后来算了一下，从事情发生到解决总共耗时34天，中间周六周日和国庆放假全部用来加班。晚上更是不时地接到当事人的电话，你们看，这是一件

在法律上讲并不复杂的案件，但是在现实的索赔道路上，在我们的调解过程中就需要花费如此大的时间和精力。我们怎么还能行有余力地来搞其他工作。应该说，非正常死亡案件的发生在各地已经不是什么稀罕的事了，每年遇个两三起是很正常。这样的事情，涉及金额巨大，牵扯的时间和精力可见一斑。

（二）社区矫正官[①]

通过访谈得知，Z市司法局对基层开展社区矫正工作，在按照司法部要求执行相关规定的基础上，创新实行了结构化监管机制。所谓结构化监管，是指以月为周期，在固定的时间内，按固定的模式和标准的程序，将社区矫正的各项监管措施落实到位的监督管理机制。通过确定监管措施的时间、内容等要素，为监管措施的落实提供了一套规范的标准，使基层司法所在对社区矫正人员实施监管措施时能够减少随意性、差异性，确保监管质量。[②] 司法所长们认为，实行结构化监管机制后，"社区矫正工作迈上了一个新台阶"，但是随之而来的是"压力山大"，其原因主要是监管非监禁服刑人员，需要专门的执法人员和执法手段，但是"司法所没有像监狱警察、公安警察一样的执法保障，没享有专属执法权"，而且，"万一因监管不严导致监管对象重新犯罪，（后果）不得了"。所谓"不得了"，是指会因为渎职失职等原因受到行政处分，甚至入罪处刑。有司法所长反映，Z市曾有一名乡镇司法所长因此获刑。目前，各乡镇司法所非监禁服刑人员动态保持在15～60人不等。实践中，除司法所长牵头负责以外，各乡镇均已采取争取政府购买公益岗位的做法，按照1∶15的比例配备了专职社工从事社区矫正工

[①] 社区矫正官是一个学术概念，学术研究中，已经有陈和华教授、吴宗宪教授等在使用这一名称，参见吴宗宪《社区矫正导论》，中国人民大学出版社，2011，第107页。他对社区矫正官的定义为："在社区矫正中承担执法职能的国家工作人员。"

[②] 王勇军：《建立完善社区矫正结构化监管机制》，《人民调解》2014年第4期，第37～38页。

作,同时,明确各乡镇司法所由一名政法专编公务员进行执法(司法所长不是政法专编公务员的不能执法,没有执法权),司法所长们严格按照结构化监管要求进行管理,但是执法力度明显不够,只能"按照程序一个不落开展,防止失职渎职"。

（三）安置帮教员

实践中,安置帮教工作基本处于停滞状态。主要表现在服刑人员刑满后,基本不会主动到司法所报到,乡镇司法所在安置和帮教两方面几乎没有措施,缺乏系统明确的制度设计的支撑,缺乏经费的保障。如9号所长在访谈中谈道:

> 安置和帮教主要是指对刑释解教人员要做到落实责任田、帮助就业。但是现在在基层农村,几乎每个村都会明确表示,没有多余的可供再分配的田亩。就业方面就更别提了,原来的乡镇集体企业现在是越来越少,有的乡镇根本就没有了。那只能往民营企业里面推荐吧,但是现在就业形势严峻,我们本身和企业的来往就近乎于无,企业对使用这类人员也心有顾虑。现在要求对刑释解教人员必接必送,我们内心来讲是很抵触这件事的,触犯国家法律,受到应有的制裁,怎么还要求我们要去监狱接回来呢?再有,必接必送的政策是有了,但是具体的保障呢?说实话,连去接去送的车子都是我们自己协调乡镇政府安排的,根本没有这块预算经费。去年市局要求我们必须去接一个惯犯,说实话,孩子本身也可怜,母亲在他还小的时候就跑了,父亲也过世了。没人管,自己又好逸恶劳,因为盗窃罪已经是"三进宫"了。大夏天的我们去接他,他就光身一人出来,连换洗衣服都不带,同行的村干部问他晚上洗澡换什么。他说到时候再说。你说就这样的小孩,你接出来了能怎么办?这都算好的了,好多刑释解教人员压根儿连面都不会露。

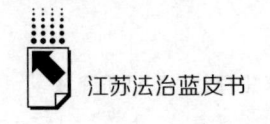

（四）法援工作者

根据访谈得知，目前 Z 市各县（市）区和乡镇司法所均挂了公共法律服务中心牌子，村（居）委会也专门设置了"司法惠民服务站"，主要承接法律援助工作，为广大群众提供免费的法律服务，每年县（市）区司法局会给乡镇司法所分配法律援助服务的数量。但是此举遭到了不少司法所长的抱怨，这些司法所长表示，基层法律服务所早已与乡镇司法所分离，自己又没有"律师证"或"法律工作者证"，不能作为被援助对象的"代理人"或"辩护人"，法律援助工作开展往往只是牵牵线、跑跑腿，导致法律援助工作完成的质量不高，"一方面大大降低了司法所长们在被援助对象心中的形象，另一方面司法所长们无形之中失去了真正参与法律实践的机会"。16号所长在访谈中谈道：

> 法律援助本来是好事，帮助困难的群众打官司，讨说法。可现在一方面是说这是我们的职能之一，另一方面却又不赋予我们相应的资格资质。比如说工人讨要工资跑到政府，政府就让我们处理，可是有时候企业老板都跑路了，你说怎么处理？只有诉讼一条路，自己不能代理，找了代理人还得陪着代理人跑仲裁，跑法院。说实话啊，我们是共产党员，为人民服务都是义不容辞的，但是身份上真是觉得尴尬，你说我们也是干司法的人，也希望自己的专业性受到别人的尊重，在实践中磨炼自身的能力。可是我们现在连这样的机会都没有，还不好意思跟镇领导讲，讲了的话会搞得更没有地位。

（五）法制宣传员

实践中，普法宣传和法制教育工作贯穿乡镇司法所全年的工作，除每年3月15日"消费者权益保护日"、12月4日"法制宣传日"等固定的宣传任务，每年还要完成新闻宣传50~100篇，以及乡镇、村（居）法治文化广场和民主法治示范村（居）创建等工作。随着全面深化改革的深入推进，普法宣传和法制教育的任务越来越重。23号所长在访谈中谈道：

> 普法工作虽然不像人民调解和社区矫正工作那样比较棘手，但是"谁执法谁普法"的工作原则落实得并不是太好，乡镇政府各部门的普法宣传和法制教育基本都需要由司法所牵头组织实施，这种耗时长、花费大、见效慢的工作很难受到领导的重视。经费的保障很难到位，普法的质量不一。我们司法所一年下来普法宣传和法制教育的费用基本在5万~10万元，这已经算是很不错的了，大多数乡镇都不如我们，不少乡镇普法宣传和法制教育工作费用基本上没有保证。现在，上级司法行政部门要求各镇有镇级法治文化阵地或法治文化广场，村级也要有法治文化广场，这种阵地建设耗资巨大，现行的做法基本属于嫁接。市局没有专项经费的投入，效果不甚理想。

（六）乡镇法律顾问

访谈中，有3位司法所长明确表示自己被所在乡镇政府聘为法律顾问，并且下发了聘书，但均没有额外津补贴。其他28名司法所长表示各自乡镇政府都有专门外聘的律师作为法律顾问，基本每人每年有5万~10万元不等的薪酬。大部分司法所长表示，虽然没有被聘为法律顾问，但是基本上涉及法律问题，乡镇领导都是第一时间找到司法所长询问。因为外聘的律师经常"约不到"，或者不像司法所长那样熟悉和了解基层的法、理、情，他们只是在重大项目签约过程中出现，而面广量大的基层法律事务，都是司法所长们向乡镇领导解释清楚后，被授意去解决问题，具体落实相关法律规定。

（七）乡镇政府干部

乡镇政府干部的角色，主要源于司法所要履行"乡镇人民政府（街道办事处）交办的维护社会稳定的有关工作"的职能。"乡镇人民政府（街道

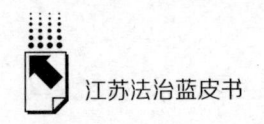

办事处）交办的维护社会稳定的有关工作"具体要求是：增强全局意识和组织观念，认真完成乡镇人民政府（街道办事处）和上级司法行政机关交办的维护社会稳定的有关工作和其他法律事务。但是在实践中，几乎每一位所长都谈道，自己参与的不只是维护社会稳定的有关工作，更多的是参与乡镇政府中心工作，而且参与乡镇政府中心工作牵扯精力很多，甚至超过司法所业务工作的精力投入，参与的内容也多种多样，具体如表3所示。

表3　31名乡镇司法所长参与乡镇中心工作情况统计

序号	参与内容
1	定村、秸秆禁烧、安全生产检查、信访维稳等
2	定村、信访维稳、法治建设、畜禽养殖业整治、拆迁、秸秆禁烧等
3	畜禽养殖业整治、秸秆禁烧、房屋拆迁、政府12345热线等
4	土地征收、拆迁、秸秆禁烧、信访维稳等
5	定村、拆迁、秸秆禁烧、畜禽养殖业整治、防汛排涝等
6	畜禽养殖业整治、秸秆禁烧、换届选举、文明城市创建等
7	秸秆禁烧、畜禽养殖业整治、丹金漕河拆迁、水利防汛、信访维稳等
8	秸秆禁烧、拆迁安置、村"两委"换届选举、土地确权、防洪抗灾等
9	经济工作、安全生产检查、维稳、处理突发事件等
10	秸秆禁烧、安全生产检查、信访维稳等
11	定村、秸秆禁烧、信访维稳、防汛、安全生产检查等
12	定村、征地拆迁、农村环境综合整治、秸秆禁烧等
13	征地拆迁、秸秆禁烧、防火防汛、政府12345热线等
14	拆迁安置、重点工程（项目）风险评估、秸秆禁烧等
15	征地拆迁、村庄整治、文明城市创建等
16	防汛、秸秆禁烧、参与处理突发事件等
17	秸秆禁烧、防汛防洪、企业债权债务清理、文明城市创建等
18	信访接待与稳控、征地拆迁、防汛抗洪、秸秆禁烧、文明城市创建等
19	征地拆迁、农村环境综合整治、防洪防汛等
20	拆迁、农村环境综合整治、秸秆禁烧、企业债权债务清理、重大工程风险评估等
21	征地拆迁、防洪、农村环境综合整治、秸秆禁烧等
22	征地拆迁、秸秆禁烧、防洪防汛、信访接待处理、重大工程风险评估等
23	定村、防违拆违、信访稳定、安置回迁、秸秆禁烧等
24	抗洪防汛、秸秆禁烧、拆迁、安全生产检查等
25	定村、秸秆禁烧、村"两委"换届选举等

续表

序号	参与内容
26	法律顾问、信访维稳、平安创建、征地拆迁、社会矛盾化解等
27	法律顾问、政府案件诉讼等
28	法律顾问、定村、秸秆禁烧、抗旱排涝、换届选举、防违拆违等
29	人民武装工作、社会治安综合治理等
30	定村、防火防汛、秸秆禁烧、拆迁安置、重大时间节点信访维稳等
31	定村、征地拆迁、防汛、秸秆禁烧、重大突发事件维稳等

从表3中可见，乡镇政府基本上把司法所长作为部门负责人使用，司法所长们在乡镇政府承担了大量的中心工作。其中秸秆禁烧、征地拆迁、信访维稳等工作可以说时间紧、任务重，需要全天候地把时间精力扑上去。参加乡镇政府中心工作期间，司法所里的工作基本属于放任状态，这对司法所工作的完成来说显然是不利的。12号所长在访谈中谈道：

> 我所在的乡镇属于经济发展较好的镇，近年来，大项目落户、房地产开发、旅游景区创建等搞得红红火火。但是，这些红红火火都必须通过土地财政来解决，也就是说基本上都是要长年的征地和拆迁。比如拆迁，任务是长年的，可以说是一年拆到头。政府要求每天要签到，而且拆迁的过程就是个矛盾爆发的过程，我们司法所就像是救火队员，整天是东奔西忙。人就那么点精力，你说都投到这拆迁征地上，还有什么时间干本职工作。还不能抱怨，毕竟是服务地方经济发展嘛！这也是大局上的事，道理我们明白，可就是这样，本职工作只能说是忙个大概，混个及格。检查能过关也就算了。

三 司法所长生存状态的理性回归

在司法改革的背景下，要想顺利完成司法所向基层社会和广大人民群众

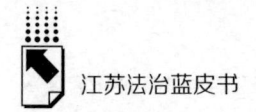

提供法律保障、法律服务、法制宣传教育等多项重要任务，真正发挥加强基层政权建设、创新社会治理、服务经济社会发展、服务人民群众、维护社会和谐稳定等方面的功用，司法所长职业风险越来越高、角色扮演越来越难的生存状态必须要实现理性回归，我们可以借鉴其他法律工作者——人民公安警察、人民法院法官、人民检察院检察官的管理模式，从制度设计和工作实践两个层面进行探讨。

（一）制度设计层面

1. 司法所组织制度

在党的十八届四中全会通过的《中共中央关于全面推进依法治国若干重大问题的决定》中，提出要优化司法职权配置，健全公安机关、检察机关、审判机关、司法行政机关各司其职，侦查权、检察权、审判权、执行权相互配合、相互制约的体制机制。在公安机关、检察机关、审判机关，目前都已建立相应的组织法，分别是《公安机关组织管理条例》《中华人民共和国人民法院组织法》《中华人民共和国人民检察院组织法》，不管是公安机关的组织管理条例，还是人民法院组织法、人民检察院组织法，都是通过立法的形式对组织职权进行明确规定。所以，在我国司法行政机关领域，也建议通过立法，对司法行政的组织工作、司法行政机关的职权进行规范。具体到基层司法所，也要以《中华人民共和国宪法》《中华人民共和国地方各级人民代表大会和地方各级人民政府组织法》为依据，以公安、法院、检察院的组织法为参考，进行自上而下、统一规范的制度设计。从形式上说，可以采取条例、办法之类的法律规范体例；从内容上来说，可以分为总则、司法所的机构设置、职权和人员的任免等部分。在这个制度性规范中，要理顺和明确司法所管理体制。如前文所述，当前，基层司法所实行的是"县（市）区司法局和乡镇人民政府双重管理、以司法局为主"的管理体制。笔者认为，这种双重领导体制是司法所长在法律实践中角色扮演出现超载、冲突与紧张的根源。实践证明，要想充分释放司法所长的积极功用，就必须因地制宜地进行司法所管理体制改革，改变当前"一刀切"的管理体制。总体思路是先在有条件的地区开始，采取"试点—推广"的工作方式。具体方法是采取垂直化管理模式，把基层司法所建设为县（市）区司法局垂直管理机构，由县（市）区司法局进行直接管理。设置为司法局垂直管理的管理模式的优点主要有：一是有利于加强基层司法行政队伍特别是带头人队伍建设，县（市）区司法局负责所长在内的司法所全部人员的上岗、调动、任免、考核，保证基层司法行政队伍的稳定性；二是有利于改变乡镇（街道）把司法所人员当作"乡镇政府干部"的现状，使基层司法行政人员有更集中的精力和时间研究与实践基层司法行政工作；三是有利于解决司法所长职务晋升的"天花板"效应，统筹调配司法所长的调动和晋升，进一步激发司法所长干事创业的热情；四是有利于解决司法所办公经费少、办公条件差等方面的问题，由上级司法行政部门列专项经费专款专用。

2. 司法所长管理制度

如上文所述，要实现法治专门队伍的正规化、专业化、职业化，提高职业素养和专业水平，就必须建立相应的管理制度。在我国，普通公务员由《中华人民共和国公务员法》进行规范和约束。司法助理员特别是司法所长这一职业群体也应属于公务员队伍，其考录、使用、管理、晋升和考核等事宜当然属于公务员法的调整范围。但是，跟警察、法官、检察官一样，司法所工作人员属于特殊的公务员群体，应该参考《中华人民共和国人民警察法》《中华人民共和国法官法》《中华人民共和国检察官法》，同构建司法所组织制度一样，构建专门的司法所长管理法律或制度。在这个制度中，要明确司法所长的职责、义务和权利、任免条件、工资保险福利等内容，特别是要确立司法所长的工作机制。一是经费保障机制。经费保障是司法所长开展基层司法行政业务的基本物质基础。一方面，要加大基层司法所工作经费的投入力度，将基层司法所的工作经费纳入县（市）区政府预算，可设置专项工作经费用于基层司法所人员装备、办公设备、办公阵地等方面，避免司法所长向乡镇人民政府（街道办事处）和上级司法行政部门争取经费支持的"殚精竭虑"。另一方面，要根据经济社会发展水平和办案数量、案件影响、案件难易程度、办案效果等因素的综合指标，完善司法助理员津贴、人民调解卷宗补贴、审前调查工作补贴等津补贴制度，为司法所长及基层司法所工作人员提供适度工作津补贴。二是能力提升机制。要充分考虑司法所长工作实际，制定中长期司法所长能力素质提升规划。在学习方式上，可通过举办培训班、组织交流、现场观摩、以会代训、分析案例等多种方式进行。在学习内容上，应当随着社会生活的发展而与时俱进，比如当前比较多发的网络诈骗、电信诈骗、酒醉驾交通肇事等犯罪类型的相关法律实务要加强。在学习效果上，要注重实效，比如，将最重要的资料汇编下发，包括实实在在的操作规程、案件调处指引等内容。三是考核评价机制。首先，设置科学的考核评价办法，真正将基层司法行政业务的开展工作实绩作为考核评价的核心指标，改变单纯考核"台账""简报""文案"等书面材料的粗放型状态。其次，采取相应的检督查措施，通过有效的检查、督查手段，掌握司法所长的生存状态，特别是工作状态。最后，强化考核评价结果的运用，建立良性轮岗交流制度，改变"所长几十年才干上，所长一干就是几十年"的局面，让基层司法行政队伍的调动、调整、提拔制度常态化、长效化。

（二）工作实践层面

1. 找准法律实践中的角色定位

角色认知是指角色扮演者对社会地位、作用及行为规范的实际认识和对社会其他角色关系的认识，任何一种角色行为只有在角色认知十分清晰的情况下，才能很好地扮演角色。从实证观察的结果看，Z市31名乡镇司法所长所表现出来的角色认知差异性很大，有的觉得自己是司法助理员，是"司法局的人"，对乡镇层面分配的任务就十分排斥，觉得是"种了别人的田荒了自家的地"，相反，有的觉得自己是乡镇政府干部，是"镇政府的人"，整天忙于乡镇的工作，对司法所除人民调解任务之外的其他职能，都是"三天打鱼，两天晒网"。无论是持哪种心态去做事，都会影响其在角色扮演中的效果。司法所长应该对自己所从事的工作有一个基本认识，要从司法所工作职责出发，从法律赋予的权力出发，在做好人民调解、社区矫正、法律援助、法制宣传、安置帮教等业务工作的基础上，自觉为基层党委和政府服务，为人民群众服务。

2. 提高个人素质和业务能力

素质包括先天的自然生理或身体素质，也包括在后天环境、教育、实践活动中诸因素的影响下逐步发生、发展和形成的心理素质和社会素质。在人的整个素质结构中，各种素质都有其特定的地位和作用。司法所长的综合素质如何决定了他们的工作成效，间接地影响他们的角色扮演。从实证观察的结果看，Z市31名乡镇司法所长的综合素质也是参差不齐的，只有司法所长本身不断地加强业务学习，提高能力素质，才能扮演好自己的角色。司法所长加强业务学习的途径是多样的，可以通过参加司法行政系统内外组织的各类培训，如司法理论的培训、计算机应用能力的培训、社区矫正操作流程的培训、矛盾调处实务的培训等，也可以通过在工作岗位上的实践来提高自己的工作能力，在处理矛盾纠纷的过程中、在参加法律援助的案件中、在普法宣传的活动中不断积累，还可以通过和派出法庭、派出所、信访办、综治办等其他政法条线的工作人员定期或不定期地进行经验交流，通过吸收其他部门其他人好的工作经验来提高自己的工作水平。

3. 围绕司法行政业务践行"送法下乡"

当前，在中国传统社会国家－社会二元构造正在逐步消解，形形色色的族长、乡绅、地方威望人士已被清算的背景下，国家要完成法治化的目标，实现全面依法治国、推进司法体制改革，必须借助一定的组织、中介渗透到基层，完成践行"送法下乡"的任务，国家把这项任务交给了包括司法所在内的基层政法部门体系。从这个角度出发，司法所长应该紧密围绕司法行政业务进行角色扮演。认真贯彻调解优先原则，加强对人民调解工作的指导，健全完善矛盾纠纷预警、排查、调处机制，深入开展矛盾纠纷排查活动，积极推进人民调解与行政调解、司法调解的衔接配合，及时把矛盾纠纷解决在基层、化解在萌芽状态。认真开展社区矫正和安置帮教工作，加强对服刑人员、刑释解教人员的教育、监督与管理，进一步提高矫正质量和帮教

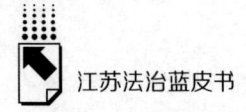

安置水平，把重新违法犯罪率控制在较低水平。加强基层法律服务工作，积极开展法律援助和法制宣传，加大援助力度，努力满足人民群众的法律需求，加大宣教力度，提高公民法律素质和基层社会法治化管理水平。做好政府法律顾问工作，协助基层党委和政府依法处理好本地区的重大经济、社会事务，当好基层党委和政府的法律参谋和助手。

B.11
破产管理人制度的现代化程度调查

——以扬州地区运行情况为样本

扬州市中级人民法院课题组*

摘　要： 破产管理人制度的现代化是破产制度市场化改革的核心议题。通过对近四年扬州所有破产、强制清算案件的清单式调查，发现制度运行中普遍存在管理人名册简单和封闭、选任方式僵化、法院对管理人的监督虚置、破产管理人报酬机制缺乏"弹性"等重大问题，建议完善编制方式促进管理人名册的统一、开放，改革管理人选任、更换机制激发管理人市场竞争活力，明确管理人的角色、职责和受监督方式，规范法院对管理人的监督和指导，建立合理报酬激励机制，从而大幅提升破产管理人制度的现代化程度。

关键词： 破产制度　管理人制度　实证调查

破产制度的发达程度体现着一个国家市场经济及其法治现代化的水平。我国破产制度作为社会主义市场经济制度的基本内容，其发展与完善

---

* 课题组成员：张澎（组长），扬州市中级人民法院政治部主任；戴子平，扬州市中级人民法院民二庭庭长；李益松，扬州市中级人民法院研究室副主任；秦集成（执笔），扬州市中级人民法院民二庭副庭长。本文相关数据来自课题组调研统计。

已经上升为国家战略和重大国际合作议题。① 中共十八届三中、四中全会明确提出"健全优胜劣汰市场化退出机制，完善企业破产制度"，2016年9月G20峰会中美元首达成的主要共识十分罕见地具体提出"中美双方认识到建立和完善公正的破产制度和机制的重要性。中方高度重视利用兼并重组和破产重整、破产和解、破产清算制度和机制，依法解决产能过剩问题，在解决产能过剩问题中，中方将通过继续建立专门的破产审判庭，不断完善破产管理人制度以及利用信息化审判等方式推进破产法的实施"。近年中央经济工作会议、中央政法工作会议、最高人民法院积极落实，明确要求"要依法为实施市场化破产程序创造条件，加快破产清算案件审理"等。

破产案件的审理能力是供给侧结构性改革和经济转型升级取得成功的重要助力，② 直接影响落后产能、企业的出清和生产要素的释放。目前，理论界和实务界已经形成的普遍共识是，破产制度改革必须坚持市场化方向。③ 课题组认为，市场化破产就是在法院和债权人会议的监督下将具体破产事务交由以管理人为核心的社会中介机构等市场主体处理，用市场的力量解决市场中出现的企业退出问题，大大提高法院的破产案件审理能力，改革的核心议题应当是破产管理人制度的现代化，这直接决定着市场化破产制度改革的成败。现行破产管理人制度的总体框架由全国统一的相关法律和最高人民法院的司法解释构成，在很多重大方面不够具体或者存在重大缺陷，在各地的实际运行情况如何缺乏具有样本意义的全面实证调查。扬州市位于江苏中部地区，经济上落后于苏南、领先于苏北，破产管理人制度的运行基本局限在现行统一制度框架内，课题组希望通过对扬州两级法院2012~2016年的所有旧存和新收的127

---

① 谢勇、郁琳：《第八届东亚破产与重组研讨会召开　杜万华出席并发表主旨演讲》，《人民法院报》2016年9月26日，第1版。
② 周强：《深入学习贯彻中央经济工作会议精神》，《人民法院报》2015年12月25日，第2版。
③ 杜万华：《尊重企业自主兼并重组　建立市场导向破产制度》，《人民法院报》2016年9月19日，第1版。

件破产案件的清单式全面深入调研,① 为江苏乃至全国同类经济和法治水平地区提供具有参考价值的样本,为破产管理人制度法治现代化提供对策和建议。

一 破产管理人制度的运行现状

破产管理人制度由《中华人民共和国企业破产法》、《最高人民法院关于审理破产案件指定管理人的规定》(以下简称《指定管理人的规定》)、《最高人民法院关于审理企业破产案件确定管理人报酬的规定》等规定中有关破产管理人的管理、选任、更换、职责、报酬等原则和法律规则组成,内容比较广泛,在破产法中具有十分重要的地位,对破产审判的职能和效果具有直接重大影响。

(一)破产管理人名册情况

1. 管理人名册中的机构情况

扬州两级法院的管理人名册均采用扬州中院的管理人名册,在名册内选任社会中介机构担任管理人或参与清算组。现有的管理人名册于2016年12月重新修订。前一次修订是2014年7月,系多次增补后形成。本次修订的特点包括三方面。一是去除个人管理人。按照规定,名册中的个人可以担任简单破产案件的管理人,但由于名册中社会中介机构和个人担任管理人的履职能力和经验普遍欠缺,其中个人管理人尤甚,扬州没有实际选任过个人担任管理人。二是尽量扩充管理人范围。将符合规定最低标准的所有报名的社会中介机构均纳入名册,增补11家社会中介机构作为管理人,尽量扩大法院选任管理人的范围,培育管理人队伍。三是纳入新类

---

① 因强制清算程序与破产程序均是企业推出市场的司法强制程序,法律性质和具体程序极为相似,一并纳入破产案件统计,下文没有特别说明"破产案件"均含强制清算案件。强制清算案件受理前有前置预审查程序,立"预"字号案件,因该类案件与受理的强制清算案件实质为同一案件,不纳入统计。

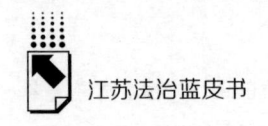

型社会中介机构。2014年7月管理人名册中的社会中介机构均为律师事务所和会计师事务所，这次新入册名单中含3家清算服务公司，1家劳动服务公司，1家企业管理公司（总体情况见表1），符合破产事务管理综合性服务的需要和方向。

表1 社会中介机构类型

机构类型	律师事务所	会计师事务所	清算服务公司	其他机构	个人	合计
现有名册	28	9	3	2	0	42
前次名册	25	6	0	0	5	36

2. 管理人名册的准入标准

扬州管理人名册本次增补录入了所有符合条件的申请社会中介机构，与前一次增补采用的差额择优的办法不同。扬州管理人名册准入一直采用法定最低标准，只要能够提供《指定管理人的规定》第七条中的材料，主要为批准设立文件、从业人员资格证书和无行政处罚或纪律处分的证明或声明，不存在第九条规定的不适宜担任管理人的情形，主要为三年内未受行政处罚、纪律处分、从名册中除名，即可申请入册。流程仍然采用编制公告、社会中介机构申请、初审、公示初审情况、审委会评定、向江苏省高院备案的方式。

3. 管理人资格的退出

除本次名册根据实际需要去除5名个人管理人外，未发生主动退出名册或被法院除名的情况。社会中介机构不符合准入标准，如被吊销营业执照、出现解散事由等，或者存在违规行为，可以进行除名。从这个角度讲，除名条件较高。

（二）破产管理人的选任类型

2012～2016年扬州法院受理的127件案件（含2012年旧存案件11件）中有106件选任了管理人，在未选任管理人的21件案件中，裁定撤回申请 4 件、不予受理 5 件、移送同级有管辖权的法院 4 件、指定下级法院审理 2 件、驳回申请 2 件、因和解未选任管理人 1 件、刚受理尚未选任管理人 3 件（见图 1）。

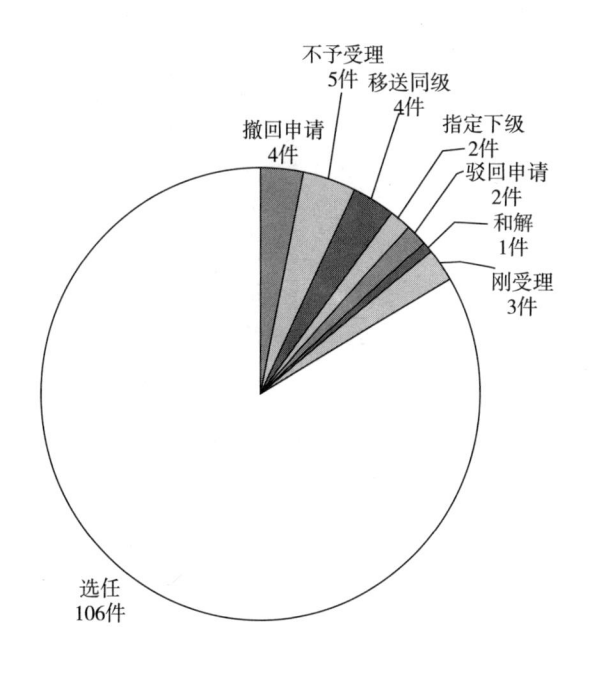

图 1　案件是否选任管理人

1. 选任管理人的类型

管理人的类型分为清算组、社会中介机构和个人，其中社会中介机构的类型又可以分为律师事务所、会计师事务所、清算师事务所等。106 件选任管理人的案件中，54 件由清算组担任管理人，52 件由社会中介机构担任管理人，无个人担任管理人。在由清算组担任管理人的 54 件案件中，有 43 件清算组成员全部由法院直接指定政府部门有关人员担任，11 件除直接指定政府部门人员外还采用摇号的方式选任社会中介机构参与清算组的组成（见图 2）；担任管理人的社会中介机构均为律师事务所或会计师事务所，无清算师事务所等。

个人
0件

清算组（无社会
中介机构参与）
43件

社会中介机构
52件

清算组（有社会
中介机构参与）
11件

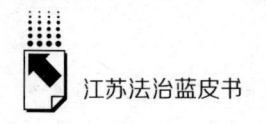

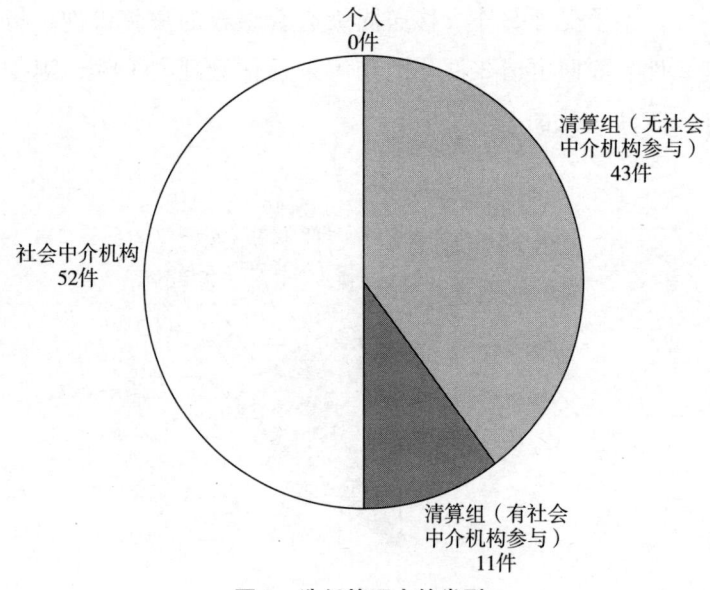

图2 选任管理人的类型

2. 选任管理人的方式

一是改进的管理人选任方式全面推广。破产管理人制度中规定了法院直接指定、竞争方式选任和摇号随机选任三种管理人选任方式，但法院依法可以适用直接指定、竞争方式选任管理人的范围极窄，普遍采用的摇号随机方式选任的管理人存在履职能力不足、工作态度不佳、要求报酬过高等问题，影响了破产事务的高效处理。为解决该问题，扬州市人民法院审委会经调研于2015年6月通过《关于破产管理人选任工作的办法（试行）》，适当扩大竞争方式选任管理人的案件范围，允许对较为复杂的破产案件适用竞争的方式初选3名以上的管理人，再在其中摇号最终确定管理人和备选管理人，实现了破产管理人制度改革上的一定突破。从本次调研的情况看，新的选任方式经过推广，中院以及受理过破产案件的6家基层法院中，5家法院在破产管理人选任方式中引入竞争机制，1家保持单一的摇号选任方式，1家由原来法院直接指定管理人的方式变更为摇号确定管理人（见表2）。总体上，绝大多数法院都对管理人的选任方式进行了一定的改进。个别法院由于受理的破产案件少，没有充分认识到竞争方式选任管理人的重要性，未落实新的管理人选任办法。

表2 管理人选任的方式

法院名称	现方式实行时间	现行选任方式	此前选任方式
扬州中院	2015年6月	简易案件摇号选任,复杂案件竞争方式+摇号	一律摇号选任
高邮法院	2015年9月	一律摇号选任	均直接指定
仪征法院	2015年10月	简易案件摇号选任,复杂案件竞争方式+摇号,特殊情况直接指定	摇号或直接指定
邗江法院	2016年1月	简易案件摇号选任,复杂案件竞争方式+摇号(实施后未新收案件)	一律摇号选任
宝应法院	2012年前	一律摇号选任	一律摇号选任
广陵法院	2015年11月	简易案件摇号选任,复杂案件竞争方式+摇号	一律摇号选任

二是实际选任方式比例结构根本改变。2012～2016年受理案件中实际选任管理人的106件破产案件,43件由法院直接指定管理人,占40.57%;52件采用随机摇号的方式选任管理人,占49.06%;11件采用竞争的方式选任管理人,占10.38%(见图3)。当年新收且实际选任管理人的案件中适用随机摇号和竞争方式选任管理人的案件占比逐年上升,2012年直接指

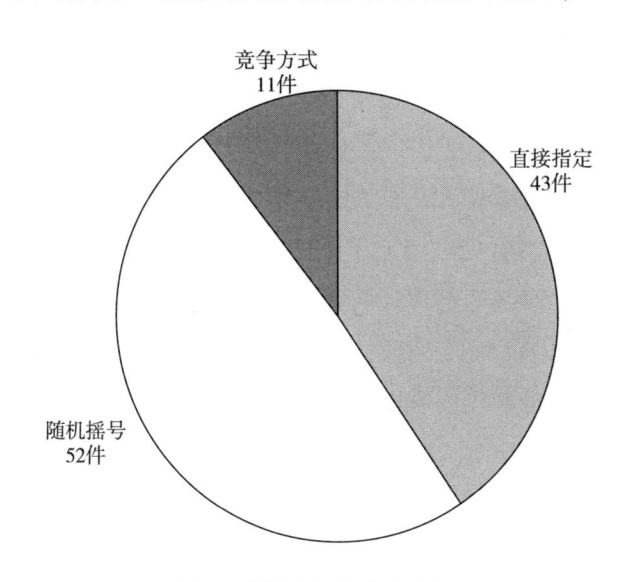

图3 管理人选任方式统计

定方式占71.43%,随机摇号方式占28.57%;2016年,直接指定方式占10.34%,随机摇号方式占68.97%,竞争方式占20.69%(见图4),发生了根本性的转变。

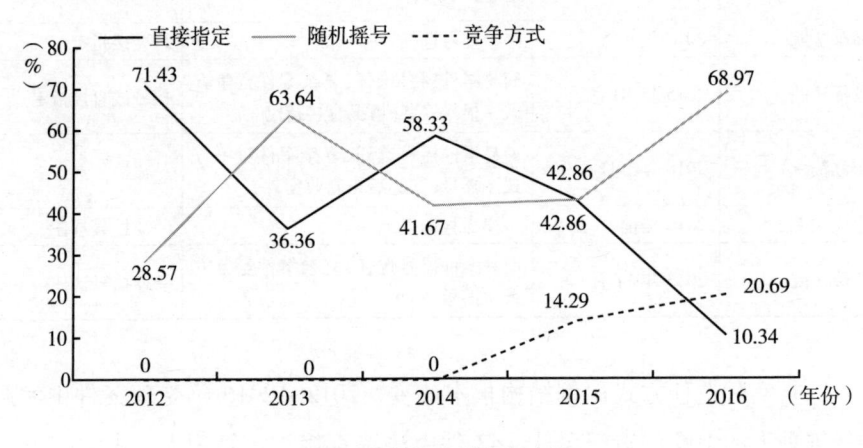

图4 各选任方式每年占比

(三)破产管理人监督情况

1. 破产管理人的监督方式

一是"软性"监督方式。这种方式一般不具有法定依据和约束力,但在实际工作中经常使用。它以督促管理人尽职履职为目的,由法院灵活运用各种可能的方式督促管理人开展工作,推动管理人解决工作中的难题。比如召开召集管理人参加有关破产工作推进会、协调会议和合议庭有关问题研究,检查破产企业现场等管理人实际工作,要求管理人报送工作计划、方案,给予管理人当面、电话指导、指示,等等。二是"硬性"监督措施。根据法律赋予法院的职权,依法对不称职的管理人采取更换、调低报酬、罚款、作出监督事项决定等措施。

2. 破产管理人监督现状

"软性"监督有余,但"硬性"监督措施的支撑不足,整体监督空泛乏力。一是"软性"监督日常化。法官普遍把"软性"监督作为推动破产案件审理工作的通常手段和职责,是对管理人进行监督的主要手段。二是"硬性"监督空泛化。2012~2016年,扬州两级法院实际更换清算组成员两次,分别因清算组成员职务调整和死亡,未因监督事项更换过管理人或清算组成员。2009年扬州法院制作了扬州首份也是唯一一份监督事项决定书,要求管理人对不符合程序的拍卖公告予以撤销,管理人承认错误并公告撤销。此外,未发生因管理人监督事项履职不力等调低管理人报酬或司法处罚的情况,管理人报酬一般按照管理人的报价确定,少数情况下略微调低报酬往往是出于对债权人情绪的考虑。

(四)破产管理人的报酬情况

1. 管理人的报酬机制

《最高人民法院关于审理企业破产案件确定管理人报酬的规定》是目前确定管理人报酬规定的基本依据,采用分段按比例计算的方式确定管理人报酬的最高上限。随机摇号选任的管理人单独提出报酬方案、竞争选任方式胜出的管理人提出报酬方案,经债权人会议通过,在破产清算后经法院确认纳入分配方案,再次经债权人会议通过,即可据此提取报酬。

2. 管理人的报酬现状

一是随机摇号选任的管理人报酬要求高。此方式选任的管理人是唯一"法定"管理人,法院一般只能接受其报价,管理人往往按照接近报酬最高标准的上限报价。二是竞争方式选任的管理人报酬要求趋于合理。社会中介机构均根据案件情况降低报价,有的甚至主动询问法院有无报价下限,法院也可与工作能力强但报价较高的社会中介机构协商降低报价,管理人报酬较为合理。三是管理人无法获得报酬的情况时有发生。已经结案的44件破产案件中,宣告破产后进入清算分配程序的案件22件(见表2),其中15件因清算组成员由政府部门人员等组成,依法不收取管理人报酬。但因无财产、无账册等无法清算的4件破产案件,未支付管理人报酬。四是极少数情况下协调提高管理人报酬。2件破产案件债务人有财产,但绝大多数为抵押财产,管理人依法能够收取的报酬与其劳动相比过低,经法院与抵押权人协商,由抵押权人给予一定补偿。

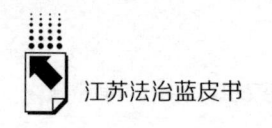

表2 破产案件结案方式

单位：件

结案方式	未宣告破产							宣告破产	结案总数
	未实质清算							实质清算	
	撤回申请	不予受理	同级移送	向下移送	驳回申请	和解	无法清算	破产分配	
	4	5	4	2	2	1	4	22	44

二 破产管理人制度实践运行中存在的问题

破产案件审理过程主要体现为破产事务管理过程，破产管理人是管理破产事务的法定主体和主要力量，破产管理人制度直接影响破产案件的审判效果。2012~2016年全市受理破产案件127件（含2012年前旧存11件），总结案数为44件，总结案率为34.65%，结案的案件中，剔除撤回申请、不予受理、移送管辖、驳回申请、因清算不能终结程序等案件，扬州中院和6家基层法院5年间实际进入清算程序并结案的案件仅22件，以此计算结案率仅为17.32%。按各年份统计，包含未进入实质清算程序的所有结案案件在内，2012~2016年的结案率分别为31.58%、37.04%、5.56%、16.88%、13.27%（见表3），结案率整体呈逐年下降趋势，存量案件逐年增多，破产案件的审理能力明显跟不上破产案件的审理需要。从破产案件审理周期看，已经结案的44件案件的平均审理天数为862天，进入实质清算的22件破产案件的审理天数为1501天，折合四年多时间，审判效果不尽如人意。破产管理人制度实践运行中存在的主要问题如下。

表3 2012~2016年收结案情况

单位：件，%

总计	旧存	新收	总受案	结案	结案率
2012年	11	8	19	6	31.58
2013年	13	14	27	10	37.04
2014年	19	17	36	2	5.56
2015年	34	43	77	13	16.88
2016年	64	34	98	13	13.27

（一）破产管理人名册简单、封闭

一是管理人名册仅列举机构名称。现有管理人名册本身无法识别 42 家社会中介机构的资质、规模、能力、经验。扬州法院 2012～2016 年进入实质清算分配并结案的破产案件仅 22 件，社会中介机构参与其中的仅 7 件，而前一次名册中的社会中介机构为 31 家，真正参与破产案件完整程序的社会中介机构极少，2016 年 12 月新入册的 11 家社会中介机构则完全无从业经验。因此，在随机摇号选任的方式下，无论案件的复杂难易程度如何，所有社会中介机构无论强弱均有平等的选任机会，很可能出现履职能力不能胜任的情况。而法院采用竞争方式选任管理人，只能依据法官们对各社会中介机构的竞选方案和个人主观感受判断社会中介机构的能力，主观性过强，缺乏客观的标准、对外说服力和权威性。

二是管理人名册封闭运行。根据《关于审理企业破产案件指定管理人的规定》第二条、第四条、第十五条的规定，社会中介机构只能向当地人民法院申请入册，人民法院不接受异地申请，人民法院一般应从本地管理人名册中指定管理人，由此，破产管理人的选任范围一般只限于当地的社会中介机构，排除外地社会中介机构在辖区内执业，体现出封闭运行的明显特征。除西藏、宁夏、海南等省区以及直辖市一般由高级法院编制管理人名册外，江苏等其他地区一般由中级法院编制管理人名册。① 而中国内地有 31 个省级行政区，334 个地级行政区，管理人名册的各自封闭运行，人为形成了分割严重的市场壁垒，无法培育出统一的破产管理事务市场以及大型化、连锁化、高度专业化、细分市场丰富、相互协作的管理人机构。②

---

① 高民尚：《〈关于审理企业破产案件指定管理人的规定〉的理解与适用》，《人民司法》2007 年第 9 期。
② 全球性破产管理机构的介绍参见清华大学国家金融研究院、中国政法大学破产法与企业重组研究中心《供给侧结构性改革与破产法的完善》第 27、56 页等，http：//www.pbcsf.tsinghua.edu.cn/content/details414_12447.htm，最后访问日期：2017 年 5 月 1 日。

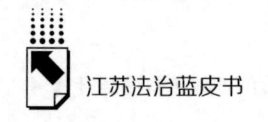

（二）破产管理人选任方式僵化

一是普遍适用随机摇号选任方式。《关于审理企业破产案件指定管理人的规定》第二十条和第二十一条规定的通过竞争方式选任官员的范围适用极窄，限于对金融机构以及在全国范围内有重大影响、法律关系复杂、债务人财产分散的企业破产案件。而在多数地级市内金融机构破产的情况不会发生，具有全国性规模的其他大型企业的破产案件目前几乎没有，严格按照前述规定，适用竞争性方式选任管理人的机会基本不存在，只能普遍适用随机摇号方式。

二是竞争选任方式适用要求较高。限于存在资产和债务金额巨大、法律关系复杂及有重要社会影响等情况的企业破产案件，需经合议庭评议后由分管院长批准。在程序上，还需交由司法鉴定管理部门网上发布30天以上的公告，由司法鉴定部门汇总竞选方案后择期组织评审委员会评审确定三家以上的社会中介机构，再通知前述机构择期公开摇号确定管理人和备选管理人。条件较高，程序复杂，实际适用比例在20%左右，不是主要选任方式。

（三）法院对管理人的监督虚置

一是监督制度不健全。破产事务涉及很多方面，法官难以事无巨细地给予全面关注，而且有的事务超越了法官的法律专业范围，缺乏特定情况下引入其他社会中介机构进行事中和事后监督的制度。管理人有何流程标准、未按照序时进度工作的惩罚标准如何确定等基本制度的缺失也导致法官的监督缺乏相应的依据。

二是采取监督措施门槛过高。比如，有关规定只明确管理人因故意犯罪受刑事处罚、因涉嫌违法行为正被相关部门调查的等应当更换管理人的最低标准，但管理人履职能力不足、不勤勉忠实履职这一重要事项没有明确为更换管理人的事由，依规定只能对管理人进行罚款或要求对造成的损失进行赔偿。而不勤勉忠实缺乏权威标准，与履职能力不足、破产事务处理的客观困难有时难以区分，法院在实际中难以以此对管理人进行罚款。

三是部分存在不善于监督的情况。在办理破产案件的过程中，法官一般通过电话通知或面谈的方式检查或要求管理人完成某项工作任务，在未按时按质完成的情况下予以督促甚至批评。但是极少要求管理人提交工作计划、工作方案限时完成，且监督措施未跟上，碍于情面或便于与管理人的配合，也由于监督制度不健全，未以此为依据对管理人进行更换、调低报酬、司法处罚等。

（四）破产管理人报酬机制缺乏"弹性"

随机摇号选任的管理人报酬报价往往接近规定的报酬最高标准的上限，而扬州地区的债权人的债权清偿率一般在2%以下甚至为0，双方利益失衡，债权人严重心理不平衡，容易引起矛盾。而在另一部分破产案件中，管理人报酬严重不抵其工作付出，比如抵押财产占比过大的破产案件，由于抵押财产只能以普通财产10%的标准计算管理人报酬，管理人实际得到的报酬极低，但工作量与未设抵押财产的处置相当。

比较极端的情况是因无财产可供清算案件的管理人无法获得报酬。我国的破产企业，特别是有些长期停业的破产企业，动产大多流失，如果没有不动产，资产往往不足以支付破产费用，依据破产法的规定，法院应根据申请终结破产程序。但在前期的工作中，管理人需要接管企业，清点、调查企业资产等财务状况，完成相关审计报告，需要支出相应的成本、获得相应报酬，在破产企业资产严重不足的情况下，不足以支付管理人成本的情况经常发生。在扬州法院因无法清算而程序终结的破产案件中，管理人均未获得分文报酬。目前承接该类业务的主要出于遵守法院的相关制度，避免因不承接该类业务导致被法院从管理人名册中除名，丧失下次承担破产事务管理的机会。由于目前以随机摇号为主的方式选任管理人，法院也无法通过指定其担任其他能够获得报酬的破产企业的管理人得到一定程度的补偿，管理人的亏损只能由其自身承担，有违公平和等价有偿原则。

目前这种整体上缺乏"弹性"的管理人报酬机制没有导致无法选任管理人的情况，法院在可能的情况下也会协调有抵押财产的抵押权人给予管理

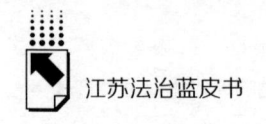

人一定的补偿。这种方式在目前破产案件受理量较少的情况下可以勉强维持，不能作为长久之计。

三 破产管理人制度现代化的对策与建议

2012~2016 年，扬州地区破产案件受案量占未注销企业数量的比例未超过 0.8%；全国范围内，以 2008~2014 年间被工商管理机关吊销营业执照但未注销的企业数量最少的 2014 年估算，当年该类企业为190506 家，① 破产案件受理数为2031 件，② 破产案件数占应注销案件数的 1.06%，法院通过司法程序全部出清当年新产生的"僵尸企业"需要约 100 倍的工作增量，出清历年存量则需增加更多工作量。仍以 2014 年为例，我国每千家公司进入破产程序的平均为 0.11 户，而西欧当年为 70 户，③ 以此估算发达法治水平中的破产案件量应增加 636 倍。这也是立案登记制和"执转破"制度下法院将来要面临的严峻形势。因此，主要依靠增加法院的审判力量不能从根本上提高破产案件审理效果，必须解除破产管理人制度上的桎梏，确立"市场化"改革导向，④ 依靠市场的力量解决市场的企业退出问题。

---

① 清华大学国家金融研究院、中国政法大学破产法与企业重组研究中心：《供给侧结构性改革与破产法的完善》第 19 页，http：//www.pbcsf.tsinghua.edu.cn/content/details414_12447.htm，最后访问日期：2017 年 5 月 1 日。
② 杜万华：《依法开展破产案件审理，稳妥处置"僵尸企业"》，《人民法院报》2016 年 4 月 26 日，第 2 版。
③ 清华大学国家金融研究院、中国政法大学破产法与企业重组研究中心：《加强破产法实施依法促进市场出清》第 21 页，http：//www.pbcsf.tsinghua.edu.cn/content/details414_12447.htm，最后访问日期：2017 年 5 月 1 日。
④ 杜万华：《最高人民法院从八个方面落实 G20 中美破产法共识》，http：//mp.weixin.qq.com/s?__biz=MzI2OTE3MjAzMg==&mid=2650597346&idx=1&sn=fe2cf140b48ffae69dfc254af292c54b&chksm=f2ec2bcdc59ba2db1093cefb32fbf47cd6e61fd3408925fddadda8213cc99b1a268769991bfc&scene=0&from=groupmessage&isappinstalled=0#wechat_redirect，最后访问日期：2017 年 5 月 13 日。

（一）改革管理人名册的编制方式促进管理人名册统一、开放

终结现有管理人名册编制方式的过渡性历史使命，[①] 废除严重地方化的管理人名册编制方式，编制全国统一的管理人名册，辅以管理人分级制度。具有一定规模的社会机构，均可在当地申请进入管理人名册，层报最高人民法院或全国管理人协会审定入全国统一名册。管理人可分为四级评定：四级管理人为初入册管理人；由于破产案件的审理在中基层法院，三级管理人由中级法院评定，具有一定经验的管理人可以由中级法院按照一定比例直接评定；二级、一级管理人由中级法院按照一定比例和标准在下一级管理人中择优推荐，分别上报省级法院、最高院择优评定。管理人分级评定既是全国统一市场中社会中介机构能力的识别标志和法院根据案件难易程度确定选任范围的权威标准，也是对破产管理人的重要管理手段。

在现有管理人编制方式未在全国层面改变的情况下，应当消除名册中管理人在本地范围内执业的限制，由法院在全省乃至全国范围内选任管理人。目前江苏法院已经在试点这种方式，部分法院将选任范围放开至全省范围，部分仅是适当扩大了名册中的机构数量，仍坚持本地编制、本地执业的原有模式。消除管理人名册封闭性的同时，由于尚未建立分级管理制度和手段，应当建立黑名单制度，将存在严重违法或不规范行为的社会中介机构排除出市场，建立最低限度的市场惩罚手段。

管理人名册的开放性，使法院能够在全国范围内选任优秀的管理人，优秀的管理人也可在全国范围内执业并发展壮大成熟，对于打破破产管理事务市场壁垒和发展管理人队伍以及全国统一市场意义重大。消除名册中机构执业范围限制"隐形"扩大了名册名单，可以为管理人名册全国统一编制、分级评定建立基础条件。

[①] 现有管理人编制制度的成因及设计之初的过渡性历史使命性质参见高民尚《〈关于审理企业破产案件指定管理人的规定〉的理解与适用》，《人民司法》2007年第9期。

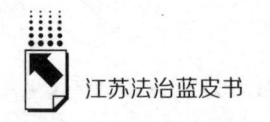

（二）改革管理人的选任、更换制度激发管理人市场竞争活力

1. 进一步改进竞争方式选任管理人的方法

一是扩大适用条件。不局限于现有规定的"在全国范围内有重大影响""债务人财产分散"等条件，只要是合议庭认为较为重大复杂的案件即可适用，使优秀的社会中介机构有更多机会担任管理人，促进社会中介机构提高竞争力。只有简单的破产案件才采用随机摇号的选任方式，给予普通社会中介机构积累实践经验的机会，培育初级管理人队伍。

二是程序公开公正。通过公告或全范围函询的方式，公布案件具体情况、重难点问题以及工作要求，法院向社会中介机构提供卷宗查阅和情况咨询；评审委会议以业务部门人员为主，司法技术辅助和纪检监察部门人员参与，根据评价标准确定评选结果，既保障评选的业务正确性，又保障评选的公正廉洁性。

三是预设管理依据。现有对管理人监督虚置、手段不力的问题与管理依据不足、法定处罚条件过高有很大关系。可以将对管理人的要求以及违反的后果明确写入公告，要求参与竞争的社会中介机构明确书面承诺，作为管理依据。比如，承诺勤勉忠实履职，若未履行或未按期履行法定义务或贵院根据法律等规定作出的提交或履行工作计划、方案、采取工作措施等要求，自愿退出担任管理人，且不收取前期费用或由贵院决定酌情确定费用。

2. 降低更换管理人的门槛

在现有制度无法突破的条件下，扩大解释企业破产法第二十四条第三款第（四）项"人民法院认为不宜担任管理人的其他情形"，不仅适用于管理人的入册禁止情形，还明确适用于可以更换管理人的情形，将管理人在破产事务管理实际工作中不忠实勤勉、缺乏履职能力纳入情形之中。由各法院制度化明确管理人缺乏履职能力、不忠实勤勉履职的具体情形以及更换前工作量和工作报酬的计算等，由社会中介机构申请进入管理人名册时或参加竞争选任管理人时承诺遵守，既可以降低管理人的更换门槛，提供管理依据，具体化的规定又保障了管理人的中立、独立地位,防止法官以更换权对管理人产生不当影响。

(三)明确管理人的角色、职责和监督机制,规范法院对管理人的监督和指导

1. 明确管理人法律角色

由管理人按照债权人利益最大化的原则,根据商业判断,依法独立管理破产事务。法官退守到破产法规定的职责范围内,主要以裁定、决定等法定方式监督、推进破产程序,降低案件审理工作量,压缩权力寻租的空间。在破产案件的实际审理过程中,法官较为深入地参与破产事务管理,许多应当由破产管理人处理的工作实际由法官分担和决策,混淆了执行者与监督者的角色定位,其他弊端也较多。管理人工作量减轻但报酬不减,违反了权与利相统一的原则,也容易造成个别法官的心态失衡。

2. 明确管理人职责

明确管理人和法官在各自的法律角色范围内承担责任。破产法对法官和管理人的职责范围规定较为清楚,但是没有明确责任主体。按照法学原理,没有明确的规定,就不应当承担责任,更无须对职责范围外的事务承担责任。因此,管理人应当对破产事务管理完全负责,法官根据破产管理人的报告等主要对是否经过债权人会议表决、债权人会议的表决是否合法等程序性事项进行形式性审查,以裁定、决定等法定方式参与到破产程序中,除需要司法权协助的外,不得越俎代庖介入破产管理事务,法官对破产法规定的属于破产管理事务范围和破产管理人职责范围的事项依法不承担责任。通过明确责任消除法官职业风险和普遍担心的现实司法中法官责任的无限扩大,改变目前法官普遍被裹挟进具体破产事务的现状,回归各自的法律角色和职能,实现破产管理人权责利的统一。

3. 健全监督措施

明确管理人的法律角色和职责,并非对管理人放任不管,任其在操作过程中不合理、不规范甚至不合法,否则放任只会产生相反的不良审判效果。

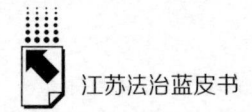

因此权利和责任必须与监督并行，各项监督措施必须健全，让管理人管理破产事务始终处于合理、规范、合法的范围内，否则将受到责任追究。除法定的现有监督措施和管理手段外，还应当引入第三方监督。一是建立重大破产案件的事后审计监督制度和随机抽查审计监督制度。对于重大、法律关系复杂的破产案件，法院通过摇号方式另行选择社会中介机构对破产事务进行审计，通过事后监督发现破产事务管理中可能存在的问题，增加破产事务管理的公信力，减轻法官的监督压力。对其他案件也可以通过随机抽查的方式进行审计监督。二是由债权人会议选定社会中介机构进行事中监督。只要债权人会议同意，可以由债权人会议选择第三方社会机构全程、动态对破产事务管理进行监督，管理人必须接受监督人的询问、调查，确保破产管理人事务符合债权人的最大利益并具有合法性。

（四）建立合理报酬激励机制，保障管理人忠实勤勉履职

1. 通过引入竞争机制使管理人报酬合理化

竞争方式下通过考虑社会机构的工作能力、方案与报价最终确定管理人报酬，是一种接近市场化的价格形成机制。这种机制形成的管理人报酬往往市场化地综合考虑了成本和合理行业利润，最能让破产企业债权人和参与竞争的其他社会中介机构接受，是一种很好的管理人报酬合理化机制。如果能够得到的管理人报酬过高，通过竞争的方式可以降低报酬；如果能够得到的管理人报酬过低，可能无机构参与竞争，最后只能通过其他"托底"的方式补偿管理人报酬。

2. 设立管理人报酬基金

管理人报酬过低或没有报酬的问题，应当通过设立管理人报酬基金作为补偿机制。管理人报酬基金的来源有两种，一种是政府托底，基于财政支持；另一种是从超过一定额度的管理人报酬中按照一定比例梯度提取，作为一种公平机制维护所有管理人的利益。在目前财政不托底的情况下，应当尝试成立管理人协会，在较高的管理人报酬中分级按阶梯比例提取基金，由管理人协会按照章程对特定管理人予以补偿。目前扬州市人民法院正在积极筹

备，社会中介机构参加意愿普遍较高。

3. 确立更换管理人的报酬结算方式

管理人报酬的总额一般是按照一定比例确定的，但是在因管理人主客观原因不能履职更换的特殊情况中，更换前后的不同管理人计算报酬的标准没有明文规定，这间接加大了更换管理人的难度。即使管理人不勤勉尽职导致被更换，也应根据其工作量支付适当的报酬，否则有违公平并将加剧管理人与法院之间的矛盾。应当细化破产管理事务的阶段、进度，确定各进度的基本报酬比例，赋予法院在比例范围内自由裁量管理人报酬的权利，并可以根据管理人被更换的原因和造成的损失，如不忠实勤勉、违反规定等，适当低于比例范围确定报酬，保障权利义务相统一。在操作依据上，可在社会中介机构申请入册或参加竞争性选任时予以书面承诺，目前已在扬州市人民法院部分竞争方式选任管理人的案件中试行。

B.12
昆山市张浦镇赵陵村农地股份专业合作社调查报告

朱英达　刘禹甸[*]

摘　要： 改革开放以来，中国农村发生了巨大的变化。在苏南地区，农业生产方式正在走向市场化。其中，昆山市张浦镇赵陵村农地股份专业合作社的出现具有代表性。在治理结构上，该农地股份合作社包括社员大会、理事会和监事会三个机构。在社员资格的获得方式上，村民既可以基于土地承包经营权入社而成为社员，也可以加入专业合作社而成为社员。当农户家庭以土地承包经营权折股入社时，物权性质的土地承包经营权便转化成证券性质的股权，而股权的可分割性和可转让性为农村产权制度向现代产权制度过渡提供了可行的方案。

关键词： 农地股份专业合作社　社员资格　土地承包经营权

昆山市地处中国经济最发达的长江三角洲，是上海经济圈中一个重要的新兴工业城市。张浦镇位于昆山市的中心地带，行政区域116.27平方公里。赵陵村是张浦镇所辖25个行政村之一，位于张浦镇西南侧，北依机场路、支浦江，西靠大直江，南临姜杭村，东交七桥村。全村耕地面积3280亩，

---

[*] 朱英达、刘禹甸，南京师范大学法学院学生。

共有4个自然村，27个生产组，458户，总人口2240人。赵陵村的农业以种植业、养殖业为主，目前全村加入农地股份专业合作社的土地面积为2375.24亩。

我们调查的主要目的是了解苏南地区农地股份合作社的治理结构、入社土地的权利状况和使用状况，以及农户与合作社的关系。为此我们对赵陵村进行了持续的实地调查，包括搜集统计资料和文字资料、召开专题座谈会、实地观察法、个别访谈等调查方式。本报告是在上述调查的基础上形成的。

一 赵陵村合作社的设立

赵陵村农地股份专业合作社（以下简称赵陵村合作社）成立于2010年。目前全村绝大多数农户已经将土地承包经营权折股入社，入社土地承包经营权涉及农地2375.24亩，作价404.22万元。

赵陵村合作社的前身是赵陵村专业合作社，成立于20世纪90年代。专业合作社的主要功能是代表农户统一对外发包土地，统一购买生产资料，以及为农户提供技术性服务等。2010年，以土地作价入社为标志，赵陵村专业合作社转变为农地股份专业合作社。

和全国范围内实行的农村土地承包经营制度一样，赵陵村的农地在20世纪80年代中期也实行了承包经营，但是与大多数地区不同的是，在1998年第二轮农村土地承包时，赵陵村采取了以生产组为单位确地，以农户为单位确权的承包模式。在生产组的层面，土地的数量和地块都是确定的，但是对于农户来说，只确定承包土地的数量而不确定承包土地的位置。例如村民马泉生一家承包了5亩土地，享有对于5亩土地的承包经营权，但村里并没有明确其承包的5亩地对应于哪个地块，马泉生也不知道其承包的5亩地在什么地方。这种情况在当地被称为"确权不确地"。

确权不确地的产生，主要是因为当地经济较为发达，村民的务工收入或经营收入早已远远超过务农的收入，因而已经不再自己耕种，承包的土地主要用于转包而获取土地收入，以生产组为单位将农户手中分散的承包

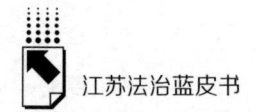

土地集中起来转包，可以有效地减少交易成本。在这种情况下，农户依据其承包土地的数量等额分配土地转包的收入，而承包土地的四至界线反而变得不重要了。

从经济上看，确权不确地使得整个生产组的耕地得以合并为一块面积较大的耕地而整体转包，为土地集约化经营提供了条件；从法律上看，确权不确地使得农户土地承包经营权的物权性质被淡化，并且开始向证券化的份额权利转化。事实上，就承包土地的物权意义而言，在实行确权不确地的制度以后，赵陵村所属各生产组已经成为土地承包经营权的实际主体，农户作为物权主体的地位已经被淡化。①

因此，在2010年组建农地股份专业合作社时，农户用以入社的土地仅仅表现为在其名下的一定数量的土地承包经营权，这种权利并不对应任何特定的、物的形态的土地。这种情况一方面为土地入社提供了便利条件，另一方面也使得土地入社成为农户土地承包经营权进一步证券化的途径。

根据我们的调查，赵陵村农户土地折股入社是自愿的，农户可以根据自己的意愿决定是否将自己的土地承包经营权全部入社、部分入社，或者不入社，并且在入社以后，仍然可以自愿退社。张浦镇镇政府统一核定了每亩土地承包经营权的折股价格为3000元，愿意入社的农户按照这一折股价格和实际入社的土地承包经营权数量，与合作社签订土地承包经营权入股合同，将相应数量的土地承包经营权交给合作社，从而获得一定数量的股权。同时，村里专门划出一块土地，将不愿入社农户的承包经营权集中到这块土地上，入社后选择退社的农户也按此办理。可见，1998年已经实行的确权不确地的机制使得土地承包经营权与特定土地相对分离，从而为解决农户自愿入社和土地集中经营之间的矛盾提供了可行的途径。

---

① 根据我们的调查，在实行确权不确地的制度后，不仅土地转包收入在生产组内部按农户承包土地数量等额分配，而且在遇到土地征收时，土地征用补偿款也归被征用土地的生产组全体成员所有，由于征收而减少的土地由生产组所有农户共同承担，换句话说，在部分土地被征收后，各个农户在生产组中所占有的土地份额并不发生变化，农户仍然以其原有的土地份额为根据进行收入分配。

二　赵陵村合作社的治理结构

根据《昆山市张浦镇赵陵村农地股份专业合作社章程》（以下简称《章程》），合作社的组织框架包括三个部分：社员大会或社员代表大会是合作社的权力机构；理事会是决策机构和执行机构；监事会是监督机构。《章程》规定了社员代表大会的产生和表决制度、理事会的产生和决策机制、监事会的审计监督职能，以及《章程》的制定和修改制度、对合作社内部的约束力等制度。

1. 社员大会与社员代表大会

社员大会是合作社的权力机构。《章程》对合作社社员大会的运行机制作了比较详细的规定，包括例行会议和临时会议。例行会议为每年召开一次合作社社员大会，由理事长（会）负责召集，召开社员大会时理事长须提前15日向合作社成员通报会议内容。临时会议可以由监事会、理事会，或者30%以上的社员提出，30日内召开。《章程》对社员大会的召开和表决程序也作出了规定。

但是根据我们的调查，赵陵村合作社成立后并未召开过社员大会，而村民对此也并未有所怨言。出现这种情况的原因是多方面的，一方面是赵陵村的村民大多在外就业，甚至长期在城镇居住，留在村中的村民人数不多，很难满足召开社员大会的人数要求，[①] 另一方面则是社员对于合作社并无更多的利益要求，缺乏参加或是要求召开社员大会的动机。此外，我们认为，赵陵村合作社《章程》对于社员大会运行机制的设计也存在问题，《章程》规定所有社员均享有同等的表决权，然而土地承包经营权是按户入社的，每户入社的土地数量不同，每个农户的家庭结构也不相同，如果召开社员大会，并且按照一人一票行使表决权，则可能出现每个享有同等表决权的社员所代

[①] 赵陵村有2000多村民，合作社《章程》规定须有三分之二以上的成员出席社员大会才能召开。

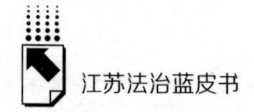

表的入社土地承包权数量不同的情况，更何况赵陵村合作社还有专业合作社的性质，土地承包经营权未入社的村民，也可以成为专业合作社的社员，而《章程》并未规定这部分社员的表决权与土地承包经营权已经入社的社员有何不同。因此，我们认为，《章程》虽然规定了社员大会的权力，但是在制度设计上和实际运行中，社员大会权力的实现都还存在困难。

事实上，根据我们在调查中了解到的情况，在赵陵村合作社的实际运行中，社员代表大会这一组织形态实际上起着重要的作用。合作社《章程》中并没有单独规定社员代表大会制度，而是混同使用"社员大会"和"社员代表大会"两个概念。现实中赵陵村经常召开的往往是由27个生产组的组长和村里的党员参加的会议，实际上是生产组组长会议和党员会议的联席会议。虽然参加会议的人员并非由社员选举产生的社员代表，会议的名称也没有正式确定为社员代表大会，但是其性质和作用都相当于《章程》中提到的社员代表大会。① 根据我们的调查，社员代表大会在赵陵村合作社的实际运行中起着重要的作用。一方面，合作社的一些重要事项由村党支部和村委会作出决定前或作出决定后，会在社员代表大会上讨论，与会者的意见起到重要的作用，而重大事项则会提交社员代表大会讨论决定，如合作社监事长的更换、农场场区的划分等事项均由社员代表大会讨论决定；② 另一方面，合作社的一些决定、政策、重要事项等也是通过社员代表大会的代表传递给普通社员，会议代表自己的看法也会因此影响到社员。由于社员代表大会的代表均为生产组组长或党员，在政府指导、合作社利益和社员利益之间能够起到有效的沟通和平衡作用，并且在社员中也享有较高的信誉，因而是

---

① 由于《章程》未对社员代表大会作出专门规定，所以社员代表的产生及社员代表大会的召开并无《章程》依据。《江苏省农民专业合作社管理条例》第十三条规定：农民专业合作社设立人代表大会的代表人数不得低于设立人总数的百分之十；设立人超过一千人的，设立人代表人数占设立人总数的比例可以适当降低，但设立人代表人数不得低于一百人。从赵陵村合作社实际召开的社员代表大会的参加人数看，与这一规定相比，赵陵村合作社实际运行中形成的社员代表大会的代表比例明显偏低。

② 此外，社员代表大会也会讨论决定一些村里的重大事务，如修建环村公路等。

合作社运行机制中非常重要的一个角色。

2. 理事会与理事长

按照《章程》的规定，合作社的理事会由 3 名理事组成，设理事长 1 人。而在实际运行中，赵陵村合作社理事会只有理事长 1 人，并未明确另外两位理事人选，理事长由村党支部分管农业的副书记担任。根据我们了解的情况，未设理事的原因，是村干部和村民认为合作社理事会的工作量不大，1 个人足以完成，没有再任命两名理事；而理事长由村党支部副书记担任，则是因为他在党支部中的工作分工是农业生产，在组建农地股份专业合作社之前，村里农业生产的规划、组织工作一直是这位副书记负责，在村民和镇政府之间的连接和沟通工作也主要由他承担，这些工作与合作社理事长的工作职责有着很大的相似性。

《章程》中规定的理事会职责主要有：①组织召开社员大会，执行大会决议；②决定合作社发展规划、年度业务经营计划、内部管理规章制度等；③决定合作社年度财务预决算、盈余分配和亏损弥补等方案；④决定成员加入、退出、继承、除名、奖励、处分等事项；⑤组织培训和各种协作活动；⑥决定聘任或者解聘本合作社经营管理负责人和财务会计负责人；⑦管理本合作社的资产和财务，保障本合作社的财产安全；⑧接受、答复、处理监事会提出的有关质询和建议。理事会的职责主要通过理事长的工作来实现。按照《章程》的规定，理事长在合作社中主要负责：①对接涉农政策，包括农业补贴、粮价等。②协助镇农业工作局提供日常田间管理的技术指导，涉及施肥、用药的时间、用量等服务。③组织农业技术培训，提高农民的田间管理能力和技术。④部分大宗生产资料的统一购买，村中农业基础设施的建设与维护。⑤协助进行农机等生产资料的调度。⑥主持社员代表大会。⑦签署本合作社成员出资证明。⑧代表本合作社签订协议、合同和契约等工作。可见，合作社理事长在合作社日常管理中居于核心领导地位，实际控制着合作社的经营管理活动。

3. 监事会与监事长

同样，《章程》规定合作社监事会由 3 名监事组成，实际运行中监事会

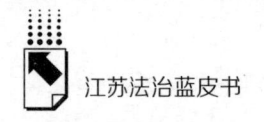

也仅设1名监事长，监事长由村委会会计担任。根据我们了解的情况，担任监事长的会计同时担任合作社的会计工作。合作社成立后，赵陵村村委会的会计更换过一次，新任村委会会计同时也担任了合作社的监事长和会计工作。据此我们认为，在赵陵村，村委会会计是村干部，合作社的监事长和会计两项工作是由作为村干部的村委会会计兼任的。由于合作社理事长、会计均由村干部担任，因而村党支部和村委会在合作社的治理结构中起着决定性的作用，镇政府的政策和决定也很容易通过村干部而影响合作社的决策。

按照《章程》的规定，监事会的主要职能包括：①按照有关财务会计制度核定生产经营和管理服务过程中的成本费用。②扣除当年生产经营和管理服务成本，提取公积金、公益金和风险金后的可分配盈余，计算红利分配。可见，《章程》赋予监事会的主要职能是进行财务监督，包括审计监督。由于村会计和合作社会计均不是村党支部、村委会和合作社的主要决策者，因而由其担任监事长，负责对合作社的财务进行监督，具有一定的合理性。但是由于村会计和合作社会计担负着村财务和合作社财务的实际管理工作，便又使得由会计承担对合作社财务的监督责任具有机制上的不合理性。从这个意义上说，监事会的主要职能实际上是从财务控制的角度对决策者进行监督，而非对财务活动本身进行监督。

4. 社员与社员权利

赵陵村合作社社员的身份和权利界定是个比较复杂的问题。在赵陵村，农业生产活动是以农户为单位进行的，农户入社后，其家庭成员便具有了社员身份。而在《章程》中，对社员的身份和权利界定是以社员个人为对象进行的。同时，由于合作社兼具农地股份合作社和专业合作社两种性质，因而村民既可以基于土地承包经营权入社而成为社员，也可以加入专业合作社而成为社员。《章程》规定，具有民事行为能力，承认并遵守本合作社章程，履行本章程规定的加入手续，从事生产经营，能够利用并接受本合作社提供服务的相关农民，可申请成为本合作社成员。在村民提交申请后，经合作社成员大会（或理事会）审核并讨论通过，便可成为社员。而在实践中，合作社成员大会并未开过，理事会也仅理事长1人，所以通常是农户要求以土地承包经营权入社，或是要求加入专业合作社后，合作社核实了村民的身份，或确认了其入社土地承包经营权数量后，便可以成为社员。

因此，在合作社的社员中，存在以土地承包经营权入社的社员和未以土地承包经营权入社，而仅仅是加入专业合作社的社员两种类型，两类社员的权利既有共同点，也有所差别。《章程》规定的一般性社员权利包括：参加成员大会并享有表决权、选举权和被选举权；按照章程规定对本社实行民主管理；利用本合作社提供的各项服务和各种生产经营设施；按照章程规定或者成员大会决议分享盈余；查阅本合作社的章程、成员名册、成员大会或者成员代表大会记录、理事会会议决议、监事会会议决议、财务会计报告和会计账簿；对本合作社的工作提出质询、批评和建议；自由提出退出申请，依照本章程规定退出本合作社。而以土地承包经营权入社的社员还享有相应的股东权利，包括参与与土地权利相关的事项决策的权利、获得土地收益的权利，以及股权的其他财产权利。

土地入股的社员以农户为单位，按照入社土地面积取得固定土地收益。2010年最初入社时每亩每年固定收益为600元，目前已经逐年增加到了每亩每年900元。土地收益由合作社在当年财务结算后发放至各农户。值得注意的是，虽然收益分配的依据是每户入社的土地面积，因而与农户家庭人口多少并无关系，但赵陵村合作社对1998年以后出生，因而未能参与土地承包经营权调整，且户口登记在本村的农户未成年家庭成员，也按照每人每年450元的标准分配土地收益。这一分配政策在很大程度上弥补了农村土地承包无法兼顾30年承包期内农户家庭人口发生的变化，因而会导致的实际上人均土地承包经营权不平衡的问题。从这个意义上说，农户土地承包经营权折股入社，土地权利的股份化为解决农户家庭人口变动所导致的土地分配不均问题探索了一条可供借鉴的道路。同样，土地承包经营权的股份化也在很大程度上解决了财产继承的问题，股权是可以继承的，且股权的继承可以适用财产继承的一般规则，与是否具有集体经济组织成员的身份无关，因此，

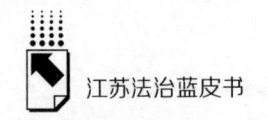

社员基于其股权而享有的收益权也是可以继承的，即使没有集体经济组织成员的身份，也不妨碍继承人继承因土地承包经营权入股而形成的股权，从而获得土地收益。

5. 合作社与村委会、村党支部、镇政府的关系

赵陵村合作社与村党支部和村委会之间存在密不可分的关系，这种关系不仅表现为人事安排上的支配关系，而且还表现为土地所有者与使用者之间的法律关系。就人事关系而言，村党支部分管农业的副书记担任合作社理事长，村委会会计担任合作社监事长和会计，而理事长和监事长是合作社的主要决策者，合作社的日常管理事项主要是由理事长和监事长共同商议决定，从而村党支部和村委会对合作社具有人事上的控制能力。就法律关系而言，合作社是村集体经济的主要存在形态，尤其是在土地承包经营权折股入社以后，村集体土地的承包经营权已经转移给了合作社，作为集体土地所有权的代表，村委会以及村党支部与合作社之间的关系具有了土地所有者与土地使用者之间关系的性质，从这个意义上说，村委会与村党支部与合作社之间存在法律上的关系。事实上，赵陵村合作社的一些重大事项，通常会由村党支部和村委会共同商议，提出解决方案后，再提交给由生产组组长与党员共同组成的社员代表大会讨论通过。可见，村委会和村党支部作为集体土地所有权和集体经济的代表，在法律上享有参与合作社相关决策的权利，而相应的人事安排则保障了这种权利的实现。

政府与合作社的关系也是我们调查的一个重要方面。根据我们了解的情况，张浦镇镇政府在赵陵村专业合作社成立，到专业合作社向农地股份专业合作社转型，再到推进合作社土地经营的农场模式改革等一系列重大变化中都起着重要的引导和推动作用。这种作用主要表现在以下几个方面。

首先，合作社的每个重大事件都是由镇政府下发的指导性文件启动的，而镇政府的文件通常综合了上级政府的政策精神或政策要求、本地的实际情况，以及镇党委和镇政府的研判和意见，表明了对某一事项的认

可、支持和具体要求。这些文件对于合作社的决策具有重要的意义,既指出了政府倡导的方向,又指出了必要的限度,从而使合作社清楚地知道政府对自己决策的支持程度和限制范围,成为合作社对重大事项作出决策的基础。例如合作社土地经营的农场模式改革,便是由昆山市政府农业委员会下发文件指引,张浦镇镇政府下发文件加以具体推动,赵陵村合作社作出决策按照政府的指引进行试点,并且被镇、市两级政府列为改革试点单位,给予后续支持和帮助。从某种意义上说,政府文件对于合作社的作用远远高于法律,因为合作社在作出决策时并没有能力去判断其中的法律问题,政府下发的文件则给他们提供了更为直接也更为具体的指引,因此,政府文件所给出的指引的合法性问题便成为合作社决策的合法性的重要保障之一。

其次,镇政府负有对辖区内所有村集体和村合作社的管理和指导职责,因而对于一些具有普遍性的事项,有能力进行全面的协调和整合。例如在全镇各村级合作社推行土地承包经营权折价入股时,张浦镇镇政府综合了全镇的土地利用情况,统一确定了土地承包经营权入股时的折算价格为每亩3000元,全镇各个村的所有合作社均按此执行,从而避免了因定价差异而可能引发的问题。

再次,政府有责任、有能力帮助合作解决后续出现的困难和问题。实践中,村合作社在遇到需要政府出面协调或帮助的问题时,会通过村委会和村党支部向镇政府反映,双方会通过沟通、协商、讨论,找出解决问题的办法,再由村合作社具体落实。

最后,镇政府还可以利用其掌握的公共和服务资源,为合作社提供多方面的服务。例如,张浦镇镇政府设有张浦镇农业工作局,该局在每个村中都派有一名技术指导员,负责监控病害,进行农业技术指导,为合作社的农业生产提供技术服务;又如在镇一级建有规模较大的农机专业服务组织,农忙时镇政府可以在全镇范围内统一调度农机使用,甚至可以通过市政府在全市范围内进行调度,及时为各村合作社提供农机服务,等等。

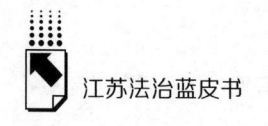

三 农场制的土地经营方式

赵陵村对全村2375亩土地进行了全面规划,其中粮油作物用地730亩、鱼塘249亩、绿化235亩、种植提子200亩,① 林地357亩,其他留待开发土地约600亩。实行土地折股入社以后,鱼塘、林地、种植提子用地等仍采取统一发包的方式经营,而在2015年以后,对粮油作物用地则探索采取合作农场的经营方式。

赵陵村将原来归属于27个生产组的729.03亩粮油作物用地划分为最小72.78亩、最大155.03亩,平均面积100亩左右的7个场区,由合作社通过公开招聘的方式选任7个场长分别管理7个场区。农场场长的招聘是在赵陵村内部进行的,根据赵陵村竞聘农场长的信息公告,年龄为18~65周岁,已经将其土地承包经营权折股入社,且未承包本村养殖鱼塘的赵陵村村民均可报名应聘,但是一个农户只能有1人应聘,且1人只能应聘一个农场的场长。如果某一农场符合条件的应聘村民为2人以上时,则农场地块所处生产组的村民优先,同为农场地块所处生产组的应聘村民为2人以上时,则采取抽签方式确定场长人选。

场长人选确定后,须与合作社签订聘用合同,其中载明农地的整体规划、土地的用途、种植品种等约束性条件,并且约定调整田块以及日常的播种施药事宜必须服从合作社的安排与整体规划等内容。总体上看,聘用合同所确定的合作农场经营方式是合作社享有土地整体规划、财务统一管理和外部协作统一安排的权利,而场长则享有农场的日常经营管理权和完成承包上交款之后剩余赢利的所有权。

---

① 因种植提子收益较高,收益分配也相对容易,因此种植提子的土地主要配置给不愿以土地承包经营权入社的农户,以使他们可以在土地入社获得稳定收入和不入社而获得虽不稳定,但是有可能较高的收入之间进行选择。事实上,由于赵陵村合作社兼具农地股份合作社和专业合作社双重性质,因而农户即使土地不入社,其家庭成员也可以具有合作社社员的身份,与土地入社的村民相比,其因社员身份而享有的权利的差异仅仅限于与土地承包经营权入社有关的权利。

根据聘用合同,承包农场的场长须按承包农场的实际面积,每年每亩土地向合作社上交800元的承包费,包括650元的土地资源使用费、80元的合作社分红资金、70元的灌溉费。聘用合同签订后,应聘场长先以保证金的方式将全部承包费交给合作社。农场不设独立银行账户,其财务由合作社设立专门账户统一管理。日常经营中所需种子、化肥、农药、农机使用费,以及人工工资等成本开支由场长承担,但可以通过报销的方式由合作社垫付。农场生产的农作物收获后由合作社统一安排销售,销售收入全部进入合作社为农场设立的专门账户。农场全年的成本和收入核算后,扣除上交合作社的每亩800元,剩余部分由农场场长自负盈亏。

合作社所收800元承包费中,除了70元灌溉费用于生产性支出外,其余730元加上政府的耕地补贴,用于向土地承包经营权入社的农户按每年每亩900元的标准支付土地分红。

从我们调查的情况看,赵陵村合作社所属的粮油用地、鱼塘、种植提子用地、林地等土地均采取向本社社员发包的方式经营,而未见对外发包的情况出现。导致这种现象的原因,固然与苏南地区地少人多,地块面积普遍不太大,难以形成大规模集约耕种的条件有关,但是也与这一地区农地质量较好,收入相对稳定,一定程度的集约经营能够满足合作社内部社员的收入预期有关。从合作社招聘农场场长时设定的年龄条件看,其年龄下限是法定的完全民事行为能力年龄,而上限已经放宽到65周岁。我们推测这样设定的原因,是潜在的场长应聘人数不多,且大多为年龄较大的村民,主要是具有一定农业生产经验,又因年龄较大而不适合从事其他职业的村民。因此,随着时间的推移,合作社内部社员能够承包经营农场的人选将会越来越少,今后对外发包也将成为必然。

合作社与7个农场之间的关系是发包方与承包方的关系。担任合作社理事长的村党支部副书记负责对农场进行业务指导,担任合作社会计的村会计负责农场的财务管理和监管,7名场长在合作社的领导和监督下,全权负责日常农业生产经营管理,获取农场收益并承担经营风险。

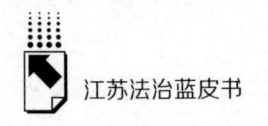

四 调查小结：村民的创造与法律的发展

在赵陵村合作社的调查过程中，我们时时刻刻都能看到法律的影子和村民的创造，法律的影子是静止的、不变的，却是模糊的，能够感觉到它的存在，却又没有清晰的边界；而村民的创造是鲜活的、变化的，并且是具象的，不仅能够看到它的存在，而且还能看到它的作用和结果。在赵陵村合作社，法律的影子和村民的创造重叠在一起，使法律获得了存在的解释，并且获得了发展的方向。

1. 专业合作社与农地股份合作社的双重性质

赵陵村合作社自20世纪90年代成立后，到2010年之前，是典型的农民专业合作社。2010年因实行农户以土地承包经营权折股入社，赵陵村合作社在保留原来专业合作社特征的基础上，兼具农地股份合作社的因素，成为现在的农地股份专业合作社。

农民专业合作社的主要特点，是通过为分散经营的农户提供统一的采购、技术、机械和销售等方面的服务，促进农业生产专业分工和集约化程度的提高。种子、化肥、农药等生产资料的统一采购降低了农户的生产成本，保证了采购的质量；统一销售稳定了农产品的销售渠道，保证了农户稳定的收入；而各种专业服务则提高了农业机械和农业技术的利用效率，提高了劳动生产力。除此之外，赵陵村合作社还承担着对于苏南地区农业生产极为重要的农田水利系统的统一建设、维护的责任。农地使用者按照每亩每年70元的标准向合作社交纳农田灌溉费，合作社负责灌溉水渠、机械等灌溉基础设施的维护，向农户或农场提供农田灌溉用水服务。

农地股份合作社的主要特点则是通过土地承包经营权折股入社，农户获得合作社的股权，从而获得收益分配的权利；而合作社获得土地使用权，通过土地的集约使用获取更多土地收入。与专业合作社相比，农地股份合作社增加了农地入股、分红这一资产合作的因素，从而合作的紧密程度更高、稳定性更好。

2. 基于双重性质而产生的法律和现实问题

在法律的层面上，我国目前的立法只有2006年10月31日第十届全国人民代表大会常务委员会第二十四次会议通过的《中华人民共和国农民专业合作社法》，尽管该法第四条将农民专业合作社成员的出资列入合作社的财产范围，表明合作社成员可以向合作社出资，但是该法规范的对象仅限于农民专业合作社，[①] 且未明确规定可以以土地承包经营权向合作社出资，因而可以说2006年的农民专业合作社法是不能涵盖以土地承包经营权作为出资入社的农地股份合作社的。事实上，该法也没有对土地承包经营权出资所形成的法律关系作出明确、具体的规定，这就使得具有农民专业合作社和农地股份合作社双重性质的赵陵村合作社的运行没有明确的法律规范，缺乏应有的法律框架。

在现实的层面上，赵陵村合作社的双重性质也导致了一系列的问题，首先是社员权利的来源和平等问题。在合作社章程中，合作社成员被统称为"社员"，然而，作为专业合作社社员和作为农地股份合作社社员的权利来源却存在共同点和不同点。作为社员，必须是村集体组织的成员，即本村村民，换句话说，所有社员都是集体土地所有权主体的成员，这是其共同点；不同点则在于专业合作社成员是基于其提供或接受服务而成为合作社社员，而农地股份合作社成员则是基于其土地承包经营权折股入社而成为合作社社员，这是不同点。权利来源的共同点和不同点使得两类社员在合作社中的权利状态呈现出复杂的关系。一方面，他们都对集体土地享有共同所有权，并且都享有专业合作社社员的权利，另一方面，未以土地承包经营权折股而入社的社员不能享有涉及土地承包经营权的各项权利，包括土地承包经营权的处分权和收益权。事实上，由于农村产权中集体土地所有权与土地承包经营

[①] 《中华人民共和国农民专业合作社法》第二条将农民专业合作社定义为"农民专业合作社是在农村家庭承包经营基础上，同类农产品的生产经营者或者同类农业生产经营服务的提供者、利用者，自愿联合、民主管理的互助性经济组织"，其主要活动是为其成员"提供农业生产资料的购买，农产品的销售、加工、运输、贮藏以及与农业生产经营有关的技术、信息等服务"。《中华人民共和国农民专业合作社法》，中国人大网，http://www.npc.gov.cn/wxzl/wxzl/2006-12/05/content_354950.htm，最后访问日期：2018年2月10日。

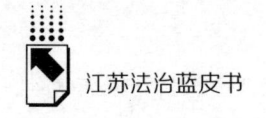

权在法律上存在密切的关联，因而专业合作社社员不能享有涉及土地承包经营权的各项权利，便无法完全行使其对入社土地的所有权。① 可见，在具有专业合作社和农地股份合作社双重性质的赵陵村合作社，社员权利并不是同等的。然而，除了是否享有土地分红的权利以外，我们在赵陵村合作社的章程中以及合作社的实际运行中，却没有看到对于这些权利的明确区分。

其次，合作社的治理结构基本上沿用了村集体组织的治理构架，村党支部和村委会是合作社的主要控制者，村民小组组长和党员参与重大事项决策，并且在村民和村党支部、村委会之间起沟通、连接作用。这种治理结构对于专业合作社的运行并无大碍，在专业合作社中，社员主要是受益者，其与合作社的关系也比较松散，参与决策的要求并不强烈。然而就农地股份合作社而言，这种治理结构便难以完全适应，尤其是在涉及土地所有权或土地承包经营权的处分，以及更为复杂的土地所有权收益分配等问题时，治理结构的不适应便会显现出来。

3. 合作社治理结构的公司化与集体化

显然，从其章程看，赵陵村合作社完全是依照现有的法律框架建立起来的，与现有法律框架并不冲突。但是根据我们的调查，赵陵村合作社的实际运行却不是，甚至可以说完全不是按照其章程进行的，因而与法律的框架相差甚远。事实上，赵陵村合作社并不是基于法律的规定而设立的，相反，它是村民们为了解决现实中的问题而设立的。20世纪90年代，当地村民大多外出就业，务农人数大量减少，不能满足一家一户分散耕种对劳动力的季节性需求，村集体经济组织通过提供专业服务来帮助村民解决诸如播种、杀虫、收割、储运等季节性劳动力需求问题，由此产生了专业合作社。同样，当大多数农户完全放弃了自己耕种土地，转而通过转包的方式将土地交给专门的农户耕种时，村集体经济组织便通过在转包方和承包方之间进行有效沟通来帮助农户更好地解决土地转包的问题，这时，将农户的土地承包经营权

---

① 同理，已经将土地承包经营权折股入社的社员如何对专业合作社社员手中未入社土地行使所有权也成为问题。

集中到合作社手中，由合作社统一转包，便成为一种解决问题的方式，土地承包经营权折股入社的农地股份合作社也就应运而生。可见，就农地股份合作社而言，其本质并不是一种"资本合作"，而只是一种"授权代管"，因而其并不需要股份制企业所需要的治理结构，只需要农户以土地承包经营权"入社"的形式，使合作社有权对土地承包经营权代为转包就可以了。

现行的《中华人民共和国农民专业合作社法》试图将农民专业合作社纳入公司制的治理模式，公司制是为了解决"资合"问题而建立的治理模式，其模式特点包括股东权与公司财产权的分离、股权决策机制、股东与公司关系，以及股东权保护等。然而，农民专业合作社的本质特征并非"资合"关系，甚至都称不上"人和"关系，其只是一个互助合作的组织。公司制治理结构对于农民专业合作社而言是多余的，甚至是负效率的，因而并不具有现实合理性。

相反，赵陵村的村民所遇到的问题是现实的，并且只能以具有现实合理性的方法才能有效地加以解决，而这种现实合理性根植于中国的传统文化和现实制度。在赵陵村合作社的治理结构中，我们可以看到村委会、村党支部、村民小组组长、党员，以及镇政府等主体的身影，村委会（从某种意义上说，也包括村党支部）是村民自治的组织，尽管在我国当下的现实制度中，村委会还负有对行政组织（镇政府）的责任，但无论是在法律上，还是在现实中，村委会都更多地负有对村民的责任——作为集体土地所有权代表的责任和实现村民自治的责任。更重要的是，村落自治根植于中国数千年的传统文化，家庭和家族聚集在一起，形成盘根错节的熟人社会，乡规民约、士绅长老对于村民起着凝聚和约束的作用。村委会、村党支部在现代社会中的作用得到传统文化的有力支撑，村民不仅从制度上，而且在观念上把村委会、村党支部看作自己的代表，这就为村委会和村党支部在赵陵村合作社中的地位提供了现实合理性。同时，村委会、村党支部被认同为村民代表的基础来源于村民的信任，因此，与村民之间的意思沟通和对村民意思的遵从便具有了重要的意义。正是在这个意义上，由村民小组组长和党员构成的社员代表大会成为合作社治理结构中的重要环节，承担着村委会和村党支部

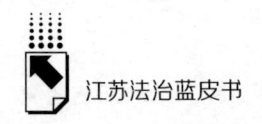

听取村民意见、说明决策理由的有效渠道。在村民看来,合作社既不是一个"资合"组织,也不是一个"人和"组织,它只是"村里的事儿",和村里的建桥修路、婚丧嫁娶、邻里纠纷没什么区别,因此,只要有主事人,有沟通渠道,就可以放心了。

事实上,赵陵村合作社所承载的社会功能远远不限于农业生产中的互助合作和土地承包经营权的统一管理,还涉及集体土地所有权的实现和村民的福利等许多方面。[①] 这些功能远远超出了作为企业的合作社,以及农民专业合作社法所涉及的范围。从这个角度看,赵陵村合作社的实践充分表现了村民的智慧和创造力,他们在合作社的法律框架之内,探索着解决现实问题的路径,拥抱中国农村生产方式和生产关系的大变革。另外,赵陵村合作社的实践也为法律的发展提出了新的挑战,在中国农村生产方式和生产关系的大变革中,法律究竟需要作出何种调整,才能满足几亿村民的制度性需求?

4. 农村产权制度走出困境的路径探索

我国农村产权制度的主要类型包括:集体土地所有权;农户土地承包经营权;农户宅基地使用权;农户房屋所有权;其他集体经济组织的产权。其中,除了其他集体经济组织的产权情况比较复杂,目前正在进行产权的确权以外,其他类型的产权都具有一个共同的特征,即产权的主体均为村民集体或农户,而非个人。显然,我国农村以村民集体和农户为权利主体的产权制度与城市中以个人为权利主体的现代产权制度之间存在根本性的差异,而我国的民法制度是建立在以个人为权利主体的基础之上的,这使得农村产权无法在现有的民法规范体系中获得有效调整。

事实上,当农村产权不与外部发生流转关系,而仅仅在村集体内部流转、分配时,民法规范的缺失对其没有影响,因为在村集体内部,村民用来规范产权关系的规则并不是民法规范,而是村集体内部的自治规范。例如,

---

[①] 在我们的调查中,赵陵村合作社对于本村 1996 年第二轮土地承包以后出生,从而未参加土地承包的 18 周岁以下的村民,每年给予 450 元(相当于 0.5 亩土地承包经营权一年的收益)的分配,在一定程度上弥补了因土地承包经营权 30 年调整一次,无法及时根据农户家庭人口增减以调整而导致的村集体经济组织成员平等享有土地承包经营权的问题。

当农户家庭成员死亡时，依照民法规范，应当发生产权继承关系，而在村集体内部，普通家庭成员的死亡通常不会导致产权继承的发生，只有当作为户主的家庭成员死亡时，才有可能导致产权继承的发生。① 又如，依照民法规范，农村产权的权利人是农户，而非户主，因而可以说农户家庭成员作为村集体的成员，对集体财产享有平等的权利，然而传统的家族、家庭制度在观念上支撑家长是一家之主的自治规则，在这一观念下，家庭成员并不享有独立的权利。

然而，一旦农村产权对外进入市场流转，从而受到民法规范的调整，其产权结构与现代产权制度的差异便会导致矛盾和冲突。例如，当农村房屋拆迁时，民法究竟是将户主确认为被拆迁房屋所有权，以及房屋坐落其上的宅基地使用权的权利主体，还是将农户家庭成员视为共有权主体，抑或将农户家庭成员视为基于其集体土地所有权权利人而产生的独立权利主体？我国民法并未对此种冲突设定专门的解决方案，从而使得农村产权进入流转时必然遇到法律困境。赵陵村合作社的实践让我们看到了解决冲突的可能路径，当农户家庭土地承包经营权折股入社时，物权性质的土地承包经营权转化成为证券性质的股权，而股权的可分割性和可转让性为农村产权制度向现代产权制度过渡提供了可行的方案。

总之，赵陵村农地股份专业合作社是中国农村村民的创造，表现了村民解决现实问题时的智慧，包含着社会变革的丰富信息，对于我国农村生产方式、生产关系，以及法律制度的发展演变具有重要的样本和借鉴作用。我们的调查只是初步的、表面的，所提交的报告也只是阶段性的成果。希望我们的调查报告能够为愿意了解我国农村和村民的同行提供建设性的参考。

---

① 即使是作为户主的家庭成员死亡，而仅仅是可能，而非必然导致产权继承的发生。例如，除非死亡的户主另有不与其同住的、未获得宅基地使用权的成年男性子女，否则不会发生宅基地的继承；又如农户在一个承包周期开始以后新增的家庭成员不能依据其集体土地所有权人所享有的权利而主张土地承包经营权；等等。

基层法治报告

Rule of Law Grassroot Reports

B.13 司法服务乡村振兴与乡村治理探析
——以泰兴市人民法院办案实际为视角

丁晓楚*

摘　要： 泰兴市人民法院处理涉农案件时，兼顾法律效果和社会效果，审慎化解涉企涉金融纠纷，加大对乡村环境的保护，回应农村群众的新诉求新期盼。但司法服务乡村过程中，也存在涉农村土地承包经营权纠纷、乡村民间借贷案件纠纷，家庭暴力认定等疑难问题；建议成立农村土地流转专门机构，完善农村金融体系，加大司法与教育联动解决农村留守儿童权益保护问题；细化对家庭暴力的认定；最后，需要加强对各基层法庭司法服务的物质保障，提高司法服务能力，解决基层法庭人员配置相对不足问题。

---

* 丁晓楚，泰兴市人民法院办公室工作人员。

关键词： 乡村振兴　乡村治理　司法服务能力

实施乡村振兴与乡村治理，是贯彻落实党的十九大精神的重要决策部署，是新时代做好"三农"工作的总抓手和新旗帜。人民法院作为国家司法机关，肩负着为乡村振兴与乡村治理助力护航的职责使命，必须自觉提高政治站位，充分认识实施乡村振兴与乡村治理战略的重要性和必要性，找准新时代乡村振兴与乡村治理的法治需求，充分发挥审判职能作用，依法妥善处理涉农纠纷，积极传递法治能量，精准提供司法供给，切实为建设平安、法治、美丽、文明乡村提供强有力的司法保障和司法服务。

一　人民法院服务乡村振兴与乡村治理做法

（一）加强涉农案件审理，维护乡村振兴与乡村治理发展大局稳定

涉农案件往往矛盾集中、政策性强、涉及面广，在处理此类案件时，稍有不慎，就会激化矛盾，影响社会稳定。人民法院必须高度重视涉农案件的审理，运用司法和社会的各种资源，努力化解矛盾，既考虑案件审理的法律效果，也兼顾社会效果，实现案结、事了、人和目标。

1. 妥善审理邻里纠纷、界址纠纷、土地使用权纠纷及排除妨害纠纷案件

此类案件当事人往往情绪对立，矛盾容易激化，严重影响社会安定和人民群众安居乐业。针对此类案件特点，凡是审理此类案件，一律由审判人员现场实地查勘与取证，近距离地听取当事人的陈述，了解案件的发生背景、发展经过，对原、被告矛盾纠纷的由来，获得更直观、更准确的了解，以便于法官准确把握案情，正确运用法律。在把握案情的同时，也能够衡量出我们法官自身的业务能力和化解矛盾纠纷的能力，衡量出司法公

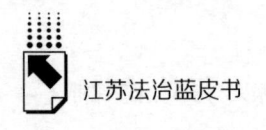

信力。

2. 妥善审理婚姻家庭、赡养抚养等家事案件

通过此类案件的审理,实现"司法审判培育时代新风尚"的功能,弘扬中华优秀传统文化和家庭美德,促进家德家风建设,放大乡村社会正能量。为泰兴市人民法院业务庭、人民法庭从严把握离婚标准,保护妇女权益,在离婚案件审理中,对一些有重大过错的当事人起诉的以及影响社会稳定和道德取向的案件,不轻易判决离婚;积极进行调解,努力化解矛盾,促进家庭和睦;适用善良风俗,妥善解决子女抚养问题,让离婚家庭子女生活有依靠、成长有保障。

泰兴市人民法院少年家事案件审判庭(以下简称少家庭)在审理中发现,农村留守儿童因父母亲常年在外地打工,多跟随(外)祖父母共同生活,由于年龄和文化的限制,(外)祖父母多将(外)孙子女送至驿站或教育辅导机构学习,而这些校外辅导机构有些未经教育主管部门登记批准,有些从业人员不具有教师资格,因此,留守儿童权益受侵害的事件常有发生。针对上述情况,泰兴市人民法院少家庭成立了关心下一代工作委员会,对未成年人特别是留守儿童权益受侵害的案件,加强关心与关注,切实帮助留守儿童解决实际困难,曾就一起父亲遗弃未成年子女的案件,向当地政府发出司法建议,建议紧急采取强制措施,较好地解决了未成年子女的监护问题。

3. 加大"事实孤儿"这一农村特殊儿童群体权益保护力度

泰兴市人民法院经梳理2016年以来审结的该类案件,发现其中由农村地区儿童作为利害关系人申请宣告父母一方失踪的案件共计9件。申请人的情况基本是父母一方死亡,另一方离家出走,长期与家庭失去联系,对未成年子女尽不到任何抚养责任。孩子跟着年迈的祖父母生活,由于经济能力有限,大多生活困顿,甚至连正常的教育和生活都不能得到保障,亟须民政部门提供救助。了解该类案件的特殊背景后,泰兴市人民法院在查明被申请人确已下落不明二年以上,符合宣告失踪条件的基础上,按照法定程序依法宣告被申请人失踪,为这些"事实孤儿"申请民政部门的相应救助扫清障碍,维护了该类特殊群体的合法权益。

4. 妥善审理涉农民工案件，依法保护农民工劳动权益

泰兴市人民法院在审理中发现涉及农民工的劳动争议案件，很多情况下劳动者和用人单位没有签订书面劳动合同或者合同到期后没有续签合同，或者没有按照法律规定交纳社保尤其是工伤保险。一旦双方发生纠纷或者发生意外事故，劳动者的权益往往不能得到很好的保障，另外企业经营不善带来风险往往会波及农民工。

（二）稳妥审慎化解涉企涉金融纠纷，营造农村良好营商环境

高度关注农村新型经济关系，依法妥善审理农村产权保护、农村投资融资等涉农村商事纠纷，合理规范农民合作社、农业产业化龙头企业等新型经营主体在乡村经济关系中的法律行为，努力营造良好的农村营商环境。第一，保护合法借贷，打击农村非法高利贷，通过审判引导民间借贷行为；第二，严格认定合同纠纷的无效和解除条件，维护合同对双方当事人的约束力，不让裁判成为当事人趋利避险的工具；第三，妥善分配举证责任，加强法官依职权调查取证，尽量使裁判符合社会认知和客观正义；第四，积极服务辖区重点项目和骨干企业。按照上级法院的部署，各业务庭、人民法庭定期到辖区内企业进行走访，了解企业的需求，提供法律咨询和帮助。

（三）加强生态司法，推进乡村绿色发展的法治化新格局

"绿水青山就是金山银山"。为此，人民法院应当在其中积极发挥作用。一方面，牢固树立绿色发展理念，深刻领会、全面贯彻习近平总书记关于加强生态环境保护的重要指示，加大对农村环境资源审判工作的重视力度，结合本地实际，配强环境资源审判力量，提高生态文明司法保护专业化水平；另一方面，综合运用审判执行手段，以"零容忍"的高压态势，严厉惩处破坏生态资源环境的违法犯罪行为，推动建立农村生态保护机制和生态补偿机制，支持行政机关依法履职尽责，妥善处理涉生态环境案件，努力实现绿色发展的法治化。

以泰兴市人民法院济川法庭为例，江苏省人民政府实施"263"环境整

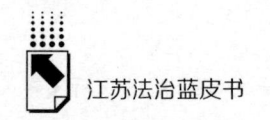

治专项行动以来，该庭受理了有关该行动的案件4件，案由均是房屋租赁合同纠纷，因承租方经营的项目不符合环保要求，且租赁期限均已届满，但由于各种原因迟迟未能向出租方交付房屋及土地使用权，从而严重影响了当地政府"263"专项行动的落实。该庭受理后，主动与辖区内政府沟通，积极应对，及时审理，上述案件全部以调解、撤诉的方式结案。

（四）完善多元解纷，健全化解涉农纠纷的乡村治理体系

人民法院作为国家审判机关，不只是法律的实施者、公正的守护者，更应是社会治安综合治理的践行者、参与者，要充分依托乡村治理新体系，紧紧依靠辖区党委、政府，加强与其他基层政权组织和群众自治组织的沟通协作，充分发挥乡村干部、司法协理员、人民调解员、人民陪审员等多方面的力量，构建社会矛盾纠纷多元化解机制，妥善处理乡村战略实施中发生的各类矛盾纠纷。加强对人民调解、行政调解的业务指导，加大对村（居）干部的普法力度，引导基层党员干部以法治思维解决矛盾纠纷，推动农村基层治理逐步走上法治化轨道。畅通群众诉求表达与权利救济渠道，推动司法救助与社会救助、民政救济的有机衔接，依法解决好涉诉农民群众的实际困难。

例如，泰兴市人民法院民一庭会同市人社局有关部门举办农民工专场法律咨询活动，派员参加市第十二届"农民工法治宣传周"活动，戴红星副庭长到场宣讲劳务用工方面的法律法规及权益救济方法等。刘世浩法官3月中旬到市建管局开展建筑企业保障农民工工资法律知识讲座，引导建筑企业妥善解决劳资纠纷，杜绝欠薪行为，维护农民工合法权益。河失法庭延伸审判职能，创立"民情丈量工作法"，围绕该工作法，密切联系当地党委和政府、基层组织，着力化解民事纠纷。汇编《邻里好赛金宝》《家和万事兴》故事，放大"工作法"效应，汇编内容包括简单的案例和释法、浅显的小故事、做人做事的名人名言等。这一做法获评2016年度泰兴市级机关十佳优质服务品牌；宣堡法庭逐一走访辖区内的行政村和居委会，向他们公布法庭负责人的电话号码，听取他们对法庭工作的意见，同时，在相关村居选聘有威信、口碑好、善于并愿意做群众工作的同志为法庭的人民调解员，努力

将诉调对接工作落到实处，加强对人民调解委员会工作的指导，给予业务上的帮助，推动基层民调组织工作的有效开展。

此外，泰兴市人民法院相关业务庭、各辖区人民法院还就案件审理过程中发现的社会治理方面的问题与不足，积极向辖区党委和政府提出较高质量的司法建议。例如，河失法庭围绕土地流转纠纷案件审理，针对涉及全市面上的土地流转纠纷的司法建议，获得了分管副市长的批示肯定，市政府也随即作出了针对性回复；宣堡法庭结合法庭不同时期受理案件的具体情况，及时梳理阶段性矛盾纠纷特点，向政府职能部门提供有价值的信息，对某些辖区内有影响的案件，及时向党委汇报审理情况，协助党委妥善处理好与案件有关的矛盾纠纷。该庭根据根思乡涉及农村土地流转经营的纠纷较多的实际情况，认真分析纠纷发生的原因，向根思乡人民政府提出司法建议，建议该乡进一步规范土地流转经营工作，有效防范和减少纠纷，最大限度地发挥土地流转经营的效用。这一做法被《人民法院报》宣传报道。

（五）坚持司法便民利民，切实回应农村群众的新诉求新期盼

全面加强基层法庭建设，充分发挥人民法庭的"前沿阵地"作用，加强基础设施建设，完善审判工作制度，稳定基层法官队伍，提高基层干警整体素质和司法服务水平，彻底打通服务群众"最后一公里"。加强诉讼服务中心建设，开辟涉乡村振兴与乡村治理战略案件立案、审判、执行快速办理"绿色通道"，推行专项立案、上门立案、远程开庭、巡回审判等便民诉讼措施。加大对弱势群体尤其是农村贫困群众的司法救助力度，依法缓、减、免诉讼费，积极协调法律援助机构为需要援助的困难当事人提供法律援助，让贫困群众的合法权益依法得到保障。

例如，泰兴市人民法院济川法庭以司法为民、便民、惠民为原则，积极打造"零距离司法"工作法，在姚王镇位置相对中心的新镇居委会、桑木村、石桥村及泰兴市高新技术园区设立多个诉讼服务站，服务站的服务范围包括诉前调解、巡回审理、诉讼调解、接受诉讼材料、法律咨询、法律宣传、判后释疑、调研等，为群众提供一站式诉讼服务；虹桥法庭在辖区内各

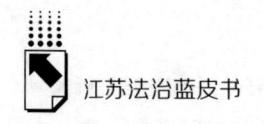

个村委会或者居委会设立"彩虹之桥普法小站",公布普法热线电话,派出法官定期到普法小站接受法律咨询;宣堡法庭以审判工作为依托,向基层群众进行法制宣传,经常到纠纷发生地开展走访和调解工作,还注意利用送达相关法律文书的机会,向村组干部群众讲解法律规定,提高基层干群法律意识,向社会进行法制宣传。

【案例一】

巡回审理　就地化解

涉农村土地承包经营权流转纠纷。原告甲某与被告乙某系同一生产组村民,甲某因长期在外打工,故将名下一块1.47亩(实测1.59亩)的土地交由丙某代种,实际由乙某进行种植。近几年,该村大部分农田由承包商统一承包,承包商给予农户每亩田一定数额的收益补偿,前述1.47亩的地块亦在承包商承包范围。甲某起诉要求返还该地块承包权,乙某以自己是该土地使用权人为由予以拒绝,双方矛盾已久,村组多次协调未果。案件上手后,承办法官没有按部就班开庭,而是召集双方当事人和代理人,并请当地村干部配合,实地勘查现场,根据实际情况,经过比对土地丈尺簿,明确争议地块界址,当场确定权属,双方当事人口服心服,并当即调解结案。

【案例二】

精细取证　明断是非

涉农村房屋确权纠纷。该房屋已建成近40年,无产权凭证,双方争议很大,处理起来比较棘手。承办法官来到农户家中查找线索,后从房屋横梁上看到了几十年前留下的隐隐字迹,据此辨析真伪,并结合在场群众提供的线索,最终提出房屋确权的意见。房屋权利人年事已高,行动不便,但出于感激,冒雨给法官送来了一面很有分量的锦旗。

【案例三】

善用民俗　化解争议

因移栽出售银杏树与祖坟保护引起的排除妨害纠纷。原告徐某与被告杨某系紧邻关系。原告徐某祖辈于60多年前在两户相邻处栽下一棵银杏树,后被告杨某祖辈在银杏树附近安置一座祖坟。随着时间的推移,银杏树已经长成参天大树。2015年，原告徐某生病住院需要大额医疗费，但其仅孤身一人且经济困难，故欲出售祖辈遗留的银杏树以换取"救命钱"。时被告杨某以挖掘银杏树会破坏其祖坟、影响风水为由予以阻止，双方各不相让，矛盾十分尖锐。法庭审判人员没有急于安排开庭，而是先召集双方到现场，实地了解树木的生长状况，对挖掘银杏树时可能对祖坟设施产生的破坏性影响进行预评估，从而对补偿数额问题做到心中有数。在精准把握双方的顾虑心理和利益预期后，趁热打铁，现场组织联动调解，在村、组干部及双方信赖的族人和亲朋好友共同努力下，最终顺利调解结案，收效明显。

二 人民法院服务乡村振兴与乡村治理中存在的问题及困难

结合泰兴市人民法院民事审判部门及基层人民法庭的实际情况和工作职能，我们发现在服务乡村振兴与乡村治理战略过程中也存在问题及困难，主要表现在以下几个方面。

1. 涉农村土地承包经营权流转、承包地和宅基地案件矛盾化解难度较大

如土地承包经营权、界址纠纷，此类案件一部分是已经确权，但是土地承包经营经过30多年，情况已经发生较大变化，另一部分案件是未能确权的家前屋后的自留地纠纷，此类案件按照最高法院及省高院的相关解释，多数案件都不应该由法院受理，但是相关当事人所在的村、镇都已经做了多次协调工作，均不能处理此类矛盾，法院如不作判决，这些案件到了地方政府也得不到相应的处理，因此，对于该类型案件，目前法院处在两难境地，矛盾往往得不到根本处理。乡村家事案件多集中在家庭分家析产及离婚案件，此类案件多属家庭内部矛盾，部分案件经过法官耐心工作能够化解，剩余部分只能是依法判决，但是内部矛盾没有得到根本化解。

2. 乡村民间借贷案件纠纷当事人权益难以兑现

目前存在企业向个人借贷越来越多的情况，因企业经营不善，部分借钱的企业老板已经涉嫌非法吸收公众存款罪，大量民间借贷案件因借钱手续简

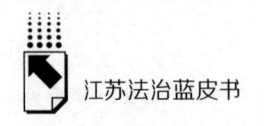

单，基本没有抵押、质押的手续，最后，当事人虽然有法院判决，因被执行人最后没有被执行的财产及没有履行能力，往往该类案件判决的实际执行只有40%左右，大多数案件的当事人的权益无法得到维护。

3. 涉农村金融案件的审理效果不佳

自2014年以来，泰兴市金融借款合同纠纷案件收案数量整体处于下降趋势，且每年下降幅度较大，但同时呈现相对集中态势。以泰兴市为例，泰兴农村商业银行起诉的案件数占据了案件总量的绝大多数。从结案方式来看，以判决方式结案的案件占据了多数，在此类案件中，借款人外出躲债的比例较高，进入诉讼程序的案件债务人基本处于难以偿还的境地，导致案件虽然审结，但是结果并不理想。

4. 农村家庭暴力认定及当事人权益保护存在难度

我国《婚姻法》规定，实施家庭暴力的应当认定为夫妻感情确已破裂，依法应当准予离婚。现实生活中，因家庭暴力具有一定的隐秘性，以及因当事人诉讼能力的差异，特别是农村离婚当事人和妇女诉讼能力较弱，普遍出现诉讼中当事人举证难、法院认定也难的情况，较难切实保护当事人的合法权益。

5. 基层法庭人员配置相对不足

从目前情况来看，基层法庭人员配置相对较少，主要精力仅能满足执法办案审判主业工作的需要，要在实施乡村振兴与乡村治理战略方面作出实实在在的贡献，必须配足力量，才能在乡村振兴与乡村治理战略方面更好地提供司法服务和司法保障。

三 进一步加强司法服务乡村振兴与乡村治理的意见和建议

针对上述问题，通过充分调研，提出如下建议。

第一，针对农村土地流转过程中出现的问题，建议政府成立农村土地流转专门机构，加强对土地流转的监管，强制土地租凭者缴纳土地流转保证金，保证农民合法权益。对于农村民间借贷，加大法制宣传的力度，引导农村民间借款的抵押权、质押权的设立。

第二，针对农村新型经济关系中出现的问题，一是完善农村金融体系。改变农村金融单一化的模式，逐渐寻求多样化多层次的金融发展思路，农村商业银行要不断适应新农村建设实际，坚持服务"三农"和市场化取向，逐步办成产权明晰、治理边界清楚、以合作制和股份合作制为经营特色的社区性金融机构。二是加快本地区信用体系建设步伐，塑造良好社会信用环境，降低融资成本。三是加快金融服务产品创新。大力推广农户小额信用贷款，提高信用贷款普及率。开展多种形式的抵质押贷款，降低融资门槛。积极推广土地承包经营权抵押、农村宅基地抵押等信贷创新产品；积极推动动产、应收账款、仓单、股权和知识产权等抵（质）押方式。

第三，针对农村留守儿童权益保护中发现的问题，一是司法与教育联动，加大对校外辅导机构和辅导老师的资格审查和监督管理，从源头上清除安全隐患；对留守儿童自身加强安全教育，提高自我保护意识；对伤害留守儿童的刑事犯罪，从严打击，起到警示教育作用。二是政府加大经济及政策帮扶，对留守儿童进行登记在册，做到心中有数，针对留守儿童的特殊情形，出台一系列的便民措施，切实帮助解决留守儿童的教育、医疗问题。

第四，针对农村家庭暴力案件中反映的问题，一是对于家庭暴力的认定要加以细化，即哪些情形应当认定为家庭暴力，哪些情形属于普通的夫妻矛盾。二是拓宽家庭暴力证据的类型，适度降低证明标准。

第五，针对人民法庭在农村振兴战略发展中的问题，一是加强对各基层法庭司法服务的物质保障，尤其是巡回审理的装备保障。二是加强与辖区内政府的沟通，准确界定法庭在乡村振兴与乡村治理战略实施过程中的地位和作用。三是加强在乡村振兴与乡村治理战略实施过程中，对法官相关法律业务的专项指导和培训，以提高司法服务能力。

乡村振兴与乡村治理战略涵盖产业兴旺、生态宜居、乡风文明、治理

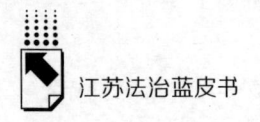

有效、生活富裕等五方面，内涵丰富、涉及面广，与司法的关联性强、契合度高，法治既是关键的助推力量，又是重要的衡量指标。司法为民，不仅仅是表现在口头上，更要落实在行动上；公正司法，不仅仅是体现在法庭内、公堂上，更要延伸到法庭外、辐射到诉讼外，既要注重个案，让当事人感受到公平正义，又要突破个案，放大案件处理效果，形成"溢出"效应。

B.14 江苏省社区治理模式创新实例解析

王德阳 袁龙旭 孟静 于海霞 王军 于振勇*

摘 要： 在推进国家治理体系和治理能力现代化、创新社会治理体制的大背景下，城乡社区治理发展呈现新趋势，通过对徐州市云龙区、南通市崇川区及如东县社区治理方式的深入调研，把握江苏省内城乡社区治理的变动脉络，即从"标"到"本"、从"硬件"到"软件"的转变，从政府主导到居民自治模式的转变等新发展。

关键词： 社区治理 徐州市 南通市

社区是社会的根基，被喻为"社会的细胞"。社区兴，则社会有活力。社区治理是国家治理体系的基础，推动实现社区治理体系和治理能力现代化，不仅对于实现全面深化改革目标具有重大战略意义，也是国家治理能力和治理体系现代化的必然要求。党的十九大报告提出要"打造共建共治共享的社会治理格局。加强社会治理制度建设，完善党委领导、政府负责、社会协同、公众参与、法治保障的社会治理体制，提高社会治理社会化、法治化、智能化、专业化水平"。社会治理的基础层面就是城乡社区治理格局。如何打造共建共治共享的社区治理格局呢？本文以城乡社区治理为重点，分别选取徐州市云龙区、南通市崇川区及如东县的社区治理创新模式为样本进

---

* 王德阳、袁龙旭、孟静，江苏省徐州市云龙区民政局；于海霞、王军、于振勇，江苏省南通市如东县委宣传部。

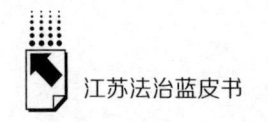

行分析，指出江苏省省内部门地区社区治理模式发展中的差异所在，以进一步推动我国地方社区治理的发展。

一 地方社区治理模式发展状况

20世纪60年代初，浙江省诸暨市枫桥镇干部群众创造了"发动和依靠群众，坚持矛盾不上交，就地解决。实现捕人少，治安好"的"枫桥经验"，为此，1963年毛泽东同志曾批示"要各地仿效，经过试点，推广去做"。"枫桥经验"由此成为全国政法战线一个脍炙人口的典型。之后，"枫桥经验"得到不断发展，形成了具有鲜明时代特色的"党政动手，依靠群众，预防纠纷，化解矛盾，维护稳定，促进发展"的枫桥新经验。

习近平总书记在关于城乡社会治理的系列重要讲话中曾经指出，加强城市常态化管理，聚焦群众反映强烈的突出问题，狠抓城市管理顽症治理。加强流动人口服务管理，更多运用市场化、法治化手段，促进人口有序流动。

地方社区治理主要有四种类型。一是政府主导型，以厦门为典型代表，通过政府主导，引导居民参与社区共建、决策和评价。二是市场主导型，以深圳桃源居社区为典型代表，桃源居集团投资1亿元成立了国内首家社区公益基金，助力社区开展养老、文化、教育、体育、环保等事业。三是社会自治型，以南京翠竹园社区为典型代表，其成立了社区公益组织"翠竹园社区互助会"，下辖50个社区俱乐部，通过开展各类活动推动实现社区参与、社区信任、社区认同。四是专家参与共建治理模式，[①] 如"清河实验"构成了"专家参与的社区治理模式"，通过专家参与社区治理，将学术研究与社会治理、社会发展相结合，开展创新继承社会治理的社会科学实验，成为政府、学者、社区协商合作的社区治理新模式。这一模式的目的在于通过专家参与，引导居民重新认识社区，增强参与度，培育社区居民的自治

[①] 将社区模式主要分为三种的观点由清华大学人文社会科学学院教授李强提出，并在其主导的社区治理模式中创造出了第四种共建自治模式。

能力，增强主动性，同时促进社区居民在社区治理中达成共识，增强社区归属感。

二 徐州市云龙区社区治理状况

云龙区作为徐州新老城区的所在地，位于城市向东、向东南发展的主轴上，是建设淮海经济区中心城市的主阵地。中共十八大以来，随着全区经济社会的蓬勃发展和城市化进程的不断加快，基层社会治理面临不少新问题和新挑战。云龙区委、区政府立足区情实际，坚持问题导向，深化改革创新，积极探索具有云龙特色的社区治理新模式，构建了"党建为核、组织为基、机制为要、文化为引、服务为术、参与为路"的"一核五元"社区治理新格局。

（一）发展的历程

从2007年开始，历时10年，云龙区社区建设实现"五步式"发展：第一步，培育社区理念，为社区建设的进一步开展奠定了思想基础；第二步，调整社区规模，构建新的社区组织架构，为社区建设的全面推进奠定了组织基础；第三步，提高待遇，优化结构，打造素质过硬的社区工作者队伍；第四步，以和谐社区创建为抓手，全面推进社区建设上水平、上台阶；第五步，以社区治理和服务创新为突破，丰富社区建设的内涵，努力探索经济欠发达地区的社区治理模式，取得了初步成效，被表彰为"全省和谐社区建设示范区"和"省现代社区治理创新实验区"，2015年7月被国家民政部确定为第三批"全国社区治理和服务创新实验区"。

（二）云龙区社区治理的创新做法

为了进一步破解基层社区发展的难题，更高水平地推进全区社会经济建设的发展，云龙区主动争取承担国家和省级层面的社区治理和服务创新改革实验任务，在党建引领、顶层设计、主体整合、体制改革、社会参与、队伍建设等方面下功夫。在探索实践中，云龙区始终把服务居民作为各项工作的出发点和落脚点，将百姓的获得感与幸福感看作社区治理创新的最高价值追求，逐步探索出了具有云龙特色的服务式治理新模式。该模式以社区党建为核，发挥社区党组织的领导作用；以组织机制为基，发挥社区服务的保障作用；以机制建设为要，发挥社区服务的便捷作用；以社区文化为引，发挥社区文化的价值引领作用；以组织服务为术，发挥社区社会组织协同服务的作用；以居民参与为路，发挥社区居民的社区治理主体作用。

1. 创新基层党建引领机制，着力发挥社区"红色效应"

党的十九大报告提出要"坚持党对一切工作的领导。党政军民学，东西南北中，党是领导一切的"。在社区治理实践中，云龙区委、区政府坚决落实"党是领导一切的"这个核心要素。坚持发挥社区党组织在基层各类组织和工作中的领导核心作用，通过"社区大党委+第一书记+家庭党建"充分发挥其引领、统筹、协调功能。

一是"社区党建"扩编增容。推行"1+X+Y"模式（"1"指原社区党委，"X"指原社区党委下属党组织，"Y"指辖区单位党组织），建立起社区"大党委"，在社区党组织与辖区单位党组织、居民、商户之间架起了沟通协作的桥梁，通过确立议题、联席会议、组织实施、监督评议等措施，确定并实施了"为空巢老人建家庭病床"等380个议题，解决了一批居民关心的问题。二是"党建队伍"凝心聚力。为进一步凝聚党群携手参与创建的强大合力，区属各部委办局、直属单位党政正职和部分副科级实职干部到辖区76个社区（村），担任社区（村）党组织"第一书记"，帮助解决社区治理和服务中的难题，助力基层党组织发挥核心领导和带头作用。为了壮大服务队伍，云龙区积极搭建平台，组建党员志愿者服务队，发挥党员志愿者的作用，引导广大居民群众有序参与社会管理和文明城市创建志愿服务，成立志愿服务队56支，围绕"志愿服务讲奉献，党员干部走在前"的主题开展志愿服务1356次。三是"家庭党建"深入群众。开展"党员教育管理进家庭、党建活动进家庭、党员服务党员进家庭、党员服务群众进家庭"等"四进"活动，通过"家庭微党课""社区红人馆"等形式，将党组织和广大共产党员的政治优势、组织优势和密切联系群众的优势转化为社区治理创新服务的特色优势。四是"智慧党建"互联互通。探索建立以"智慧党建"为主线的全方位组织覆盖工作、链接组织要素的网上架构,每日定时播报最新的党建工作动态、党员教育资讯等内容,常态化策划开展"这就是榜样的力量""党员诗会"等主题教育活动,使党建工作"直通"党员,党组织与党员"零距离"互动。绿地北社区借助该平台建立了"五分钟快速反应机制",要求问题涉及单位、部门五分钟内快速作出回应。

2. 创新社区治理领导机制,为社区服务创新"保驾护航"

坚持从战略和全局的高度出发,社区治理与服务创新列入区委、区政府的重要议事日程,围绕"决策部署+科学规划+督导考核"顶层谋划、高位推进。

一是列入顶层决策同步部署。以实验区创建为契机,成立了以区委书记为第一组长、区长为组长、机关主要职能部门和所有街道的主要领导为组员的"全国社区治理和服务创新实验区"领导小组。将"打造社区治理领先区"列入区委、区政府未来五年发展的重大任务,并上升为全区"五个定位"的发展战略进行统筹安排。二是加强顶层设计科学化。围绕《云龙区创建"全国社区治理与服务创新实验区"实施方案》,把具体工作科学细化为基层协商民主、社区减负增效、大党委共驻共建、社工队伍建设等12个子项目,以"项目责任书"形式下达相关职能部门及街道。三是强化督导考核保障落实。将社区治理与服务创新纳入区委、区政府科学发展综合考核指标体系,按照"四个一"的社区创建工作制度,掌握项目进度情况,组织现场观摩,协调领导小组成员单位深入社区指导,形成了社区治理和服务创新工作新局面。

3. 创新社区主体权责机制,居委会回归"居民代言人"

党的十九大报告提出要"加强社区治理体系建设,推动社会治理重心向基层下移,发挥社会组织作用,实现政府治理和社会调节、居民自治良性互动"。云龙区着力改变社区行政化、机关化倾向,实现从"只对上负责"到"以对下为主"的华丽转身,"减负增效+街道改革+流程再造"是最关

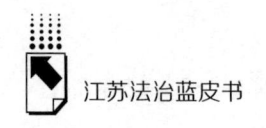

键的三步。

一是守住准入门槛,社区自治挺直了腰杆。进一步理顺政府与社区体制机制,依法厘清政府和社区在基层治理中的角色定位,梳理了"基层群众自治组织依法履行职责事项、协助政府工作事项"2张清单,社区协助事项由171项缩减至48项,下降了72%。出台《云龙区社区工作准入实施意见》,实行费随事转、契约化管理,全力守住社区减负的"生命线",避免"开倒车""走回头路"。二是分摊社区负担,街道改革蹚出了新路。整合街道各类为民服务机构,统一设立街道便民服务中心,设立社会工作科,服务中心开设导服、综治司法、劳动保障、民政救助、卫计服务、保障性住房和城市管理等便民服务窗口,分摊了社区的工作负担。同时,印制了纸质便民服务指南、服务手册、服务卡,安装了便民服务咨询电话,让群众办事少走弯路。三是实施智慧社区建设工程,群众办事更加快捷。把智慧社区建设作为深化"放管服"改革的创新之举,开通"居民办事"模块,将民政、人社、市场监管、公安等19个部门资源进行有效整合,145项便民服务事项全部进入智慧社区平台公示,变"群众跑腿"为"信息跑路"。逐步打通部门壁垒,政务在线办理实现质的突破。民政、人社、卫计委、残联等部门20多项办理事项实现不见面审批和办理。设立了就业扶持、智慧养老、一起公益、法律服务、文化旅游等20多个独立模块,为居民提供全方位的服务。通过整合全区优质商户资源,提供"吃、住、行、游、购、娱"等六大类33种服务项目102项服务内容,打造集政务服务、商务服务、物业服务、公益服务、自治服务、平安警务"六位一体"的智慧社区服务平台。

4. 创新社区文化营造机制,倾力打造社区"品牌文化"

党的十九大报告指出:"文化是一个国家、一个民族的灵魂。文化兴国运兴,文化强民族强。没有高度的文化自信,没有文化的繁荣兴盛,就没有中华民族伟大复兴。要坚持中国特色社会主义文化发展道路,激发全民族文化创新创造活力,建设社会主义文化强国。"

云龙区作为淮海经济区中心城市主阵地,具有独特的汉文化优势。在社区治理实践中，云龙区注重挖掘和打造家庭文化内涵，以"家风家训＋一居一品＋区域文化"为抓手，激活社区治理的原动力。一是家风家训，发扬优秀文化正能量。为挖掘"家风家训"等优秀文化在社区治理与服务中的重要作用，云龙区在蝶梦社区开展试点，以睦邻"最美家庭"为主题，打造了家风家训主题教育馆、大讲堂、文化长廊，与新城幼师幼儿园、青年路小学、市妇联等共建单位开展"寻找最美家庭""好家风伴我成长""寻找好婆婆、好儿媳"等系列活动，挖掘出一大批敬老孝老、勤俭持家、邻里互助等家庭典范，评选出最美家庭30户，好媳妇、好婆婆、好人榜等50人，有效促进了该社区的治理和服务，社区内环境优美、邻里和谐，引起了强烈的社会反响，中宣部和全国妇联在该社区召开现场会。其他社区纷纷结合"两学一做"学习教育、全国文明城市创建开展社区道德讲堂、邻里文化节、社区艺术节等活动，激发了社区居民及家庭崇尚文明和谐的动力源，让每个社区内"小家"的正能量逐步汇聚成社区"大家"的正能量，转化为社区治理和服务创新的强大内生动力。二是"一居一品"，塑造社区文化精品工程。"一居一品"，关键是找到各社区的特点，因地制宜为居民提供服务，让社区在发扬特色中走向和谐。绿地北社区以党建工作为品牌，开展"党员四进"、"我为党旗添光彩"、编写绿地北社区"两学一做"歌等一系列党建活动，夯实了基层党建；津东社区的亲善家庭联合会、梅园社区的"和谐梦"调解队立足解决社区居民家庭之间的矛盾纠纷，增强了社区凝聚力；坝山社区的"老妈妈"拥军服务队三十年如一日开展拥军活动，为徐州这座双拥老城不断续写着军政军民团结感人的篇章。三是区域文化，重铸社区文化记忆传承。坚持把区域文化建设作为推动科学发展、实现富民强区的重要支撑，发展富有时代气息和地方特色的社区先进文化。目前全区共有露天文化广场20余处，活跃着腰鼓队、健身舞、唢呐班等民间艺术团体100余个。彭城街道宣武社区现有鼓乐队、秧歌队、老年合唱队、舞蹈队等多支业余文化队伍，吸纳了200多名居民参加。创建以来，全区先后举办了鼓乐比赛、中老年健身舞蹈大赛、广场秧歌比赛等大型活动36场，参赛"演员"2600余人次。

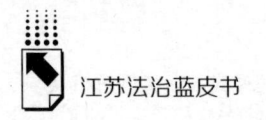

5. 创新"三社"培育发展机制，助推社区服务"供给侧改革"

云龙区在社会治理实践中，不断整合社会力量，激活民间元素变为治理资源。

党的十九大报告也多次指出："发挥社会组织作用，实现政府治理和社会调节、居民自治良性互动。"

云龙区通过"社会组织＋社区平台＋社工人才"之间的互动，引入社会力量和资源，为社区居民提供专业化、有针对性的服务，在全区形成了社会协同、公众参与的新局面。一是突出培育扶持，促进社会组织参与。为实现政府治理和社会调节、居民自治良性互动，按照"政府扶持、社会运作、专业发展、项目合作"的思路，重点培育和优先发展志愿服务类、公益慈善类、社区服务类社会组织。目前，云龙区共有社会组织506家，成立街道级社会组织服务中心8家，孵化各类社会组织136家，并形成了以红色先锋、橙色温馨、黄色温暖、绿色希望、青色志愿、蓝色政法、紫色文体组成的七彩社会组织板块。鼓励社会组织承接政府职能转移和政府购买服务，参与社区治理与服务。2015年以来，云龙区共有162家单位参加省、市、区创投项目，获得政府财政扶持资金659万元。每年开展公益创投和微公益项目，鼓励辖区社会组织申报具有公益性、创新性、民生性的社区治理与服务项目，为居民提供个性化、多元化服务，提高辖区居民幸福指数，调动居民共同参与社区事务，促进社区协同治理。2015年10月，云龙区报送的《发展社会组织参与社会治理》案例荣获2015全国创新社会治理"优秀案例奖"。2016~2017年，5家社会组织工作案例获江苏省优秀案例奖。二是完善平台载体，围绕居民需求服务。大力建设政府服务基层、服务群众的社区综合服务中心，累计投入资金8000余万元加强社区服务基础设施建设，目前全区共建成社区综合服务平台60个，创建市级和谐社区70个。通过网络调研、现场调查等形式了解居民需求，推出与居民需求无缝对接的服务项目，引入多个专业社会组织承接生活服务、公益服务、文体活动、社区卫生、居家养老、助残托养等项目运营。三是强化指导引导，培养社区专业人才。开展社区队伍职业化发展、专业化培养、规范化管理的"全周期"培养模式,与江苏师范大学签署了战略协议,建立了云龙区社会工作专业人才培训基地,引导社区工作人员向专业化发展。出台了《云龙区专职社工管理办法》《云龙区社区专职工作者薪酬待遇及考核激励办法》,对取得国家认可的初级、中级社会工作师资格证书的专职社工,每月给予200元、300元职称津贴。鼓励社工参加全国社会工作职业水平资格考试,现有135人通过职业水平资格考试,持证上岗率位居全市各县区第一位。设立区社会工作服务中心统筹管理和服务专业社工。在全区推出"全科社工"服务新机制,开展了12期全科社工培训班,汇编印制《社区工作实务手册》,并通过师徒式结对"传、帮、带"、集中授课辅导、观摩学习、实践锻炼、技能考核等方式,促进"全科社工"熟练掌握所有60多项社区政务服务内容。举办全科社工实务技能大赛、社区治理与服务论坛、社工师考前培训、领军社工培训、设立社工师事务所等不断提高全科社工综合能力和服务水平。

6. 创新社区自治参与机制,实现居民群众"当家作主"

党的十八大以来,党中央、国务院对开展群众自治、基层协商及基层监督极为重视,下发了《关于加强和完善城乡社区治理的意见》,指出要注重发挥基层群众性自治组织的基础作用,引导群众支持和参与城乡社区治理创新。党的十九大报告指出,坚持"人民当家作主",坚持"基层群众自治制度"。有事好商量,众人的事情由众人商量,是人民民主的真谛。

云龙区在推动基层自治的实践中,不断整合服务主体,激发主体意识,形成了"协商民主+楼栋自治+邻里中心"的自治形式。一是探索基层协商民主。按照习近平总书记协商于民、协商为民的要求,在全区大力开展基层社区协商民主。首先在黄山街道绿地北社区启动社区协商民主试点工作,以"罗伯特议事法则"为基础,充分落实"社区需求由居民表达、社区问题由居民讨论、社区事务由居民参与"的理念,探索形成了具有"云龙特色"的"五+五实现"社区协商民主模式,该模式荣获2016年度"江苏省基层社会治理十大创新成果奖"。据统计,云龙区8个街道76个社区已全部开展社区协商民主活动,累计有800多场协商民主活动,参与群众达万余人。绿地北社区监控设备更换、彭城街道丰储街市场占道经营、环境脏乱差、车辆乱停乱放,民怡园社区小区车辆门禁设置、车辆停放管理等近百个问题得到有效解决。二是推行楼栋自治理事会。针对老旧小区、单位家属楼等"微社区",在街道党工委和社区"大党委"的指导下共选举产生了239家社区"楼栋自治理事会"。通过本楼栋的住户自己协商和自身利益相关的问题,效率高了,监督多了,居民的诉求能及时得到反馈与处理,有效地发动和鼓励居民积极参与小区管理,打通社区治理"毛细血管"。楼栋自治理事会参与社区治理荣获2017年度"江苏省基层社会治理十大创新成果奖"。三是搭建社区邻里沟通平台。针对新城、老城和涉农办事处情况不同的实际,以点带面推进邻里中心建设。围绕新城蝶梦社区"1+1"型、涉农惠民小区"1+5"型、老城宣武社区"1+2"型打造不同模式的邻里中心,创建"社区温馨大家庭",为社区居民搭建谈心交流和议事场所,促进邻里亲情化,形成了"邻里有形覆盖、服务有效落实"的工作新格局。

三 南通市崇川区社区治理状况

南通市崇川区,面积100平方公里,常住人口90万人,辖10个街道、108个社区,是南通市的主城区。无论经济地位、文化影响力,崇川区都居于南通各县市区之首。近年来,南通市崇川区积极发挥主城区优势,在社区治理尤其是城市社区治理方面进行了许多探索,成为全国开展城市社区治理的典范。南通市崇川区的社区治理主要体现为运用现代治理手段,在强化党政部门利益整合功能基础上,充分发挥社会组织的服务引导功能,不断提升社区公共服务,推动社区治理由传统向现代转型。

第一,以南通市崇川区新城桥街道为例,经过多年发展,已有各类社会组织167个,覆盖到公共服务、非营利性民办企业、基金会、社区社会组织四大门类,已提供各类服务200余项,服务2.2万余人次,可见社会组织在社区治理中发挥着十分重要的作用。在各类社会组织的大力推动下,崇川区社区治理不断取得新突破。在今后的发展中,崇川区将以社会保障、教育培训、养老服务等为重点方向,编制出台政府向社会组织购买服务指导性目录，引导社会组织参与社区管理，承接政府公共服务。同时，整合高校资源，建立专家督导队伍，重点培养职业化、专业化的社会组织管理人员。

第二，以南通市崇川区虹桥街道为例，社区治理模式仍然以加快培育城市社区各类社会组织为推动力。不同之处在于，由于这里曾经是著名的老街道，辖区内老新村多，既有全省最早的新村之一——青年路新村，也有全省最大的新村之一——虹桥新村，所以在社区治理方面他们更多采用强化社区党建的模式，推进基层社区治理与基层党建融合发展，通过以党建带动社会组织建设、推动邻里服务等，为城乡社区治理现代化闯出新路子。2016年8月8日，省委书记李强在南通调研时，认为这种典型值得复制、推广。

第三，南通市崇川区还进一步启动实施了"社区邻里建设"，积极探索"邻里自理"模式，力求从社会治理的格局、方法、模式、途径和主体上实现综合转变，以实践顺应变革的步伐，推进基层社会治理不断深化。崇川区开展的"邻里自理"模式主要包含四个方面：一是创新社区组织管理架构，强化党的执政基础，提高基层服务管理效率；二是搭建基层邻里自治网络，完善基层多元治理模式，提升基层民主自治水平；三是延伸政府公共服务触角，强化载体和阵地建设，打通联系服务群众的最后500米；四是进一步强化基层综治与平安建设，建立信息收集和反馈快速反应联动机制，形成基层服务管理扁平化、精细化、常态化和联动化工作格局。

四 南通市如东县社区治理状况

南通市各县区所开展的社区治理则主要致力于乡村社区治理，他们的探索实践开辟了南通社区治理的基层发展道路，其中，南通市如东县关于社区治理的做法具有一定的代表性。南通市如东县社区治理模式主要体现为由党政部门主导的、以多中心为主要实现形式的城乡社区综合治理，通过网格化、多元化治理，为城乡社区治理现代化探索新路子。南通市如东县由于基

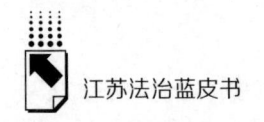

层社会组织发育还不完善，建设相对滞后，加之各种社会矛盾层层下移，导致基层社区治理面对的境况比城市社区更加复杂，迫切需要强化党政部门的主导作用。具体来讲，就是要在坚持党委领导、政府负责、社会协同、公众参与、法制保障的社会治理体制基础上，强化党政部门的主导作用，最大程度地发挥党政部门在社区的利益整合功能，建立利益协商平台，完善基层党组织网络，充分发挥社区党员的积极作用，进一步引导推动形成基层社区治理多元化发展新格局。

南通市如东县开展社区治理的主要做法如下。一是干部下乡。其中有地方领导直接挂钩经济薄弱村的，也有县委组织部安排县级机关干部下基层的，还有各经济职能部门内部开展干部下基层活动的。这些做法反映了各级各部门履行职责、重视基层社区尤其是农村社区发展的思路，通过持续深入开展干部下乡参与社区治理等，增强了党在基层社区群众中的权威性和公信力。二是挂钩帮扶。虽然同为党政主导社区治理的组成部分，但与干部下乡不同，挂钩帮扶是以党政部门为主的社区治理推进模式。挂钩帮扶的形式既有单个部门与某一个社区或者某些社区的结对，也有多个部门与单个社区的结对。此外，各挂钩部门还专门组建了面向社区开展各类社会服务的志愿者队伍，组成覆盖面广、门类齐全、专业性强的志愿者服务网络，并利用微信、微博等现代传媒方式加强志愿服务的组织和管理等。挂钩帮扶主要通过党政部门与基层社区联合的形式，集中解决基层社区发展面临的社区治安、社区环保、秩序管理、组织居民开展活动等现实问题，提高了行政效率，能够迅速产生工作合力。三是项目运作。在干部下乡与挂钩帮扶的基础上，作为激发社会活力的创新举措，如东县在开展社区治理实践中引入了项目运作方式。项目运作主要是在深入调研了解基层社区现实需求的基础上，形成一批社区治理项目，其中以面向社区的志愿服务项目为主，党政部门主导成立了社区志愿服务项目库并对外发布，招募相关社会组织承接相关项目，党政部门对于所承接的项目给予一定的政策、资金扶持，并对项目实施过程进行监督管理。项目运作有效激发了社会活力，解决了基层社会组织运行的资金、政策制约等瓶颈。

五 城乡社区治理模式差异及其存在问题

徐州市云龙区、南通市崇川区及如东县根据地方特色、结合地方政府管理及治理方式便于展开的考虑，在治理方法上有着各自的创新，在实践中都取得了良好的治理效果。三地关于社区治理的模式和具体方法有着些许差异，具体如下。

第一，徐州市云龙区社区完善治理理念，以服务和政府保障为主要模式，打造了社区党建引领机制、社区协商民主机制、社区文化培育机制、社会组织服务机制等一系列的社区治理新机制。在探索社区治理创新的过程中，逐步形成了由行政指令到提供保障的转变，实现了政府领导向保障机制的转型；由居民被动的接受到居民主动参与的转变，实现了服务机制向治理机制转型；由做服务到谋服务的转变，实现了社区工作者服务机制转型。在推进过程中，形成了区级政府顶层设计与基层社区独立探索相匹配的试验区推进机制。从居民最关心、最直接、最现实的利益问题入手，着力解决和落实居民对社区服务的现实需求，寓管理于服务之中，在服务中实施管理，在管理中体现服务，将居民参与机制、党组织领导机制、社区大党建工程、文化引领工程、协商民主建设工程等寓于服务之中，实现了服务任务目标与过程目标的双丰收。

基于此，通过社区治理和服务的不断创新，实现了服务供给能力的提升，将分散的、多样性的需求与分散的、多元的供给主体进行了有效的对接，从而在更大程度上提升和拓展公共服务的能力和空间，更好地满足居民需求。居民对社区治理建设过程中社区社会问题的解决给予高度评价，对社区的和谐发展体现出较高的认同，对所在社区生活质量的提高给予充分肯定。社区服务质量的提高有效提升了居民获得感与幸福感。

第二，徐州市云龙区社区构建社区治理生态园。在探索社区治理创新过程中，资源为本的视角始终贯穿全局，通过社区服务机制创新，广大基层群众主动参与到基层共治的实践中来，并在与基层政权的良性互动过程中，更加认同党委和政府的施政和各级组织的决策，云龙的社区成为百姓心目中的"大家"，社区党委、居委会、社工、社会组织、居民共同构建了社区治理内部的良性生态圈。同时，社区辖区内的机关、团体、企事业单位等组织被充分发动，社区社会组织参与社区事务的积极性被充分调动，社区服务机制创新整合了社会资源，改变过去在社会治理中政府唱"独角戏"的现象，形成了社区治理的外部环境生态圈。

第三，南通市崇川区和如东县社区治理建设更多地发挥了党政部门的主导作用，依托的是社会组织，同时创新了项目运作的新思路。但是从长远需求来看，当地仍然存在社会组织数量不多、能力不够、层次不齐等问题。通过依托社会组织，借助于项目运作，激发了社会活力，进一步厘清了政社关系，从长远发展来看，这一新的模式可能更加有益于未来的社区治理发展。

徐州市、南通市城乡社区治理模式在推进过程中，也或多或少地呈现出以下问题。

第一，多重社会矛盾叠加，总体性社会问题日益凸显。在经济新常态以及"中等收入陷阱"压力下，贫富分化、过度城市化、社会公共服务资源供给乏力、就业压力持续增大、传统价值观瓦解导致社会整合度下降等，这一系列快速发展中积聚的社会矛盾更加容易集中爆发。南通加快构建长三角北翼经济中心，在加速发展进程中，城乡社区治理所面临的各类社会矛盾将会更加突出，给社区治理现代化带来了许多新挑战。

第二，社区分化和多元化，社区治理环境日趋复杂。正如从南通市崇川区社区治理现状所看到的那样，南通被誉为"中国近代第一城"，是中国较早开启近代化的城市之一。南通的城乡社区建设起步早，发展迅速，因而社区分化也非常迅速。社区分化主要表现为新老社区并存，在同一片土地上，既有大量的传统社区，也有许多新兴社区，不仅造成利益格局多元化，而且导致社区治理环境日趋复杂。在这种状态下，如何有效协调新旧利益，如何在政策实施等方面做到统筹兼顾，成为南通推进社区治理现代化的重要课题。

第三，社区服务相对滞后，社区治理平台有待加强。从南通县级层面社区建设情况来看，一些县级地区，特别是乡镇（街道）等基层社区组织缺乏必要的服务设施，便民服务中心、社区公共服务中心等直接服务基层社区群众的基础设施建设和人员配备投入不足，设施条件简陋，人员素质不强，不适应社区治理现代化的基本要求，不能满足基层社区群众的基本需求，社区服务离标准化、人本化、规范化、体系化的要求还比较远，加快基层社区基础设施建设和人才队伍建设迫在眉睫。

第四，体制机制不够完善，社区治理方式方法有待整合。无论是城市社区还是县级层面大量存在的乡村社区，都普遍存在多头管理、政出多门等现象，导致社区治理权责不清晰，体制机制比较混乱。目前，一些基层社区干部习惯于以传统思维应对基层社区治理所面临的新问题，治理思维没有真正树立起来，社区治理方式方法不够科学，老办法难以解决新问题，老机制难以应对新形势。推进南通社区治理现代化需要进一步更新体制机制，整合社区资源，形成科学有效的治理体系，尤其要注重通过加强制度建设，不断完善民主选举、民主决策、民主管理、民主监督制度，进一步提升社区居民群众自治意识和参与公共事务的热情，不断提高社区群众的参与度，加快形成社区共同体意识。

六　进一步发展社区治理模式的建议

社区治理是设计未来公共事务治理模式，激发社会发展活力的重要突破口，对于推进国家治理体系和治理能力现代化具有重要意义。国家治理现代化为社区治理现代化转型提供了契机，社区治理现代化的探索与实践为国家治理现代化提供了动力、奠定了基础。在推进国家治理能力和治理体系现代化的大背景下，推动地方社区治理现代化的出路在于推动社区治理实现转型与跨越。在对徐州市云龙区、南通市崇川区和如东县社区治理模式进行整理分析后，对如何进一步推动社区治理提出以下建议。

第一，牢固树立全局治理观，运用系统化思维解决社区治理面临的现实

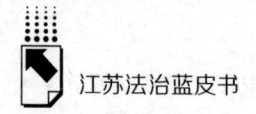

问题。在推进现代化建设进程中，必须充分考虑社会风险意识，在社区治理方面，要引入社会风险评估。在经济发展进程中，要运用社会风险评估机制对各种可能发生在社区的矛盾和问题进行科学及时有效的评估。

第二，加快老旧社区改造步伐，运用好协商机制解决社区治理中的矛盾纠纷。社区治理现代化必然面临一系列矛盾纠纷，尤其在加快推进社区建设进程中，新老交替导致的大量矛盾纠纷的处理，必须坚持法治化治理方式，充分运用社区利益协商机制，加快基层社区民主建设，通过广泛听取各方意见，推进形成社区共识。

第三，有效提升社区服务能力，不断加大对基层社区建设的各项投入力度。要通过加大人员培训力度，补充基层社区的人员、基础设施配备等，不断提升社区服务能力。通过整合基层社区资源，加快形成社区治理现代化的多元投入机制，加大资金投入等，升级改造一批老旧社区及其基础设施，尽快形成队伍健全、素质较高的社区治理工作队伍，深化、细化以政务便民、民政社保、医疗卫生、文化体育等为主要内容的关系居民切身利益的基本公共服务，推进城乡社区基本公共服务标准化、规范化、人本化。

第四，加强基层党组织建设，有效发挥基层党组织在社区治理中的领导作用。推进社区治理现代化，必须加强党的领导。在南通社区治理现代化的实践中，就是要不断加强社区党组织建设，发挥基层党组织的战斗堡垒作用。要通过开展扩大村（居）民有序参与基层民主实践工程，坚持依法治理，有效畅通社区村（居）民的利益诉求渠道，推进社区民主选举、民主决策、民主管理和民主监督制度化建设。要通过认真研究探索基层协商民主路径，推进基层协商民主广泛、多层、制度化的沟通协商机制，加快推进基层群众民主实践制度化进程，逐步实现参与有秩序、决策有程序、理事有章法、监督有成效，推动形成社区综合治理的良好局面。

B.15
江苏省新乡贤发展的个案解析

张曼娜 卢静 吴锦珂 陈银娇 吴正英*

摘　要： 推进社区治理体系和治理能力法治化，是实现中华民族伟大复兴中国梦的基石。新乡贤及其组织或平台的合法适度发展符合中国社会治理发展目标，有利于建设合情合理合法、便民高效的基层社会治理体系。

关键词： 新乡贤　社会治理　乡贤议事厅　新乡贤参事会

中共中央、国务院《关于加强和完善城乡社区治理的意见》指出，要"大力发展在城乡社区开展纠纷调解、健康养老、教育培训、公益慈善、防灾减灾、文体娱乐、邻里互助、居民融入及农村生产技术服务等活动的社区社会组织和其他社会组织"。在新形势下构建法治、德治、自治三位一体的乡村治理体系，实现基层社会治理的自治化和稳定性，需要整合多方社会资源。乡贤文化根植本土，蕴含着见贤思齐、崇德向善、诚信友善的道德力量，乡贤人士作为社会民意和价值观的代表，是基层社会治理过程中非常重要的社会资源。在当前实践过程中，乡贤及其组织参与城乡社区治理，在一定程度上缓解了基层政府和自治组织在公共服务、公共管理等方面的压力，对于推进基层社会治理现代化和探索创新城乡社区治理模式具有重要的现实意义。当代社会发展需要赋予乡贤文化新的内涵和要求，使新乡贤作为新兴

---

* 张曼娜，江苏省太仓市委党校办公室科员；卢静，江苏省泗阳县人民检察院执检科检察官助理；吴锦珂，新北区薛家镇中巷社区；陈银娇，新北区薛家镇中巷社区；吴正英，江苏慎韬律师事务所。

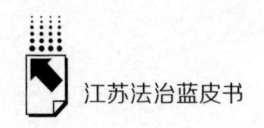

治理主体在中国广大农村地区的影响力逐渐扩大，并广泛参与到乡村治理中。新乡贤在化解乡村民众间矛盾、促进乡村经济发展和维护区域稳定等问题上初步显现其重要功能。本文以江苏省太仓市发展的乡贤议事厅和泗阳县建设的新乡贤参事会为视角来分析新乡贤及其组织在基层社会治理中的重要作用。

一　新乡贤的概念

传统意义上的乡贤，是扎根于乡土社会文化的社会力量，是乡里德行高尚且对乡里公共事务有所贡献，使中国数千年传统文化得以延续发展、社会秩序得以维系稳定的重要社会角色。他们既关注乡村的公共利益和事业发展，也能保证国家意志和利益在乡村社会的落实。

今天的乡贤已然不同于传统时代的以功名身份为核心的乡绅阶层，而是中国特色社会主义现代化进程中在各行各业取得成功的人才和时代精英。新乡贤大致可以分为三类：一类是"在场"的乡贤，即本土乡贤，他们生于本土、扎根本土，是在村民中脱颖而出的能人；另一类是"不在场"的乡贤，即外出乡贤，从乡村走出去，人在外心却在家乡，关心家乡的发展，用新思维、新观念、新知识和新财富支持家乡建设与发展；还有一类是"外来"乡贤，即在农村创业建设的外来生产经营管理人才。

新乡贤出现并充分发挥其社会治理的作用，走组织化、制度化路径是其必然选择，因而在现实层面上新乡贤建设需要一个宽容的法律制度平台与政策空间。从当前中国社会组织法治发展的状况来看，社会组织法律体系仍处于初创阶段，主要文件有《社会团体登记管理条例》《民办非企业单位登记暂行办法》《基金会管理条例》《社会组织登记管理机关行政处罚程序规定》《社会组织评估管理办法》《民办非企业单位年度检查办法》等。[1] 这些制度性文件是当前社会组织发展的有力支撑。新乡贤作为乡村社会的新兴事物

---

[1] 靳业葳：《新乡贤组织的制度设置与治理机制创新》，《财经问题研究》2017年第10期。

和社会力量，想要得到长远发展并在乡村社会治理中发挥独特作用，必须依赖当前的社会组织法治资源。

新乡贤参与乡村治理实际上是在当前乡村社会治理能力普遍不足的背景下，由国家认可，在基层政权支持下逐步形成的一种社会化活动及形式。从全国各地乡村治理实践来看，国家正式的乡村治理结构的松散和权力的萎缩导致基层乡镇政权的治理功能受限。正是在这种背景下，新乡贤在各地乡村治理实践中犹如雨后春笋般成长起来并逐步发挥越来越重要的社会治理作用。新乡贤的成长与发展在某种意义上弥补了乡村政权治理过程中的不足，也在很大程度上进一步扩大了村民自治实践的治理主体范围和治理形式，是乡村民主与法治发展的表现，也是村民自治实践走出"死胡同"的一种有益探索。各地新乡贤参与乡村社会治理过程，拓宽了乡村民众个体的利益表达渠道，使诸多乡村社会矛盾在基层就得以有效化解。正是由于新乡贤及其组织在当前新时期乡村治理实践中能够发挥权威机构无法有效解决相关问题的特有功效，因此，得到了国家的认可与基层政权的广泛支持。可见，国家层面和基层政权对于新乡贤的态度及政策关照实质上是在支持乡村民众的自我治理，是进一步推进乡村社会和谐发展的还政于民之举。

二 新乡贤参与基层社会治理的方式及其启示

江苏省新乡贤参与基层社会治理的方式处于摸索阶段，各地根据自身情况及相应资源形成了不同的方式。

（一）太仓市城厢镇乡贤议事厅

城厢镇位于太仓市西南部，辖6个村，2个"村改居"社区，14个城镇社区，户籍人口近10万人，流动人口近7万人。近年来，城厢镇在构建法治、德治、自治"三位一体"社会治理模式过程中，以培育和发展乡贤议事厅作为重要抓手，整合本土乡贤力量，弘扬乡贤文化，发挥乡贤作用，

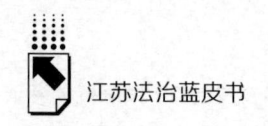

致力做好乡贤文化、新村风、社会治理三者之间的文章。[①] 议事厅自开厅运行以来，按照"党的领导、民事民治"的原则在解决关涉群众切身利益的民生议题方面起到了春风化雨、润物无声的成效。

1. 城厢镇乡贤议事厅的实践探索

城厢镇以自然村（居、社区）为单位，培育和发展乡贤议事厅，把长期生活在本地、退休后定居本地和有姻亲关系在本地的老干部、老党员、老教师、道德模范、经济文化能人、社会组织负责人、优秀基层干部以及热心本地经济社会文化建设的其他人士等纳入现代乡贤范畴，组建"乡贤议事厅"，实行规范化登记注册。成员由组织推荐和个人自荐两种方式产生，推选出的人员经党员大会审议、村（居、社区）民代表大会表决无异议之后，报镇有关部门复核备案。乡贤议事厅根据成员特长和实际，探索建立创业致富"导师团"、纠纷调解"老娘舅"、乡风文明"督导组"、慈善公益"志愿队"等特色服务队伍，主要职责是参与村（居、社区）公共服务、开展扶贫济困、化解矛盾纠纷、助推经济发展、反馈村情民意等。

议事厅在运行过程中，建立了比较完善的制度保障机制，成立了城厢镇培育和发展乡贤组织创新基层治理工作领导小组，出台了《关于乡贤参与城乡社区治理的实施方案》，对乡贤议事厅的组织建设、职责任务、参与方式等作出明确规定。这一整套机制，将乡贤群体参与社会治理的好经验得以"固化"。目前，城厢镇所辖8个行政村及村改社区都挂牌设立了"乡贤议事厅"，自开厅运行以来，在镇政府的监督管理和基层自治组织的业务指导下参与城乡社区治理，产生了良好的社会反响。

2. 城厢镇乡贤议事厅的社会成效

第一，化解矛盾纠纷，促进社会和谐。在城乡社区治理过程中，乡贤组织是党群干群交流的平台，乡贤是党群干群的协调者、村情民意的传递者、矛盾纠纷的化解者，让基层党委政府与人民群众的沟通更加有效、关系更加融洽，情况反馈更加便捷。在具体实践中，乡贤议事厅的特色服务队伍

[①] 参见潘朝晖《太仓城厢乡贤参与社会治理》，《新华日报》2016年4月1日。

"老娘舅志愿服务社"切实发挥了乡贤民间调解作用，充分体现了乡贤在化解物业纠纷、家事纠纷、邻里纠纷和信访事件等方面的优势，仅2016年，"老娘舅志愿服务社"就参与各类矛盾调解220余次，基本上实现了小事不出村、大事不出镇、矛盾不上交。

第二，强化参与意识，扩大基层民主。在参与基层社会治理中，乡贤的嘉言懿行让民主、平等、公正、法治等价值观深入人心，激发了群众的参与热情，为基层民主发展提供了精神给养。实践中，城厢镇坚持以群众为主体，以需求为导向，以"共商、共建、共治、共享"为目标，充分调动了广大人民群众参与社会治理和发展的积极性和主动性。如在农民安置房建设过程中，由村民代表、老干部、老党员及具有专业技术特长的乡贤组成的安置房建设监督联络小组，全程参与安置房建设监督，及时发现建设过程中存在的问题，在与村民沟通交流的基础上合理化提出意见、建议，实现了基层民主的良性发展。

第三，凝聚道德力量，涵育文明乡风。在各类公益活动中，乡贤群体带头弘扬助人为乐、诚实守信、敬业奉献的高尚品德，如风雨无阻为村民免费教法语的退休外交官徐金龙，致力化解纠纷、消除分歧的老娘舅张立新、郝丽娟、诸培乐，潜心为村民看病问诊42载的老村医祝建明等，这些乡贤代表用自己的实际行动垂范乡里。乡贤组织特色服务队伍结合群众需求，组织开展老娘舅座谈会、观看公益电影、科普讲座、文明志愿服务、老年人节日慰问等活动，让群众在参与中增进感情，在互帮互助中感受温暖，进一步促进乡风民风持续好转。

太仓市城厢镇在创新城乡社区治理模式过程中，积极培育发展乡贤议事厅，充分发挥乡贤人士的亲缘、人缘、地缘、情缘优势，在一定程度上缓解了基层政府和自治组织在公共服务、公共管理等方面的压力，这一探索在创新城乡社区治理模式中具有较强的实用价值。

（二）泗阳县新乡贤参事会等新乡贤组织及平台建设

2016年以来，江苏省泗阳县针对乡村社会出现的新情况、新问题，坚

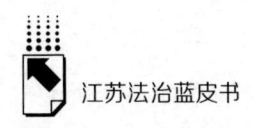

持发展"枫桥经验",以培育和发展新乡贤参事会为切入点和突破口,充分发挥新乡贤及其组织作用,推进现代乡村治理创新,提升乡村治理能力和水平。

第一,建立新乡贤组织,有效整合新乡贤资源。建立泗阳乡贤信息库,组织开展乡贤普查,全面收集和掌握外出乡贤的名单、工作单位和联系电话等信息资料,并根据村籍、行业、区域等对乡贤进行分类管理和联络联谊活动。在乡贤相对集中的城市成立乡贤联谊会,宣传家乡发展情况,加强在外乡贤与家乡的沟通、联谊。固定在每年春节举办镇、村两级乡贤恳谈会,共商家乡发展大计。建立走访乡贤制度,在外乡贤逢年过节回家时,做到镇、村干部上门走访慰问联络感情,平时到乡贤相对集中的区域进行走访联系。按照"成熟一个、发展一个"的原则,推动条件成熟的行政村建立乡贤组织。以乡镇为单位成立乡镇乡贤参事会,下辖村设立分会,乡贤人数在5人以下的行政村,设立村乡贤顾问,发挥其参政、议政、辅政作用。明确规定乡贤参事会在乡镇党委、村党组织的领导下培育发展、开展工作,并接受乡镇政府的监督管理和村民委员会的业务指导。明确乡贤参事会以参与农村公益事业、化解邻里纠纷、引领先进文化、促进村民自治为主要职责,是具有公益性、服务性、互助性、地域性、非营利性的基层民主协商和村民自治组织,具体职责有7个方面:弘扬优秀传统文化;开展扶贫济困等活动;积极引智引才引资;为村"两委"提供决策咨询;维护公序良俗;收集了解村情民意;化解邻里矛盾纠纷。

第二,弘扬新乡贤文化,夯实传承发展根基。新乡贤文化蕴含着丰富的道德力量,延续了传统乡村道德的精神文脉,发挥其示范引领作用有利于教化乡民、涵养文明乡风,使村民遵循正确的行为规范和价值导向。他们作为乡村地域文化和精神的标记,对推动乡村社会善治,优化整合乡村文化与价值体系具有重要作用。① 泗阳县"最美"系列评选是具有该县各乡镇特色的道德模范评选活动。按照泗阳县委统一部署,该县每年开展的"泗阳好人"

---

① 黄海:《用新乡贤文化推动乡村治理现代化》,《西部大开发》2016年第6期。

"最美乡村（社区）""最美家庭"评选及"十星"系列评选活动，催生涌现出许多乡贤道德模范。近年来，该县已评选出多个"最美乡村（社区）""最美家庭""泗阳好人"。连续五届"最美"系统评选活动，使乡贤道德榜样的影响力不断扩大。在这类评选活动中，涌现出了许多当地原来从不为人知的"真善美"故事，以及一批孝敬老人、情系乡邻的草根"美丽人物"。他们每一个人都在用自己的行动树立新的优良风尚和标杆，对当地民众道德素质的提升与精神面貌的改善起到了潜移默化的影响，有效化解了当地一些累积已久的社会矛盾，有助于形成更加淳朴和善的乡风。可见，立足本地区社会实际，有效利用和正确引导新乡贤道德榜样的影响力，能在一定程度上起到对乡村治理文化的优化作用。

第三，搭建多种平台，推动新乡贤参与乡村治理。部分事业有成、经济基础较好的乡贤，积极出资，帮扶本村公益事业发展，积极参与修桥铺路、建设文化礼堂、奖教助学等公益活动。不少乡贤致富后不忘乡梓，为家乡困难群众慷慨解囊，广泛开展节日老年人慰问、困难群众救助活动。一些乡贤坚持每年出资为全村村民办理农村合作医疗保险，并对老年人、残疾人进行慰问。在乡贤参事会内设立乡贤调解室、乡贤接待室、乡贤法律援助室，组建乡贤帮扶组，利用乡贤声望，发挥亲缘、人缘、地缘优势，协助化解邻里矛盾纠纷，促进农村和谐稳定。广大乡贤及其组织积极投身"美丽乡村""平安泗阳"建设等党委、政府中心工作，在农村环境综合整治、"263 专项整治"、畜禽清养关停、农用船舶整治、"无违建"村创建等活动中，带头创建庭院整洁户、花卉示范户，清理乱搭乱建，发挥了良好的示范作用。广大乡贤通过为村里办好事，凝聚了民心，形成了正能量，带动了村风民风的好转。

（三）启示

太仓市城厢镇乡贤议事厅和泗阳县新乡贤通过多渠道参与创新基层治理，在实践探索过程中，取得了较好的社会成效，其创新性的方式对我们理解基层社会治理模式的建设具有一定的启示。

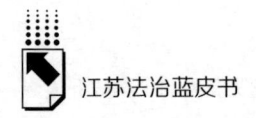

第一，强化党的领导，坚持规范管理。乡贤议事厅和新乡贤参事会作为优秀人才和精英群体参与社会治理的载体，是一种新的社会组织，是在基层党委的领导下培育和发展起来的，其发挥有效作用离不开基层党委和政府的政策引导、监督管理，离不开有关办站所的统筹协调和基层自治组织的推动落实。如太仓市城厢镇致力打造"首善之韵 魅力城厢"，深化"政社互动"实践，积极发挥社会组织、社工人才以及乡贤群体的多元主体作用，加快建立多元参与、和谐共治的基层民主治理新机制。新乡贤组织化建设是一项具有创新性的工作，意义重大，更需要强化党组织的领导核心作用，科学规划、规范管理，引导新乡贤成为扎根于乡土文化的重要力量。

第二，重视新乡贤价值，加强精英建设。新乡贤群体法治意识和民主意识较强，社会经验丰富、人际关系广泛，拥有一定的社会资源，他们相对广博的知识面和丰富的信息量能够为基层社会发展建言献策，且他们有余力和精力参与城乡社区治理。新乡贤组织或平台，一方面是对新乡贤群体社会价值的肯定，另一方面也是基层智库建设的一大举措，为基层自治注入了宝贵的社会资源和智力资源。

第三，找准职责定位，实现和谐共治。通过培育和发展新乡贤组织或平台，把游离于体制之外的新乡贤整合到基层建设与管理中，使其成为基层社会多元共治的重要力量。同时，准确定位了新乡贤组织在基层社会治理体系中的补位辅助作用，它能够弥补基层政府和自治组织公共产品和公共服务供给等方面的不足，是一种有益而重要的补充。这一思路正确区分了新乡贤组织或平台、基层党委和政府、村（居）"两委会"之间的关系，做到既充分发挥新乡贤在城乡社区治理中的积极作用，又坚持党委、政府和村（居、社区）"两委会"依法治理的核心作用，实现了党组织领导下的"村事民议，村事民治"。

第四，坚持因地制宜，形成良性互动。新乡贤及其组织参与社会治理，重点要从涉及人民群众切身利益的议题入手，这样才能真正得到老百姓的认同和支持，形成良性互动。这就需要根据不同村（居、社区）的经济基础和具体情况因地制宜找准切入点。如有的社区老旧小区多、困难群众多、流动人口多，需要以开展公益服务、扶贫帮困、收集反馈民意等融入基层；有的村集体经济基础相对薄弱，则要重点发挥好乡贤群体中经济能人、创业人士的智慧和力量。总之，要让群众切身感受到新乡贤参与社会治理带来的好处，促使更多群众在新乡贤群体带领下，自觉、积极参与到社会治理中。

三 进一步发挥新乡贤及其组织在基层社会治理中的作用

新乡贤在参与基层社会治理中发挥着凝聚人心、促进和谐、维护公序良俗的积极作用，新乡贤组织是弥补基层政府和自治组织在公共决策、公共服务、公共管理方面存在的不足的有效方式。新乡贤组织或平台建设的实践探索具有一定的创新性，也取得了预期的社会成效，但不可否认，从可持续发展的角度看，其在完善工作机制、培育新生力量、营造文化氛围等方面尚有可探讨余地，因此，推动新乡贤及其组织更加有效参与基层社会治理，主要可从以下几个方面进行思考。

（一）完善新乡贤组织工作机制

完整的制度体系是新乡贤及其组织在城乡社区治理中发挥积极作用的重要保障，如太仓市城厢镇乡贤议事厅在制度建设方面已经比较成熟，为我们提供了一定的参考。泗阳县的新乡贤参事会还在初步发展中，仍不太成熟。同时，其他地区一些发展较早、较为成熟的新乡贤组织在制度建设和运行机制建立中的一些做法也值得我们思考，如广东云浮乡贤理事会在事务决策上实行的"三议三公开"制度，[1] 浙江绍兴孙端镇在营造乡贤参与乡村治理氛围中采取的杰出乡贤"挂职村官""镇长顾问"等制度。这些制度对更好地发挥新乡贤组织参与社会治理有一定参考意义。

---

[1] 参见张艺《乡贤文化与农村基层治理——以广东云浮乡贤理事会为例》，《广东行政学院学报》2015年第5期。

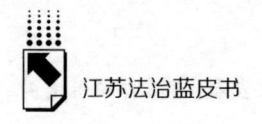

（二）注重政策的可持续发展

新乡贤组织或平台作为基层社会治理的创新举措，是需要在基层党委和政府的指导和支持下组织发展的，其发挥有效作用需要满足一定的条件，这其中既要保证创新举措的科学性、系统性、有效性、实用性，又要有良好的社会氛围和完善的硬件保障，还要把群众的参与性、积极性和党委、政府的引导性结合起来。可以说，政府的政策引导和资金支持是新乡贤组织或平台有效运行的重要保障，因此，相关政策的可持续发展十分重要，要避免"半途而废"的现象发生。

（三）积极培育发展"新乡贤"

"新乡贤"是现代化进程中在各行各业取得成功的时代精英。现代化理念和前瞻性视野，以及创业成功的人生经验，成就了他们的时代品格——这是"新乡贤"新之所在。① "新乡贤"社会力量的凝聚，是价值观引领的重要力量，也是建构文明环境的要素之一。具体来说，就是要进一步完善乡贤激励制度，对现代乡贤的社会地位给予认可，设立"模范乡贤榜""功德史册"等，把乡贤热心公益、扶贫济困、造福家乡的先进事迹以文字形式记载下来，通过现代媒体宣传能人贤良的慈善之举。一方面通过现有乡贤的引领示范发展当地新乡贤；另一方面在外地设立"同乡会"，以乡情、乡愁为纽带，吸引和鼓励在外奋斗，却有着深厚的乡土情结的精英人士加入乡贤队伍，通过资金回流、智力回乡、技术回援、公益投资等形式反哺家乡。

（四）大力弘扬新乡贤文化

加强和创新基层社会治理，要充分利用优秀传统文化资源。习近平总书记强调："要治理好今天的中国，需要对中国历史和传统文化有深入了解，也需要对中国古代治国理政的探索和智慧进行积极总结。"新乡贤文化是优

---

① 王先明：《新乡贤的历史传承与当代构建》，《光明日报》2014年8月20日，第1版。

秀传统文化的重要组成部分，是本地历代名贤的德行贡献，是用来弘扬传统文化、构建和谐社会的文化理念和教化策略，它根植本土，蕴含着见贤思齐、崇德向善、诚信友善的精神力量，是一种最朴素的精神原动力。只有让民众在日常生活中"耳濡""目染"乡贤的道德精神，让人们在习得中形成精神熏陶，才能充分发挥乡贤文化的化育作用。[①] 为此，要把乡贤文化作为基层社会道德约束的有力武器，引导群众遵守村规民约，维护公序良俗，搭建起践行社会主义核心价值观的载体。要深入挖掘本地古往今来的优秀乡贤代表和典型事迹，通过编撰乡贤文化丛书、开展新乡贤文化研讨会等方式对独具地方特色的乡贤文化进行保留和传承，以专题片、乡贤文化讲座、文化长廊、乡贤文化进中小学等多种形式宣传新乡贤美德，大力弘扬新乡贤文化。

四 基层社会治理创新发展新思路

法治建设是地方治理现代化的重要内容，也是地方治理现代化的重要表现形式。在大力推进基层社会治理建设进程时，要有机结合德治和自治，才能更好地实现国家社会治理的目标。

德治是社会治理的一个重要内容和手段。在古代社会，以儒家伦理思想为基础的道德规范成为约束广大群众的重要工具，为维护中国社会的稳定和发展起到了极其重要的作用。而到了近现代，道德文化契合了当前党和国家建设社会主义道德体系的需要。[②] 发挥"德治"在社区治理中的作用，就是要用道德教化的办法实现社区的有效治理。[③] 自治是基层社会治理的基本目标，致力于政府与人民对公共生活的协同治理，它有赖于城乡社区成员的自愿合作，有赖于社会治理机制激发社区成员的内驱动力，这既保证了公共利

---

① 苏雁、孙宁华：《乡贤的道德精神是可以"看见"的——苏州大学教授罗时进谈乡贤文化》，《光明日报》2014年8月13日，第2版。
② 中共嘉善县委政法委员会课题组：《基层社会治理"法治、德治、自治"建设的探索与思考——以嘉善县为例》，《"枫桥经验"与和谐社会》2016年第2期。
③ 杨琴：《三治合一：乡村治理新模式——以浙江省上虞区祝温村为典型案例》，《农村经济与科技》2017年第22期。

益的最大化，又确保了社区成员的个人权益、个人意愿的实现。因此，基层社会自治的基本目标是保护人民的利益，对于发展和完善社会主义民主政治具有基础性、战略性的意义。① 新乡贤及其组织的创新建设与发展是将民众自治、新乡贤的美德结合在一起共同发挥良好的作用。

（一）正确引导，加强监督

一方面要对新乡贤进行持续的思想引导，让他们认识到权欲的可怕，远离腐朽的家族宗派制，树立正确的大局观念，时刻保持为村民无私奉献的本心。另一方面，要切实落实农村的公开、公示、公平、平等制度，加强基层村民的民主监督，完善民主监督渠道，健全新乡贤治理体系，明确新乡贤的权利和义务以及乡贤任期、职责。② 同时倡导和鼓励村民勇于和违反新乡贤治理体系的行为做斗争，净化新乡贤队伍，保持新乡贤的完整性与纯洁性。此外，要倡导和教育新乡贤学法、懂法、守法，依法参与村务处理，以法治为主、德治为辅，切实贯彻民主法治，防止德治代替法治。要以新乡贤为基础，构建一个"法情和谐，德法相彰"的基层治理框架，平衡好传统礼教与现代公共治理的要求，推动新农村法治建设，践行社会主义核心价值观。

（二）构建新乡贤治理体系，集聚新乡贤

新农村现阶段面临的主要问题之一是人心离散、人才断层，而新乡贤文化的首要任务是凝聚人心、集聚乡贤，解决这些问题要做到以下四个方面。一是重视、继承和弘扬"新乡贤文化"。"新乡贤文化"是凝聚人心的精神力量，是根植于乡土、促使乡民崇德向善的源泉，同时也是乡民归属感和对乡土眷恋的一种表现形式。二是回应、尊重新乡贤的乡建热情。古人云"千里马常有而伯乐不常有"，怀才不遇最终只能让人才埋没，所以要巧妙地回应乡贤的乡建热情，调动他们的乡建积极性，使他们看到人生的意义所

---

① 卢海燕：《论发展和完善地方治理体系——浙江省德清县"三治一体"的经验及其改进路径》，《中国行政管理》2017 年第 5 期。
② 周桂萍：《乡贤文化引领小城镇发展》，《中国报道》2014 年第 11 期。

在。三是为新乡贤构建人才发展与增值空间。精英人才自我价值的实现需要空间,而乡建则能为新乡贤提供自我发展和发挥主观能动性的平台。[①] 在这里,他们能在一定程度上自主调动乡村的政治、经济、人力等资源,凝聚乡村力量,建设美好乡村,并在此过程中寻求自我的发展与突破,实现自己的人生价值。四是要利用新乡贤自身的特点来吸引人才。新乡贤本身就是一种宝贵的人力资源,可以以新乡贤自身为广告,吸引更多的希望合作或者是学习的人加入这个共同的组织,通过社交圈的建立吸引更多的人才成为新乡贤。

(三)制造社会舆论,培育新乡贤文化土壤

筑巢引凤,通过著书立碑等方式记录前乡贤奉献乡里的事迹,吸引后代乡贤建设家乡。政府要加大政策吸引力度,鼓励大学生返乡创业,把社会各方面的有识有能之士动员起来,以此来达到激励的目的。在互联网时代,政府要主动出击,在网络媒体上报道乡贤的光荣事迹,以此来扩大新乡贤文化的影响力,形成舆论导向。民间要著书立说,彰显新乡贤的奉献精神。中国人有落叶归根的传统,要以乡情、乡愁为线索,从乡村挖掘乡贤的感人事迹。采取一张榜展示形象、一句话概括事迹、一块匾明确荣誉、一本书荟萃故事、一首歌传递情怀等群众喜闻乐见的形式,推动乡贤文化进校园、进医院、进企业、进机关,使之成为全社会的群体意识和共同追求。这些乡贤人士看得见、摸得着,他们的事迹长期流传于民间,直接影响着人们的言行,成为推动人们向上向善的精神道德力量。同时,可以搭建文化平台,把新乡贤文化与党的要求、政府的需要、群众的愿望统一起来。挖掘先前的乡贤文化传统,并与现在的乡贤文化联系起来,这样新乡贤文化便有了根。[②] 政府要做的就是创造良好的社会舆论环境,为新乡贤文化的成长开辟一片沃土。

(四)完善乡贤治村制度,发动农民参与

首先,新乡贤的主要工作是服务于乡村,但并不占有村庄资源。新乡贤

---

① 《"新乡贤"官方为何频频提起这个热词?》,《成都商报》2016年3月14日。
② 王先明:《"新乡贤"的历史传承与当代建构》,《光明日报》2014年8月20日。

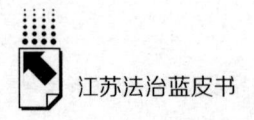

的乡村治理与政府的治理应该是协同的，新乡贤是群众的智囊，而不是村委的"副手"。其次，新乡贤在参与治村的过程中应该在内部形成规范，有准入以及出局的规则，力保质量。最后，政府要起主导作用，制定有利于新乡贤参与的制度，例如可以使退休的老同志返回原籍发光发热，用归雁经济政策进行引导等，同时要防止乡贤异化，与政府产生冲突，以及由共治变成利益博弈。

新乡贤参与治村的目的就是弥补村民自身实力能力的不足，使其能进行有效的自治，把村民培养成有知识、有能力的农村主人。因此，授之以鱼不如授之以渔，不能光依赖乡贤的力量来建设乡村，而是要让农民吸收乡贤的知识以及文化，内化成自身的力量，变成新时代的新农民，这样才能保证农村的可持续发展。

附录
Appendix

B.16
2016年江苏法治事件概览

卞志华　芮锦绣[*]整理

法规、规章及规范性文件的出台与实施

第一，江苏省人民代表大会常务委员会会议通过

1. 江苏省第十二届人民代表大会常务委员会第二十次会议通过《江苏省节约用水条例》《江苏省社会保险基金监督条例》《江苏省保护和促进华侨投资条例》，批准《苏州市轨道交通条例》《盐城市绿化条例》（来源：江苏人大网1月19日）

2. 江苏省第十二届人民代表大会第四次会议修订通过《江苏省制定和

---

[*] 卞志华，南京师范大学法学院2016级经济法专业硕士研究生；芮锦绣，南京师范大学法学院2016级经济法专业硕士研究生。

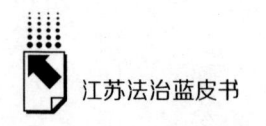

批准地方性法规条例》（来源：江苏人大网 1 月 28 日）

3. 江苏省第十二届人民代表大会常务委员会第二十二次会议修订通过《江苏省人口与计划生育条例》（来源：江苏人大网 3 月 30 日）

4. 江苏省第十二届人民代表大会常务委员会第二十二次会议通过《江苏省价格条例》《江苏省食品小作坊和食品摊贩管理条例》，修订通过《江苏省海洋环境保护条例》《中华人民共和国全国人民代表大会和地方各级人民代表大会代表法》《江苏省各级人民代表大会选举实施细则》，批准了《南京市住宅物业管理条例》《无锡市公共交通条例》《常州市制定地方性法规条例》《南通市制定地方性法规条例》《盐城市制定地方性法规条例》《扬州市制定地方性法规条例》《镇江市制定地方性法规条例》《泰州市制定地方性法规条例》（来源：江苏人大网 4 月 7 日）

5. 江苏省第十二届人民代表大会常务委员会第二十三次会议批准《苏州市市政设施管理条例》《苏州市城市市容和环境卫生管理条例》《苏州市城市绿化条例》《苏州园林保护和管理条例》《苏州市住宅区物业管理条例》《苏州市道路运输条例》《苏州市实施〈中华人民共和国文物保护法〉办法》（来源：江苏人大网 8 月 3 日）

6. 江苏省第十二届人民代表大会常务委员会第二十三次会议批准《苏州市体育经营活动管理条例》《苏州市市民体育健身条例》（来源：江苏人大网 8 月 4 日）

7. 江苏省第十二届人民代表大会常务委员会第二十四次会议通过《江苏省安全生产条例》《江苏省乡镇人民代表大会工作条例》《江苏省社会科学普及促进条例》，批准《南京市邮政条例》《南通市濠河风景名胜区条例》《盐城市农作物秸秆综合利用条例》《泰州市水环境保护条例》《泰州市公共信用信息条例》《镇江香醋保护条例》（来源：江苏人大网 8 月 5 日）

8. 江苏省第十二届人民代表大会常务委员会第二十五次会议通过《江苏省实施〈中华人民共和国村民委员会组织法〉办法》《江苏省湿地保护条例》《江苏省核事故预防和应急管理条例》，批准《宿迁市城市绿地保护条例》《泰州市房屋安全管理条例》《徐州市电梯安全管理条例》《无锡市残疾人保护条例》《南京市奖励和保护见义勇为人员条例》（来源：江苏人大网10月9日）

9. 江苏省第十二届人民代表大会常务委员会第二十七次会议通过《江苏省司法鉴定管理条例》，批准《镇江市饮用水源地保护条例》《扬州古城保护条例》《扬州市河道管理条例》《盐城市扬尘污染防治条例》《淮安市古淮河保护条例》《连云港市海洋牧场管理条例》《徐州市景区土地和建筑物管理条例》《无锡市外送快餐卫生管理规定》《无锡市实施〈江苏省大气污染防治条例〉办法》《南京市非物质文化遗产保护条例》（来源：江苏人大网12月7日）

第二，南京市人民政府常务会议审议通过

10. 南京市政府第九十次常务会议审议通过《南京市停车场建设和管理办法》（来源：中国南京网4月15日）

11. 南京市政府第九十九次常务会议审议通过《南京市城市照明管理办法》（来源：中国南京网6月18日）

12. 南京市政府第一百零二次常务会议审议通过《南京市商业网点规划建设管理办法》（来源：中国南京网9月2日）

13. 南京市政府第一百零六次常务会议审议通过《南京市海上丝绸之路史迹保护办法》（来源：中国南京网10月13日）

第三，无锡市人民政府常务会议审议通过

14. 无锡市政府第六十四次常务会议讨论通过《无锡市医疗机构设置审批管理办法》（来源：中国无锡网6月28日）

15. 无锡市政府第六十五次常务会议审议通过《无锡市工程运输安全管理办法》《无锡市人民政府规章制定办法》（来源：中国无锡网7月13日）

16. 无锡市政府第六十八次常务会议审议通过《无锡市社会医疗保险管理办法》（来源：中国无锡网10月13日）

17. 无锡市政府第七十二次常务会议审议通过《无锡市市政消火栓管理

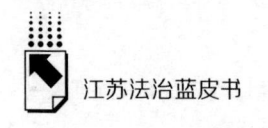

办法》（来源：中国无锡网 12 月 21 日）

第四，徐州市人民政府常务会议审议通过

18. 徐州市政府第五十一次常务会议通过《徐州市城市生活垃圾处理费征收和管理办法》（来源：中国徐州网 3 月 10 日）

19. 徐州市政府第五十一次常务会议通过《徐州市城建档案管理办法》（来源：中国徐州网 3 月 16 日）

20. 徐州市政府第六十一次常务会议通过《徐州市征收集体土地房屋补偿办法》（来源：中国徐州网 11 月 29 日）

21. 徐州市政府第六十一次常务会议研究通过《徐州市网络预约出租汽车经营服务管理实施细则（试行）》（来源：中国徐州网 12 月 30 日）

第五，常州市人民政府常务会议审议通过

22. 常州市政府第五十三次常务会议审议通过《常州市城市市容管理办法》《常州市商品房交付使用管理办法》（来源：中国常州网 12 月 9 日）

第六，苏州市人民政府常务会议审议通过

23. 苏州市政府第四十六次常务会议讨论通过《苏州市生活垃圾分类促进办法》（来源：中国苏州网 1 月 9 日）

24. 苏州市政府第五十一次常务会议讨论通过《关于推进总部经济加快发展的若干政策意见》《苏州市总部企业认定和管理办法》（来源：中国苏州网 6 月 8 日）

25. 苏州市政府第五十五次常务会议和市长办公会议讨论通过《苏州市户籍准入管理办法》（来源：中国苏州网 7 月 22 日）

26. 苏州市政府第五十六次常务会议讨论通过《苏州市社会基本医疗保险管理办法》（来源：中国苏州网 8 月 19 日）

27. 苏州市政府第五十八次常务会议研究同意《苏州市人民防空警报管理规定》（来源：中国苏州网 9 月 18 日）

28. 苏州市政府第五十九次常务会议讨论通过《苏州市市长质量奖评定管理办法》（来源：中国苏州网 10 月 14 日）

29. 苏州市政府第五十九次常务会议讨论通过《苏州市公共自行车交通

系统管理办法》(来源:中国苏州网 10 月 25 日)

30. 苏州市政府第五十次常务会议审议通过《苏州市城市绿线管理实施细则》(来源:中国苏州网 10 月 28 日)

31. 苏州市政府第六十次常务会议讨论通过《苏州市市区禁止燃放烟花爆竹规定》(来源:中国苏州网 11 月 15 日)

32. 苏州市政府第六十次常务会议讨论通过《苏州市工伤保险实施办法》(来源:中国苏州网 11 月 29 日)

33. 苏州市政府第六十一次常务会议讨论通过《苏州市公共场所母乳哺育设施建设促进办法》(来源:中国苏州网 12 月 7 日)

34. 苏州市政府第六十一次常务会议讨论通过《苏州市濒危非物质文化遗产代表性项目保护办法》(来源:中国苏州网 12 月 14 日)

35. 苏州市政府第六十次常务会议审议通过《苏州市网络预约出租汽车经营服务管理实施细则(试行)》(来源:中国苏州网 12 月 30 日)

第七,南通市人民政府常务会议审议通过

36. 南通市政府第五十七次常务会议审议通过《南通市市民卡管理办法》(来源:中国南通网 1 月 21 日)

37. 南通市政府第六十五次常务会议审议通过《南通市市区室外体育健身器材管理办法》(来源:中国南通网 6 月 10 日)

38. 南通市政府第六十八次常务会议审议通过《南通市学校体育设施向社会开放管理办法(试行)》(来源:中国南通网 7 月 29 日)

39. 南通市政府第六十六次常务会议讨论通过《南通市市区工业用地先租后让暂行办法》(来源:中国南通网 8 月 7 日)

40. 南通市政府第六十九次常务会议审议通过《南通市市区食品小作坊登记证申领管理办法(试行)》(来源:中国南通网 8 月 30 日)

第八,连云港市人民政府常务会议审议通过

41. 连云港市政府第三十七次常务会议研究同意《连云港市城乡统筹生活垃圾收运处置体系建设运行工作实施方案》(来源:中国连云港网 2 月 4 日)

42. 连云港市政府第三十八次常务会议审议通过《连云港市市属国有企业监事会管理暂行办法》（来源：中国连云港网 2 月 5 日）

43. 连云港市政府第四十次常务会议审议通过《连云港市人民政府特殊津贴实施办法》（来源：中国连云港网 2 月 16 日）

44. 连云港市政府第四十八次常务会议研究同意《连云港市地名管理办法》（来源：中国连云港网 9 月 2 日）

第九，淮安市人民政府常务会议审议通过

45. 淮安市政府第五十二次常务会议审议通过《市政府 2016 年度立法和规范性文件制定工作计划》（来源：中国淮安网 4 月 12 日）

46. 淮安市政府五十三次常务会议审议通过《淮安市市级政府投资项目生成和资金管理实施细则》（来源：中国淮安网 4 月 26 日）

47. 淮安市政府第五十六次常务会议通过《淮安市人民政府规章制定程序规定》（来源：中国淮安网 7 月 8 日）

第十，盐城市人民政府常务会议审议通过

48. 盐城市政府第 29 次常务会议审议通过《盐城市水污染防治工作方案》（来源：中国盐城网 6 月 22 日）

49. 盐城市政府第三十次常务会议审议通过《盐城市人民政府规章制定程序规定》（来源：中国盐城网 7 月 7 日）

50. 盐城市政府第三十四次常务会议通过《盐城市流动人口居住证管理办法（试行）》（来源：中国盐城网 8 月 22 日）

第十一，扬州市人民政府常务会议审议通过

51. 扬州市政府第五十一次常务会议讨论通过《扬州市市长质量奖管理办法》《扬州市人民政府规范性文件制定程序办法》（来源：中国扬州网 4 月 8 日）

52. 扬州市政府第五十七次常务会议讨论通过《扬州市大型群众性活动安全管理办法》（来源：中国扬州网 9 月 1 日）

53. 扬州市政府第六十次常务会议讨论通过《扬州市住宅物业管理办法》（来源：中国扬州网 10 月 16 日）

第十二，镇江市人民政府常务会议审议通过

54. 镇江市政府第六十次常务会议讨论通过《镇江市内部审计规定》（来源：中国镇江网 3 月 15 日）

55. 镇江市政府第六十六次常务会议讨论通过修订《镇江市科学技术奖励办法》（来源：中国镇江网 7 月 26 日）

第十三，泰州市人民政府常务会议审议通过

56. 泰州市政府第三十四次常务会议讨论通过《泰州市工伤保险管理办法》（来源：中国泰州网 2 月 17 日）

57. 泰州市政府第四十一次常务会议审议通过《泰州市食品药品违法行为举报奖励办法》（来源：中国泰州网 8 月 11 日）

58. 泰州市政府第四十二次常务会议审议通过《泰州市食品小作坊登记管理办法》（来源：中国泰州网 11 月 23 日）

59. 泰州市政府第四十二次常务会议审议通过《泰州市食品安全工作考核评价办法》《泰州市食品安全工作责任制与责任追究办法》（来源：中国泰州网 11 月 25 日）

60. 泰州市政府第四十二次常务会议审议通过《泰州市重大行政决策事项管理办法》（来源：中国泰州网 12 月 1 日）

61. 泰州市政府第四十三次常务会议审议通过《泰州市产业结构调整指导目录（2016 年本）》（来源：中国泰州网 12 月 27 日）

62. 泰州市政府第四十二次常务会议审议通过《泰州市市区便民服务亭管理办法》（来源：中国泰州网 12 月 28 日）

63. 泰州市政府第四十三次常务会议审议通过《泰州市电梯安全管理办法》（来源：中国泰州网 12 月 30 日）

第十四，宿迁市人民政府常务会议审议通过

64. 宿迁市政府第五十次常务会议审议通过《宿迁市住宅区人民防空工程平时使用和维护管理办法（试行）》（来源：中国宿迁网 1 月 21 日）

65. 宿迁市政府第五十三次常务会议审议通过《宿迁市市区机动车停车管理办法》（来源：中国宿迁网 3 月 29 日）

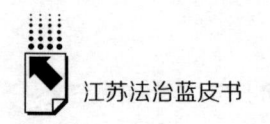

公安侦查、司法审判和检察工作

1. 宝应湖法庭新年新举措司法服务三农（来源：江苏法院网1月6日）
2. 如皋法院特邀执法监督员上门履职监督（来源：江苏法院网1月12日）
3. 海安"模拟法庭"多姿多彩（来源：江苏法院网1月18日）
4. 洪泽法院打造便民、惠民诉讼服务品牌（来源：江苏法院网1月18日）
5. 沛县法院：网上曝光"老赖"，真管用！（来源：江苏法院网1月20日）
6. 句容：欠薪案件专项执行活动新闻发布会（来源：江苏法院网1月22日）
7. 丹徒法院用心落实廉政监督"小卡片"（来源：江苏法院网1月22日）
8. 江都法院："民生执行会战"温暖民心（来源：江苏法院网1月27日）
9. 港闸：小朋友零距离接受法制教育（来源：江苏法院网2月29日）
10. 昆山：执行款明细上网 让公正"看得见"（来源：江苏法院网3月4日）
11. 连云港：发挥职能全力维护妇女儿童权益（来源：江苏法院网3月4日）
12. 吴江法院开通"司法服务微平台"（来源：江苏法院网3月10日）
13. 盐城法院院（庭）长办案"三到位"（来源：江苏法院网3月10日）
14. 沛县法院"三个模式"帮教未成年犯（来源：江苏法院网3月14日）
15. 阜宁法院加强警队建设 确保安全无事故（来源：江苏法院网3月

15日）

16. 盐城法院多元解纷机制落地生根（来源：江苏法院网3月18日）
17. 淮安中院发布金融商事审判"白皮书"（来源：江苏法院网3月21日）
18. 盐城中院规范商事审判下准"先手棋"（来源：江苏法院网3月24日）
19. 句容法院成功执结一起强制搬迁案件（来源：江苏法院网3月28日）
20. 江阴法院全面夯实信息化建设基础（来源：江苏法院网3月29日）
21. 盐城法院迈开信息化建设管理新步伐（来源：江苏法院网3月29日）
22. 金湖建立行政审判与行政执法良性机制（来源：江苏法院网3月30日）
23. 润州：携手司法局推进诉服中心建设（来源：江苏法院网3月31日）
24. 金湖法院与金融业联动服务供给侧改革（来源：江苏法院网4月8日）
25. 昆山法院开通案卷自主查档系统（来源：江苏法院网4月11日）
26. 润州与区妇联共商联动调解家事纠纷（来源：江苏法院网4月12日）
27. 宿城法院集中公开宣判7起酒驾案件（来源：江苏法院网4月13日）
28. 宿城法院加大执行工作力度破解执行难（来源：江苏法院网4月18日）
29. 高港创新家事纠纷化解工作机制（来源：江苏法院网4月20日）
30. 盐城法院与绿色发展同行（来源：江苏法院网4月22日）
31. 常熟法院出台方案助推法院文化建设（来源：江苏法院网4月22日）

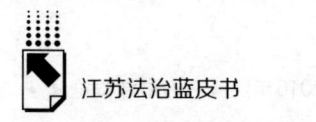

32. 金湖法院：巡回审判延伸司法服务（来源：江苏法院网4月27日）

33. 洪泽法院：圆桌审判 心理疏导（来源：江苏法院网4月28日）

34. 吴江法院跨区强制清场扫除执行障碍（来源：江苏法院网5月9日）

35. 连云港法院筑牢生态环境司法保护防线（来源：江苏法院网5月18日）

36. 京口法院"繁简分流"向执行难宣战（来源：江苏法院网6月1日）

37. 镇江开发区法院压缩老赖生存空间（来源：江苏法院网6月2日）

38. 江苏法院举办"司法讲堂"活动（来源：江苏法院网6月3日）

39. 昆山法院搭建婚姻诉前调解平台（来源：江苏法院网6月7日）

40. 相城法院强制措施助力破解执行难（来源：江苏法院网6月13日）

41. 金湖法院多举措关爱未成年人（来源：江苏法院网6月20日）

42. 润州实行院庭长诉讼服务中心轮值制度（来源：江苏法院网6月23日）

43. 高港法院发布毒品犯罪案件审判白皮书（来源：江苏法院网6月24日）

44. 滨湖"绿色执行"助当事人领取理赔款（来源：江苏法院网6月30日）

45. 港闸法院全面推开法在基层活动（来源：江苏法院网7月1日）

46. 江都法院护航金融安全（来源：江苏法院网7月8日）

47. 洪泽法院针对虚假陈述开出首张罚单（来源：江苏法院网7月13日）

48. 丰县法院：预约接访便民利民（来源：江苏法院网7月25日）

49. 太仓法院司法建议助推校园安全建设（来源：江苏法院网7月28日）

50. 吴江法院"三线"连通增效诉讼服务（来源：江苏法院网7月28日）

51. 如皋法院邀请网友见证执行工作（来源：江苏法院网8月1日）

52. 洪泽法院："特邀调解"助力执行（来源：江苏法院网 8 月 5 日）

53. 姑苏"民情议事会"探索纠纷解决新机制（来源：江苏法院网 9 月 7 日）

54. 盱眙：繁简分流小额诉讼"加速度"（来源：江苏法院网 9 月 20 日）

55. 张家港法院跨越三省快速执行（来源：江苏法院网 9 月 22 日）

56. 盐城中院重拳出击保障"惠民工程"（来源：江苏法院网 11 月 2 日）

57. 大丰法院为失足青少年构筑维权网络（来源：江苏法院网 12 月 29 日）

荣誉表彰、消费者维权、律师工作、安全生产

1. 最高法：以"末位淘汰"解除劳动合同违法（来源：新浪江苏网 12 月 1 日）

2. 37 家消费维权单位呼吁：电影贴片广告不明示可退票（来源：新浪江苏网 12 月 5 日）

3. 江苏医疗纠纷立法　首开律师座谈会（来源：新浪江苏网 12 月 17 日）

4. 苏州网约车新政正式实施　转正有 4 个月过渡期（来源：新浪江苏网 12 月 30 日）

5. 东晟所聂荣华律师参加京师律师事务所全国分所及联盟所主任交流会（来源：常州律师网 8 月 8 日）

6. 张林芳所黄纪成律师与常州企业家赴沪参加捷克共和国投资研讨会（来源：常州律师网 9 月 26 日）

7. 常州市建立中以常州创新园法律服务中心（来源：常州律师网 9 月 29 日）

8. 省律师协会在淮安举办"律师与政府法治建设论坛"（来源：常州律

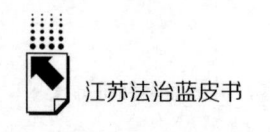

师网 12 月 30 日）

9. 市律协召开律师人大代表政协委员座谈会（来源：金陵律师网 1 月 8 日）

10. 市律协举办"建设工程法律实务热点、难点问题"专题讲座（来源：金陵律师网 1 月 19 日）

11. 市律协召开《德法同行·南京律师团》公益法律服务项目律所主任会议（来源：金陵律师网 1 月 20 日）

12. 市律协将启动律所主任领导力培训项目（来源：金陵律师网 1 月 25 日）

13. 市律协召开公共法律服务产品研发会（来源：金陵律师网 1 月 27 日）

14. 南京律协将创新实习人员面试考核形式，"随机"不"随意"（来源：金陵律师网 2 月 16 日）

15. 给予肯定，提出希望：江苏省司法厅、南京市领导到圣典所视察并指导工作（来源：金陵律师网 2 月 25 日）

16. 第二期青年律师知识产权沙龙顺利举行（来源：金陵律师网 3 月 1 日）

17. 我市律师刘儒香被授予"法润江苏"系列活动先进个人荣誉称号（来源：金陵律师网 3 月 3 日）

18. 真诚服务零距离——南京律协开放式窗口降低服务门槛（来源：金陵律师网 3 月 14 日）

19. 我市召开全市律师统战工作暨"同心律师服务团"工作会议（来源：金陵律师网 3 月 28 日）

20. 学用结合、以研促用，"金陵行政法案例研究中心"正式揭牌（来源：金陵律师网 3 月 31 日）

21. 我市 8 家律所、16 名律师喜获表彰记功，为南京律师业争光添彩（来源：金陵律师网 4 月 19 日）

22. 市律协组织律师与检察官主题交流——审前有效辩护暨审查起诉阶

段律师权益保障研讨会（来源：金陵律师网 5 月 20 日）

23. 江苏高校大学生法律援助联盟到我会参观学习（来源：金陵律师网 7 月 20 日）

24. 市律协与市公安监管支队共建律师权益保障机制（来源：金陵律师网 7 月 26 日）

25. 市律协秘书处召开工作方法学习交流会，提升服务效能（来源：金陵律师网 7 月 28 日）

26. 市律协布局研究涉外法律服务（来源：金陵律师网 8 月 10 日）

27. "江苏省首届消费投诉咨询网上服务日"活动举行（来源：江苏省消费者协会网 3 月 16 日）

28. 无锡市消委会举办全市消费维权监督站负责人培训班（来源：江苏省消费者协会网 7 月 7 日）

29. 盐城市消协举办全市银行业加强消费者权益保护工作专题培训班（来源：江苏省消费者协会网 8 月 3 日）

30. 镇江市政府召开工作部署会　加快"智慧315"维权平台协同融合（来源：江苏省消费者协会网 8 月 30 日）

31. 无锡市消委会召开全市部分行业协会消费维权工作座谈会暨"一会两站"业务培训班（来源：江苏省消费者协会网 12 月 15 日）

社会综治、法律援助、普法宣传、人民调解

1. 栖霞区法援中心为受援人千里维权（来源：南京司法行政网 1 月 11 日）

2. 雨花台区法律援助中心力保农民工法律援助及时高效（来源：南京司法行政网 1 月 15 日）

3. 浦口区法援中心开展"法律援助暖冬行动"（来源：南京司法行政网 1 月 25 日）

4. 溧水法援中心为农民工开通"法律援助直通车"（来源：南京司法行

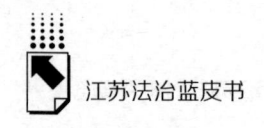

政网 1 月 27 日）

5. 溧水法援参与第十届"农民工学法活动周"普法宣传活动（来源：南京司法行政网 2 月 19 日）

6. 高淳法援中心开展"农民工学法周"活动（来源：南京司法行政网 2 月 26 日）

7. 栖霞区法律援助中心开展律师业务培训（来源：南京司法行政网 3 月 2 日）

8. 浦口法援开展进社区活动（来源：南京司法行政网 3 月 25 日）

9. 雨花台区司法局开展第二届"司法日"联动服务宣传活动（来源：南京司法行政网 4 月 8 日）

10. 溧水法援走上街头宣传劳动法律（来源：南京司法行政网 5 月 17 日）

11. 栖霞区尧化街道"居民法律大讲堂"正式开课（来源：南京司法行政网 6 月 3 日）

12. 浦口区法律援助中心开展送法进社区活动（来源：南京司法行政网 6 月 17 日）

13. 浦口法援开展"法润南京·春风行动"进小区活动（来源：南京司法行政网 6 月 24 日）

14. 昆山周市镇送法进车站（来源：苏州法治文化网 2 月 23 日）

15. 高新区"五结合"打造"社区一月一法"普法品牌（来源：苏州法治文化网 2 月 25 日）

16. 太仓浏河镇保护劳动者合法权益护航 2016 年"春风行动"（来源：苏州法治文化网 2 月 25 日）

17. 园区斜塘街道司法所"春风"送法律 维护劳动者合法权益（来源：苏州法治文化网 2 月 25 日）

18. 吴中区胥口镇开展"农民工学法活动周"大型普法宣传活动（来源：苏州法治文化网 2 月 29 日）

19. 相城区渭塘镇举行新《食品安全法》宣传培训（来源：苏州法治文

化网 3 月 2 日）

20. 昆山市亭林尚法讲堂"约课"系统启动（来源：苏州法治文化网 3 月 3 日）

21. 昆山市启动反家暴法专项宣传（来源：苏州法治文化网 3 月 7 日）

22. 常熟市司法局启动"三八"维权周法治宣传活动（来源：苏州法治文化网 3 月 10 日）

23. 相城全国民主法治示范村为老年人开设法律知识讲座（来源：苏州法治文化网 3 月 16 日）

24. 吴中区越溪街道积极开展"2016 年农民工学法活动"（来源：苏州法治文化网 3 月 17 日）

25. 姑苏区"护航创新·成就创业"知识产权保护巡回讲座正式启动（来源：苏州法治文化网 3 月 29 日）

26. 苏州"学水法　知水情"普法宣传活动如火如荼（来源：苏州法治文化网 3 月 30 日）

27. 相城元和开展女职工劳动保障法律知识竞赛（来源：苏州法治文化网 3 月 31 日）

28. 姑苏区吴门桥司法所"三步骤"实现社区法律顾问全覆盖（来源：苏州法治文化网 4 月 7 日）

29. 太仓市统计局开设"法治大讲堂"——为沙溪实验中学送上统计知识专题讲座（来源：苏州法治文化网 5 月 12 日）

30. 太仓市普法志愿者大队成立（来源：苏州法治文化网 6 月 21 日）

31. 张家港市锦丰镇开展新市民子女暑期普法阅读活动（来源：苏州法治文化网 8 月 18 日）

32. 姑苏区开办"国际商事调解技能培训班"（来源：苏州法治文化网 12 月 7 日）

33. 连云区司法局联手高校开展法治社区共建（来源：连云港市司法行政网 6 月 12 日）

34. 海州区司法局利用巡演活动开展法治宣传（来源：连云港市司法行

政网6月21日）

35. 灌南司法局"法律早市"进公园（来源：连云港市司法行政网8月17日）

36. 我市出台《关于进一步完善法律援助制度的实施意见》（来源：宿迁司法行政网8月3日）

37. 我市积极开展消费维权进社区活动（来源：镇江司法行政网3月15日）

38. 丹阳法援三年成功为两千余名劳动者讨薪（来源：镇江司法行政网4月28日）

39. 丹徒三举措积极开展农民工维权专项活动（来源：镇江司法行政网12月26日）

40. 市法援中心积极开展"送法进监所"活动（来源：镇江司法行政网12月30日）

41. 高港区为村居换届选举做好专项普法（来源：泰州普法网8月24日）

42. 高港区"彩虹行动"为中小学生送去"开学第一课"（来源：泰州普法网9月2日）

43. 兴化全程为村级组织换届选举提供法律服务（来源：泰州普法网11月8日）

44. 南通市为老年人申请法律援助打开"绿色通道"（来源：南通市司法局3月31日）

45. 南通市"一降一免"大幅放宽残疾人法律援助范围（来源：南通市司法局12月9日）

重要会议、干部任免、反腐倡廉、调研检查

1. 中共江苏省司法厅委员会关于袁诚等3名同志任职的通知（来源：江苏省司法行政网1月15日）

2. 中共江苏省司法厅委员会关于刘从玉等6名同志职务任免的通知（来源：江苏省司法行政网4月13日）

3. 中共江苏省司法厅委员会关于金文忠等 5 名同志职务任免的通知（来源：江苏省司法行政网 5 月 18 日）

4. 中共江苏省司法厅委员会关于唐恒国同志职务任免的通知（来源：江苏省司法行政网 5 月 27 日）

5. 中共江苏省司法厅委员会关于高如军等 3 名同志职务任免的通知（来源：江苏省司法行政网 5 月 27 日）

6. 中共江苏省司法厅委员会关于李邦龙同志任职的通知（来源：江苏省司法行政网 6 月 1 日）

7. 中共江苏省司法厅委员会关于李森等 12 名同志职务任免的通知（来源：江苏省司法行政网 8 月 19 日）

8. 中共江苏省司法厅委员会关于董山同志职务任免的通知（来源：江苏省司法行政网 8 月 23 日）

9. 中共江苏省司法厅委员会关于张光东同志免职的通知（来源：江苏省司法行政网 9 月 5 日）

10. 中共江苏省司法厅委员会关于韩建林免职的通知（来源：江苏省司法行政网 10 月 9 日）

11. 中共江苏省司法厅委员会关于杨立新同志职务任免的通知（来源：江苏省司法行政网 10 月 21 日）

12. 中共江苏省司法厅委员会关于万伦同志职务任免的通知（来源：江苏省司法行政网 12 月 20 日）

13. 中共江苏省司法厅委员会关于毛成发同志职务任免的通知（来源：江苏省司法行政网 12 月 20 日）

14. 中共江苏省司法厅委员会关于颜丙中等 9 名同志正式任职的通知（来源：江苏省司法行政网 12 月 20 日）

15. 在苏部分全国人大代表专题调研城市建设情况（来源：江苏人大网 9 月 14 日）

16. 省直南通组省人大代表向南通市人大常委会报告履职情况（来源：江苏人大网 11 月 30 日）

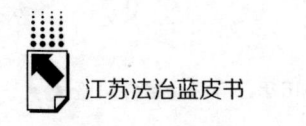

17. 省人大民宗侨专业代表小组视察徐州市宗教工作情况（来源：江苏人大网 12 月 16 日）

18. 驻苏部队省人大代表集中视察南通、扬州、镇江、南京 4 市（来源：江苏人大网 12 月 16 日）

19. 驻泰全国和省人大代表集中视察高港区（来源：江苏人大网 12 月 19 日）

20. 省直苏州、扬州组省人大代表到扬视察古城保护（来源：江苏人大网 12 月 19 日）

21. 省直单位泰州组常州组省人大代表集中视察泰常过江通道项目（来源：江苏人大网 12 月 21 日）

22. 在宁全国、省人大代表集中视察南京城市轨道交通建设等（来源：江苏人大网 12 月 22 日）

23. 在淮全国人大代表省人大代表视察重大项目建设情况（来源：江苏人大网 12 月 23 日）

24. 省直南京组宿迁组省人大代表集中视察特色小镇建设等（来源：江苏人大网 12 月 23 日）

25. 省直徐州组镇江组省人大代表在徐州视察城市发展建设情况（来源：江苏人大网 12 月 30 日）

26. 省直南通组连云港组淮安组省人大代表在淮安调研经济社会发展和重大项目建设情况（来源：江苏人大网 12 月 30 日）

27. 苏州：派驻纪检组发挥"驻"的优势　与市纪委无缝衔接（来源：党风廉政建设网 1 月 8 日）

28. 徐州：反映市管干部问题线索谈话函询同比上升75%（来源：党风廉政建设网 1 月 21 日）

29. 江苏省如皋市场监管局创新推行"双随机"监管模式　有效防范廉政（来源：党风廉政建设网 3 月 8 日）

30. 泰兴：严查"不作为、不担当"激励干部干事创业（来源：党风廉政建设网 3 月 9 日）

31. 江苏：对 26 个省级机关 24 所省属高校开展巡视（来源：党风廉政建设网 3 月 11 日）

32. 昆山：对上级交办转办的信访问题设立督办电子台账（来源：党风廉政建设网 3 月 16 日）

33. 睢宁：把基层纪检干部放在农村信访一线锻炼（来源：党风廉政建设网 3 月 18 日）

34. 无锡：运用大数据资源建立重要信访举报月报告制度（来源：党风廉政建设网 3 月 18 日）

35. 太仓：从细微处着手　织密"关键少数"廉政防线（来源：党风廉政建设网 4 月 18 日）

36. 泰州监督执纪有了"坐标系"（来源：党风廉政建设网 4 月 20 日）

37. 南通纪委创新派驻机构工作模式协同审查下好"联手棋"（来源：党风廉政建设网 4 月 21 日）

38. 江苏：开展巡视"回头看"既查老问题也找新问题（来源：党风廉政建设网 4 月 25 日）

39. 江苏沭阳：广播开通学党章专栏　传递党性教育"好声音"（来源：党风廉政建设网 4 月 25 日）

40. 南京："五一端午"节前走进群众身边讲述纪委"那些事儿"（来源：党风廉政建设网 4 月 28 日）

41. 淮安：把纪律挺起来严起来（来源：党风廉政建设网 5 月 11 日）

42. 睢宁：为镇纪委书记量身制定责任清单　完善考评机制（来源：党风廉政建设网 6 月 1 日）

43. 海门：融入传统曲艺元素　打造本土特色廉政剧目（来源：党风廉政建设网 6 月 13 日）

44. 江苏宜兴：对群众反映的"四风"问题坚持直查快办（来源：党风廉政建设网 6 月 22 日）

45. 江苏苏州：加强国企基层纪检组织建设　加大责任追究力度（来源：党风廉政建设网 6 月 23 日）

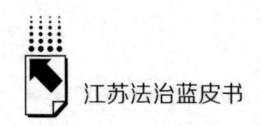

46. 南京积极推动党员领导干部家风建设——立家规　正家风　葆廉洁（来源：党风廉政建设网7月18日）

47. 江苏盐城：出台党风廉政建设问题清单排查整改制度（来源：党风廉政建设网8月5日）

48. 江苏泰州：落实"两个责任"全程留痕　让责任有迹可查（来源：党风廉政建设网8月22日）

49. 江苏淮安：推行信访件办理集体会审制　提升办信质量（来源：党风廉政建设网9月7日）

50. 南京家风主题文物展开展（来源：党风廉政建设网11月1日）

51. 江苏建湖：田间地头核实问题线索（来源：党风廉政建设网11月22日）

52. 史和平带队在南京镇江开展太湖水污染防治条例执法检查（来源：江苏人大网8月30日）

53. 省人大常委会开展《江苏省水资源管理条例》执法检查（来源：江苏人大网9月6日）

54. 蒋宏坤带队在连云港徐州开展水资源管理条例执法检查（来源：江苏人大网9月12日）

55. 省人大常委会启动《江苏省物业管理条例》执法检查（来源：江苏人大网10月9日）

56. 蒋宏坤在苏州常州调研检察机关刑罚执行监督工作（来源：江苏人大网10月10日）

57. 史和平带队在南京淮安扬州开展物业管理条例执法检查（来源：江苏人大网10月13日）

58. 蒋宏坤率队赴常州开展村委会组织法实施办法立法调研（来源：江苏人大网6月23日）

59. 江苏省预防未成年人犯罪条例立法研讨会在宁召开（来源：江苏人大网8月25日）

60. 公丕祥在太仓江阴开展村委会组织法实施办法立法调研（来源：江

苏人大网 9 月 14 日）

61. 公丕祥出席全省立法工作座谈会（来源：江苏人大网 10 月 12 日）

62. 与时俱进提升地方立法工作水平锻造能力，为行善治立良法（来源：江苏人大网 11 月 2 日）

63. 刘永忠赴高邮市菱塘回族乡视察调研（来源：江苏人大网 12 月 8 日）

64. 蒋宏坤调研检察工作（来源：江苏人大网 12 月 30 日）

65. 蒋定之主持召开省人大常委会党组会议（来源：江苏人大网 7 月 11 日）

66. 省人大常委会党组集中学习省委全会精神　蒋定之主持会议（来源：江苏人大网 7 月 25 日）

67. 江苏省人大常委会党组集中学习《中国共产党问责条例》蒋定之主持会议（来源：江苏人大网 8 月 5 日）

68. 省人大常委会党组召开会议认真学习贯彻十八届六中全会精神蒋定之主持会议（来源：江苏人大网 11 月 1 日）

69. 蒋定之主持召开省人大常委会党组会议　集中学习贯彻省党代会精神（来源：江苏人大网 11 月 23 日）

70. 省人大机关党组部署机关"两学一做"学习教育工作（来源：江苏人大网 4 月 20 日）

71. 江苏省人大机关召开党风廉政建设工作会议（来源：江苏人大网 8 月 5 日）

72. 机关党组召开会议研究迎接巡视相关工作（来源：江苏人大网 8 月 15 日）

73. 省委第六巡视组巡视省人大常委会机关党组工作动员会召开（来源：江苏人大网 8 月 15 日）

74. 省人大机关举行"两学一做"学习交流会（来源：江苏人大网 8 月 29 日）

75. 省人大机关党组召开会议就学习传达贯彻十八届六中全会精神进行

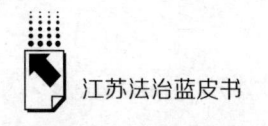

部署（来源：江苏人大网 10 月 28 日）

76. 省人大机关举行六中全会和省党代会精神学习体会交流会（来源：江苏人大网 12 月 16 日）

77. 吕振霖参加"两学一做"支部学习会（来源：江苏人大网 7 月 14 日）

78. 蒋定之：认真学习贯彻习近平总书记"七一"重要讲话 推动人民代表大会制度和人大工作与时俱进（来源：江苏人大网 7 月 12 日）

79. 省人大机关召开作风建设大会（来源：江苏人大网 3 月 25 日）

80. 省人大常委会党组集中收看警示教育片（来源：江苏人大网 5 月 16 日）

81. 省人大常委会党组专题学习《党委会的工作方法》（来源：江苏人大网 5 月 31 日）

82. 省人大机关召开党风廉政建设工作会议（来源：江苏人大网 8 月 5 日）

83. 机关党组召开会议研究迎接巡视相关工作（来源：江苏人大网 8 月 15 日）

84. 省委第六巡视组巡视省人大常委会机关党组工作动员会召开（来源：江苏人大网 8 月 15 日）

85. 省人大常委会机关召开警示教育大会（来源：江苏人大网 12 月 2 日）

社会科学文献出版社　　　　　　　　　　　　　皮书系列

❖ 皮书起源 ❖

"皮书"起源于十七、十八世纪的英国，主要指官方或社会组织正式发表的重要文件或报告，多以"白皮书"命名。在中国，"皮书"这一概念被社会广泛接受，并被成功运作、发展成为一种全新的出版形态，则源于中国社会科学院社会科学文献出版社。

❖ 皮书定义 ❖

皮书是对中国与世界发展状况和热点问题进行年度监测，以专业的角度、专家的视野和实证研究方法，针对某一领域或区域现状与发展态势展开分析和预测，具备原创性、实证性、专业性、连续性、前沿性、时效性等特点的公开出版物，由一系列权威研究报告组成。

❖ 皮书作者 ❖

皮书系列的作者以中国社会科学院、著名高校、地方社会科学院的研究人员为主，多为国内一流研究机构的权威专家学者，他们的看法和观点代表了学界对中国与世界的现实和未来最高水平的解读与分析。

❖ 皮书荣誉 ❖

皮书系列已成为社会科学文献出版社的著名图书品牌和中国社会科学院的知名学术品牌。2016年，皮书系列正式列入"十三五"国家重点出版规划项目；2013~2018年，重点皮书列入中国社会科学院承担的国家哲学社会科学创新工程项目；2018年，59种院外皮书使用"中国社会科学院创新工程学术出版项目"标识。

权威报告·一手数据·特色资源

皮书数据库
ANNUAL REPORT(YEARBOOK) DATABASE

当代中国经济与社会发展高端智库平台

所获荣誉

- 2016年，入选"'十三五'国家重点电子出版物出版规划骨干工程"
- 2015年，荣获"搜索中国正能量 点赞2015""创新中国科技创新奖"
- 2013年，荣获"中国出版政府奖·网络出版物奖"提名奖
- 连续多年荣获中国数字出版博览会"数字出版·优秀品牌"奖

成为会员

通过网址www.pishu.com.cn访问皮书数据库网站或下载皮书数据库APP，进行手机号码验证或邮箱验证即可成为皮书数据库会员。

会员福利

- 使用手机号码首次注册的会员，账号自动充值100元体验金，可直接购买和查看数据库内容（仅限PC端）。
- 已注册用户购书后可免费获赠100元皮书数据库充值卡。刮开充值卡涂层获取充值密码，登录并进入"会员中心"—"在线充值"—"充值卡充值"，充值成功后即可购买和查看数据库内容（仅限PC端）。
- 会员福利最终解释权归社会科学文献出版社所有。

卡号：655883563184
密码：

数据库服务热线：400-008-6695
数据库服务QQ：2475522410
数据库服务邮箱：database@ssap.cn
图书销售热线：010-59367070/7028
图书服务QQ：1265056568
图书服务邮箱：duzhe@ssap.cn

S 基本子库
SUB DATABASE

中国社会发展数据库（下设12个子库）

全面整合国内外中国社会发展研究成果，汇聚独家统计数据、深度分析报告，涉及社会、人口、政治、教育、法律等12个领域，为了解中国社会发展动态、跟踪社会核心热点、分析社会发展趋势提供一站式资源搜索和数据分析与挖掘服务。

中国经济发展数据库（下设12个子库）

基于"皮书系列"中涉及中国经济发展的研究资料构建，内容涵盖宏观经济、农业经济、工业经济、产业经济等12个重点经济领域，为实时掌控经济运行态势、把握经济发展规律、洞察经济形势、进行经济决策提供参考和依据。

中国行业发展数据库（下设17个子库）

以中国国民经济行业分类为依据，覆盖金融业、旅游、医疗卫生、交通运输、能源矿产等100多个行业，跟踪分析国民经济相关行业市场运行状况和政策导向，汇集行业发展前沿资讯，为投资、从业及各种经济决策提供理论基础和实践指导。

中国区域发展数据库（下设6个子库）

对中国特定区域内的经济、社会、文化等领域现状与发展情况进行深度分析和预测，研究层级至县及县以下行政区，涉及地区、区域经济体、城市、农村等不同维度。为地方经济社会宏观态势研究、发展经验研究、案例分析提供数据服务。

中国文化传媒数据库（下设18个子库）

汇聚文化传媒领域专家观点、热点资讯，梳理国内外中国文化发展相关学术研究成果、一手统计数据，涵盖文化产业、新闻传播、电影娱乐、文学艺术、群众文化等18个重点研究领域。为文化传媒研究提供相关数据、研究报告和综合分析服务。

世界经济与国际关系数据库（下设6个子库）

立足"皮书系列"世界经济、国际关系相关学术资源，整合世界经济、国际政治、世界文化与科技、全球性问题、国际组织与国际法、区域研究6大领域研究成果，为世界经济与国际关系研究提供全方位数据分析，为决策和形势研判提供参考。

法律声明

"皮书系列"(含蓝皮书、绿皮书、黄皮书)之品牌由社会科学文献出版社最早使用并持续至今,现已被中国图书市场所熟知。"皮书系列"的相关商标已在中华人民共和国国家工商行政管理总局商标局注册,如LOGO( )、皮书、Pishu、经济蓝皮书、社会蓝皮书等。"皮书系列"图书的注册商标专用权及封面设计、版式设计的著作权均为社会科学文献出版社所有。未经社会科学文献出版社书面授权许可,任何使用与"皮书系列"图书注册商标、封面设计、版式设计相同或者近似的文字、图形或其组合的行为均系侵权行为。

经作者授权,本书的专有出版权及信息网络传播权等为社会科学文献出版社享有。未经社会科学文献出版社书面授权许可,任何就本书内容的复制、发行或以数字形式进行网络传播的行为均系侵权行为。

社会科学文献出版社将通过法律途径追究上述侵权行为的法律责任,维护自身合法权益。

欢迎社会各界人士对侵犯社会科学文献出版社上述权利的侵权行为进行举报。电话:010-59367121,电子邮箱:fawubu@ssap.cn。

社会科学文献出版社